MITZI SZERETO (ED.)

SERIAL KILLERS:

OS CASOS MAIS FAMOSOS DA ATUALIDADE

TRADUÇÃO
UBK Publishing House

Publicado mediante acordo com Mango Media Inc. Edição original do livro
The Best New True Crime Stories, publicada por Mango Media Inc.

COPIDESQUE Bia Seilhe
REVISÃO Ísis Pinto e Adriana Fidalgo
ADAPTAÇÃO DE CAPA Bruno Santos

Dados Internacionais de Catalogação na Publicação (CIP)
(Câmara Brasileira do Livro, SP, Brasil)

Serial killers : os casos mais famosos da atualidade / Mitzi Szereto (ed.). -- Rio de Janeiro : Ubook Editora, 2020.

ISBN 978-65-87549-98-9

1. Assassinos - Estudo de casos 2. Assassinos em série - Estudo de casos 3. Investigação criminal - Estudo de casos I. Szereto, Mitzi.

20-42833 CDD-364.15232

Ubook Editora S.A
Av. das Américas, 500, Bloco 12, Salas 303/304,
Barra da Tijuca, Rio de Janeiro/RJ.
Cep.: 22.640-100
Tel.: (21) 3570-8150

Os relatos deste livro são verdadeiros e precisos, tanto quanto sabemos. Podem conter algumas especulações dos autores e opiniões e análises de especialistas em psicologia e criminologia. O editor, os autores e a editora não se responsabilizam em relação ao seu uso.

Introdução

Assassinos em série. Eles ganham destaque nas capas de jornais. Fazem você ter pesadelos e sentir medo de sair de casa. No entanto, de acordo com as estatísticas, é mais provável que você seja assassinado por algum conhecido do que por um estranho. Quando um homicídio é cometido por um estranho, normalmente está relacionado a um roubo ou um assalto. Mas os assassinos em série são diferentes. São imprevisíveis.

Quem são esses predadores que escolhem seus alvos e matam repetidas vezes, seguindo um padrão horrível até serem pegos, morrerem ou decidirem que já estão satisfeitos? São o resultado da natureza ou da educação? Algo desencadeou o desejo de matar ou eles nasceram para ferir e destruir? A sociedade os vê de forma distorcida ou eles simplesmente se excitam com a matança? Podemos encontrar exemplos de assassinos em série que se encaixam em qualquer um desses modelos e, em alguns casos, em mais de um.

Existem inúmeros estudos sobre o comportamento criminoso. Segundo cientistas, psicólogos, behavioristas, além de estudos neurológicos, existem muitas razões para que alguém se torne uma máquina de matar por prazer. São diversas teorias, embora não pareça haver uma única resposta. No entanto, o que os assassinos em série parecem ter em comum é a necessidade de poder, a necessidade de controlar. Quando matam, sentem-se como Deus. Nas palavras de Richard Ramirez (o "Night Stalker" da Califórnia): "Todos nós temos o poder para matar ao alcance das mãos, mas a maioria tem medo de usá-lo. Os que não têm medo, controlam a própria vida."

Assassinos em série existem há muito tempo, e podem ser encontrados nos quatro cantos do mundo. A tendência é que sejam homens, mas muitas mulheres se juntaram a esse notório grupo. Embora comecem a trilhar esse terrível caminho ainda jovens, há exceções. A crença de que esses indivíduos perigosos são altamente inteligentes, como evidenciado nos romances e filmes, é outra característica que nem sempre é real. Embora a gratificação sexual — por mais deturpada que seja — influencie e possa ser, muitas vezes, o principal impulso para os ataques, não é o único. Talvez suas mentes sejam como um quebra-cabeças com algumas peças faltando.

De acordo com o FBI, a principal agência de investigação dos Estados Unidos, 67% dos assassinos em série são americanos e a década de 1980 foi considerada uma era de "pico". Na verdade, a base de dados sobre serial killers compilada pela Universidade de Radford, na Virgínia, e pela Universidade da Costa do Golfo, na Flórida, indica um declínio no número de assassinos em série identificados no país desde então. Pode haver muitas razões para isso: melhor investigação forense, mudanças no sistema de justiça criminal e pessoas mais cautelosas. No entanto, não há como saber quantos assassinos em série não foram identificados, ainda mais considerando sistemas de manutenção de registros históricos que nem sempre foram precisos. Ao incluir países que não divulgam as estatísticas nacionais, é possível que os números sejam ainda mais elevados.

A intenção deste livro não é enaltecer ou glamurizar assassinos em série, nem fazer sensacionalismo em cima de seus crimes ou vitimizar ainda mais seus alvos. O fato é que as pessoas são interessadas e fascinadas pelo assunto. Queremos saber o que aconteceu e, se possível, o motivo. O crime, em especial o assassinato em série, está no extremo da experiência humana.

Esse interesse não é um fenômeno novo. Um dos exemplos mais conhecidos são as "fichas criminais", as populares ***broadsides*** da Inglaterra dos séculos XVIII e XIX, que eram vendidas aos espectadores em execuções públicas. As pessoas se aglomeravam em salas de tribunais para observar os julgamentos criminais em primeira mão. Jornais publicavam edições extras, embora seja pouco provável que o conteúdo tenha sido muito analítico. Era mais uma questão de sensacionalismo e entretenimento barato para as massas.

Então, como isso pode ser diferente do que fazemos hoje? Embora você ainda possa encontrar exemplos que têm mais em comum com o passado do que com o presente, o leitor mudou, elevando assim o sarrafo para os escritores contemporâneos de crimes reais. Como leitores, esperamos mais do que relatórios obscenos. Esperamos que o nosso conteúdo tenha substância. Como no jornalismo tradicional, os relatos de crimes verdadeiros consistem em revelar o que aconteceu e a quem aconteceu, mas também fornecem contexto e análise. Deve-se dar voz àqueles que não foram ouvidos ou que não podem mais se defender. O leitor sai da experiência com mais do que apenas uma manchete e algumas informações suculentas.

Serial killers: os casos mais famosos da atualidade contém relatos de um grupo internacional de colaboradores — de escritores premiados e podcasters de crimes verdadeiros a jornalistas e especialistas na área. Eles têm pesquisado extensivamente o tema. Alguns encontraram seus assuntos através de experiências pessoais, ou indiretamente, aproveitando memórias e experiências para contar uma história que somente eles podem contar. Então, se você está procurando por conteúdo fascinante e estimulante, e alguns dos melhores escritores atuais no assunto, este é o livro certo.

Mitzi Szereto

“O homem quieto de macacão”

STEPHEN WADE

Esta é a imagem de Dennis Nilsen que domina a mídia e a mente de leitores, pesquisadores e criminologistas de todo o mundo. Ele usa um macacão azul e parece plácido, imóvel e silencioso. Na verdade, como é o caso de tantos perfis de assassinos perigosos, ele poderia muito bem ser seu vizinho marceneiro ou mecânico.

A maior parte de nós, talvez, coloque esses criminosos num compartimento especial na mente, identificado com a etiqueta: “Loucos e Maus.” Durante uma palestra, um leitor interessado em crimes verdadeiros disse: “Olha, esses caras andando por aí cortando gargantas... É só jogá-los num buraco escuro e mijar neles.”

Já trabalhei em prisões, por isso não vou concordar com essa polêmica opinião. No entanto, pensando na questão pelo viés da reabilitação, a pergunta que devemos fazer é: a prisão funciona como pena para serial killers?

Quando visitei uma prisão pela primeira vez a trabalho, foi para um debate em uma prisão britânica de segurança máxima, e o público era composto por terroristas, assassinos, e psicopatas. Naquele dia, Nilsen era um deles. Li poemas e falei sobre ser criativo com as palavras. Bem, as perguntas foram curtas e grossas. Um homem me deu um exemplar da revista de contos feita na prisão. Era impressionante. Isso me fez pensar que, de uma forma limitada, a prisão funciona. Quero dizer que ela funciona para alguns e atinge pequenos objetivos de pequenas formas. A maioria de nós acredita que psicopatas deveriam ficar num buraco sem janelas. Para Nilsen, a prisão funcionou. Ele queria companhia e, por Deus, a conseguiu.

Estou escrevendo agora, não muito depois da morte de Nilsen, porque tenho fortes recordações do homem. Na segunda vez que o vi, ele estava de macacão, como sempre vemos nas fotos divulgadas pela mídia. Ele encontrou uma maneira de viver na prisão, uma vida "segura".

Nilsen foi um dos que fizeram perguntas. Disse que meus poemas eram "honestos e chamavam a atenção". Já ouvi críticas de professores, conferencistas e revisores, mas aquela foi a primeira vez que ouvi comentários de um serial killer.

A segunda vez que o encontrei foi em uma oficina na prisão. Ele estava fazendo traduções em braile para crianças de aldeias africanas. Lembro-me mais do seu olhar do que das suas palavras. Tive a sensação de que as pessoas sentadas nas cadeiras, umas trinta, estavam ocupadas com o que, na cadeia, é chamado de "comportamento propositivo", sem aproveitar todo o seu potencial. Com isso, quero dizer que talvez se encaixassem na classe Delta de *Admirável mundo novo*, de Aldous Huxley. A questão é que o assassino em série, uma pessoa perigosa em sociedade, será capaz de funcionar como o Alfa de Huxley. Tal indivíduo pode empregar a sua inteligência, ou astúcia animal, sem impedimento. Um serial killer em uma prisão de segurança máxima equivale a uma vespa numa garrafa. Isso pode sugerir raiva, frustração e um recalque de rancor, ódio e todas as emoções que, quando contidas, tendem a explodir. Mas não. Nós administramos drogas. Supervisionamos. Observamos e observamos, e não corremos riscos.

Quem era aquele homem misterioso de macacão com o olhar fixo? Quem me dera que houvesse uma resposta simples e objetiva. Ainda vejo o seu rosto e ouço a sua voz, e a resposta parece mudar cada vez que ponho a caneta no papel e escrevo sobre ele.

Tenho pensado em Nilsen desde aquelas duas breves reuniões. Na minha vida como autor que escreve sobre crimes, reflito longamente sobre o assunto. Durante seis anos, trabalhei como escritor em várias prisões britânicas, e conheci centenas de pessoas que cometeram assassinato. A grande maioria desses crimes aconteceu em um contexto que envolvia álcool ou drogas, e em circunstâncias trágicas. Porém, uma pessoa que planeja matar e que sente prazer em tirar uma vida interessa muito mais autores como eu. Nilsen é o exemplo perfeito, e é por isso que estou escrevendo sobre ele mais uma vez.

Quando ele morreu, sei que muitos gostaram. Ele deixou um rastro de destruição. Foi mal compreendido ou negligenciado por algum profissional de saúde? "Quem sabe?" é a resposta mais simples. A peça de Peter Shaffer, ***Equus***, talvez ajude a explicar esse quebra-cabeça. Shaffer escreve sobre uma fusão casual de influências, indefinida e desconhecida, formando uma mentalidade em uma criança. Isso é a raiz daquele interior sombrio do assassino e do serial killer. O resultado desse evento aleatório e profundo é um "apagão". É um blackout de sensibilidade e empatia "normal". Pode ser errado dizer que um predador é criado. Pode ser um insulto para o leão ou o falcão.

Porém, Nilsen queria falar — ou, pelo menos, escrever. Talvez suas palavras tivessem explicado o mistério, elucidado as motivações. Ele tentou divulgá-las e falhou. No segundo dia em que o encontrei, não havia nada em seu olhar, mas a sensação era de que o seu ser era como uma andorinha solitária nas colinas, era como uma piscina funda, afastada, estática, imperturbável e letal se você se aproximar demais.

Sua vida e seus crimes são bem conhecidos, e estão em vários trabalhos de referência. Ele fez parte das Forças Armadas, serviu no exterior, no Catering Corps, uma tropa do Exército britânico responsável por alimentar todas as unidades. Quando retornou da missão, mudou de carreira e entrou para o serviço público. Depois, ele matou pela primeira vez — a vítima foi Stephen Holmes. E assim começou uma lista de quinze assassinatos, todas as vítimas homens jovens. Os crimes ocorreram de 1978 a 1983. Com serial killers, procuramos por "assinaturas" e fomos confrontados com o fato repulsivo de Nilsen ter mutilado os corpos e tentado se desfazer das partes no entorno da própria propriedade.

Não estamos falando de excursões à meia-noite em lugares solitários, de cavar buracos no crepúsculo e olhar furtivamente para ver se há alguém ao redor. Não, a raridade da patologia de Nilsen é que envolveu a estranha ação de esconder os mortos a poucos metros de onde aconteciam as atividades de sua vida diária. O jornal *Times* relatou que "Nilsen admitiu não saber quantos corpos havia enterrado porque não tinha feito um 'inventário'". Ele disse à polícia que enforcara as vítimas com as próprias gravatas, acrescentando: "Antes tinha umas quinze gravatas. Agora só tenho uma."

As questões relativas à dupla natureza de Nilsen têm perturbado e confundido muitos profissionais de psicologia. Afinal de contas, essa "dupla natureza" é familiar nas biografias de muitos assassinos em série e em massa: o eu individualizado e o eu social. O eu individualizado tem uma narrativa contínua ligada a uma contrarrealidade. No eu social, oposto, o domínio é uma realidade comum, com regras e regulamentos. Nilsen, como tantos outros, operava em ambos. Para ele, a "realidade" era um conceito mutável. Talvez possamos dizer que isso nunca foi um conceito para ele. Estava fora de sua visão.

Onde procuramos, então, pelo homem que "matou por companhia"? Se voltarmos à questão da sua suposta autobiografia de quatrocentas páginas, ficaremos sem resposta. Apesar da insistência de Nilsen de que qualquer lucro fosse doado para caridade, a questão jurídica permanece. Não há argumento convincente que favoreça a divulgação de um desvio tão extremo para o público geral. Há dezessete anos aconteceu a última luta judicial para tentar publicar o material datilografado.

Nilsen escreveu sua biografia enquanto estava em Whitemoor, e conseguiu enviá-la para uma editora. Porém, o manuscrito foi apreendido e escondido. O caso era simples: ele tinha ou não o direito de publicar o livro? No tribunal de última instância, em 2001, o sr. Justice Elias disse que Nilsen poderia contestar a apreensão do livro. No entanto, o caso não era sobre quem receberia os lucros, e sim sobre o conteúdo da narrativa, incluindo a descrição dos crimes.

Geralmente, o assassino em série quer atenção. Há uma necessidade de ser visto e ouvido. Isso é o que eles querem. Alguns acreditam que são celebridades. Há a ideia de que suas horríveis histórias têm um glamour distorcido ou de que há crédito ou respeito a ser conquistado na prisão. No caso de Nilsen, acho que o importante era contar sobre sua vida, e ele começou a trabalhar no seu livro de memórias.

Em março de 2002, ele perdeu a batalha judicial. O Supremo Tribunal decidiu que o Serviço Prisional tinha o direito de apreender e censurar o material.

A história de um criminoso em uma prisão é como um raio de luz através de uma lona escura. Lá, sem os meios de comunicação social, ninguém repara nele. É um número de cela e um corpo com um uniforme.

A escrita criativa nas prisões oferece aos presos a oportunidade de se expressar de várias maneiras: eles podem optar por participar de grupos de teatro ou oficinas de poesia. No entanto, uma opção tentadora é escrever a própria biografia. Muitos sonham em escrever um *best-seller*. Mas o Serviço Prisional é obrigado a impedir que os prisioneiros publiquem os seus escritos se for para fins lucrativos ou para expor o crime cometido. Esse era o caso de Nilsen.

Sua advogada, Flo Krause, insistiu que o governo, ao reter o original, violava os direitos humanos de Nilsen sob o artigo 8 da Convenção Europeia de Direitos Humanos. A violação foi, sem dúvida, contra a sua "vida familiar, casa e correspondência", tal como está formulado na lei. Ela também argumentou que o governo estava violando o artigo 10 da constituição, relativo à liberdade de expressão. O juiz Crane rejeitou o apelo, dizendo que a justiça tinha "todo o direito de impedir que o manuscrito fosse publicado e lido". O único argumento que a advogada podia tentar era que o livro falava sobre a vida de seu cliente, dentro e fora da prisão. Mas o fato de ela ter saído com o original da prisão não ajudou muito no caso.

Alguns podem argumentar que mesmo os assassinos em série merecem ser ouvidos, lidos. Bem, isso ainda é um debate. Durante meu trabalho em prisões, a regra é que os presos não devem escrever sobre seus crimes — eles nunca devem voltar àquelas memórias que tanto os atormentam. Libertar a sua imaginação em workshops e apresentações faz parte do processo de repensar de que todos eles precisam. Tais atividades podem conduzir a uma espécie de redenção — e, caso uma mudança realmente aconteça, o "real" da realidade em que vivem finalmente os atinge.

Em 2004, o tema voltou aos noticiários. No julgamento do recurso, o caso foi recusado. Segundo os juízes, o livro "glorifica o prazer que o seu crime lhe causou". E acrescentaram: "Não acreditamos que qualquer sistema penal possa contemplar um sistema em que um estuprador ou assassino seja autorizado a publicar um texto glorificando o prazer que sentiu com seu crime." A opinião geral era de que o livro não oferecia comentários sérios sobre a prisão, mas era uma indulgência ao passado nefasto do homem.

Depois, em 2006, Dennis Nilsen voltou a ficar em evidência. Ele escreveu uma carta que chegou à imprensa, em que falava sobre os seus crimes e sua biografia. Essa carta foi enviada para Tim Barlass, do *Evening Standard*, porque Barlass mantivera contato com Nilsen por um tempo. Nilsen escreveu sobre o seu livro:

> "As minhas memórias foram obstruídas e proibidas pelo tribunal [...] a cada centímetro do caminho. Escritores, jornalistas e acadêmicos independentes (alguns dos Estados Unidos) desejaram me visitar na prisão, mas todos os pedidos foram rejeitados pela administração (principalmente)... de Straw, Blunkett, Clark e (agora) Reid, enquanto a 'bandeira de registro estalinista' continua... se não no passado, então presentemente nas suas mentes quando se trata de censura."

Nilsen explicou a situação e deu detalhes sobre o livro:

> "Até aos meus advogados foi negado o acesso a quatro volumes da biografia. São quatro mil páginas datilografadas, um rascunho não editado. Bem, essa é outra história que vai se desenrolar por meio de eventos jurídicos na plenitude do tempo."

Quando nos lembramos da natureza dos seus crimes, as razões para a proibição se tornam óbvias. Entre janeiro de 1978 e fevereiro de 1983, Nilsen matou quinze homens em Londres — doze em sua casa na Melrose Avenue, e três em seu apartamento em Cranley Gardens. Uma vítima sobreviveu: ele foi levado para a casa de Nilsen, onde dormiram juntos. Quando acordou, no dia seguinte, sentiu-se mal e com uma forte dor de cabeça. Quando se olhou no espelho, viu que estava ferido no pescoço e que os seus olhos estavam vermelhos. Nilsen tinha tentado estrangulá-lo, mas argumentou que ele se machucou no saco de dormir.

Nilsen já tinha declarado na prisão que queria ter um companheiro, mesmo que fosse um cadáver. Sugiro algumas linhas de **Let It Be Me**, de Elvis, para resumir: "Tell me you love me only... so never leave me lonely" [Diga que ama só a mim... e nunca me deixe sozinho]. Nilsen foi descoberto quando uma empresa de drenagem e hidráulica, a Dyno-rod, foi limpar os esgotos e descobriu restos humanos nos canos.

Mesmo que seu livro tenha analisado e respondido aos sentimentos sobre os assassinatos, é ilegal que um prisioneiro dissemine esses assuntos. Afinal, os trabalhos impressos sobre ele já oferecem muitos detalhes sangrentos de seu *modus operandi*. Eram tantas partes de corpos para esconder que ele ficou sem espaço, recorrendo a um lugar embaixo da pia da cozinha. Quando o inspector-chefe Jay chegou, relatou ter sentido um cheiro ruim e, quando pediu que Nilsen explicasse, ele disse — sem qualquer sinal de emoção — que as coisas que a polícia procurava estavam, na verdade, em vários sacos plásticos. Os itens encontrados incluíam duas cabeças cortadas.

Quem eram suas vítimas? De um artista drag a um estudante. Todos acabariam fedendo dentro de um apartamento suburbano de Londres, em Cranley Gardens, Muswell Hill, ou da Melrose Avenue, 195, do outro lado da cidade, em Cricklewood. Neste endereço, Nilsen confessou ter matado doze ou treze homens. O total de mortos é de quinze ou dezesseis. A primeira vítima foi um irlandês que fora convidado para ir à casa da Melrose Avenue no final de 1978, depois de uma noite de muita bebida. O irlandês não quis passar a noite depois de Nilsen ter proposto que fossem para a cama. Ele queria companhia, e a recusa assinou a sentença de morte do homem. A eliminação do corpo seria um problema, e Nilsen o embrulhou em um plástico e o deixou no apartamento durante meses. Por fim, queimou os restos no jardim.

Sabemos muito sobre uma das vítimas: Kenneth Ockenden. Ele tinha apenas 23 anos e era do Canadá. E a história se repete:

os dois homens se conheceram em um bar. Ockenden estava a caminho de Cumbria, onde tinha parentes, mas nunca chegou lá. Mais uma vez, Nilsen perguntou se ele queria ficar. O assassino tinha sido cozinheiro nos seus tempos de Exército e gostava de alimentar as pessoas. O jovem avisou que não poderia ficar, que era o que Nilsen desejava. Ockenden foi estrangulado com um fio, mas se livrar do corpo foi novamente um problema. Dessa vez, o cadáver ficou debaixo da cama durante algum tempo, e depois foi cortado e colocado sob as tábuas do piso.

O caso mais triste é, sem dúvida, o de Malcolm Barlow, morto em setembro de 1981. Ele era um órfão que surgiu na porta de Nilsen, alegando estar doente e precisar de ajuda. Nilsen não conseguiu acreditar. Ele viu que o jovem era epiléptico e o levou ao hospital, mas, depois, lá estava ele novamente, nos mesmos degraus da frente da casa, para agradecer. Pouco tempo depois, Barlow entrou, foi alimentado e, depois, estrangulado. Ele se juntou aos outros cadáveres escondidos em vários cantos da casa de Nilsen.

No entanto, paradoxalmente, esse homem, culpado de crimes tão repugnantes, era o mesmo homem cuja foto foi vista por outros agentes que trabalhavam na Delegacia Willesden Green, em Londres, parecendo apenas mais um policial. As duas imagens são conflitantes como uma pintura surrealista: um policial de uniforme, seguindo ordens, e um assassino em série.

Há muitos escritos de psicologia sobre Nilsen, e muito sobre sua biografia. Dentro da prisão, ele trabalhava na oficina de braile, onde transcreveu textos de obras completas para uso em bibliotecas na África. Na verdade, ele começou a escrever desde que foi preso. Enquanto esperava o julgamento, escreveu uma grande quantidade de observações e esboços, compilando cinquenta cadernos de notas de suas memórias.

Ficamos, então, com o homem que desembarcou numa prisão em que a violência pode irromper a qualquer momento. Há várias histórias sobre as situações que podem surgir quando dezenas de homens com esses desvios de personalidade são obrigados a conviver. Um ex-presidiário me disse ter visto um preso prendendo exemplares de revistas ao redor da cintura para se proteger de ataques com facas. Essas histórias de agressão dentro das prisões impressionam. Mas o meu ponto de vista sobre a vida prisional de Nilsen é que ele, assim como vários outros homens, foi quase que protegido de situações potencialmente explosivas.

Ele fez declarações dizendo que "não era uma pessoa violenta, mas matei pessoas durante um período de cinco anos, e fiquei pior". Era como se uma parte dele "vigiasse" a outra parte, como se esta fosse outra pessoa.

Como um autor que escreve sobre crimes verdadeiros, sempre haverá um paradoxo cada vez que reflito sobre a pessoa que está ali de macacão, silenciosa e intrigante. O paradoxo diz respeito à própria natureza da vida prisional para aqueles que nunca mais voltarão à sociedade. É fácil preencher uma página com truísmos e clichês, como "um estado de limbo" ou mesmo "a vida está para sempre suspensa". Porém, o fato é que tais assassinos descobrem que o que enfrentam em seu íntimo é uma parede alta de tijolos — uma metáfora de bloqueio, de impossibilidade de progresso e mudança. A mesma rotina durante décadas vai sustentar e também matar. Sim, há tarefas, conversas ocasionais, eventos, cursos. Há o cuidado obrigatório em todos os serviços prisionais em relação aos seus reclusos. No entanto, com um assassino em série, o que é esse cuidado e como aplicá-lo? Não há nenhuma razão válida para o autoaperfeiçoamento. Mesmo assim, é necessário tomar medidas para proporcionar tais oportunidades.

Qual é o resultado? Qual o propósito, se todos os cuidadores da prisão têm de entrar no limbo e ver também a parede alta de tijolos? Os psicopatas continuam a dar problemas para os outros até seu último suspiro. No caso de Nilsen, talvez ele tenha encontrado companhia no além — apenas era mais do que provável que fosse má companhia.

Um palpite educado seria que, no texto de sua autobiografia, não haveria menção à "síndrome do falso eu" (um psicólogo teorizou que ele tinha essa síndrome, que inclui os surtos de esquizofrenia), e isso não seria nenhuma surpresa. Talvez o assassino em série não possa ficar fora dos fatos da realidade em que se meteu. Não, tal como o Rei Lear, ele "já se conheceu muito bem". Não podemos esperar a capacidade empática de "ficar de fora" de uma situação que muda e precisa de redenção.

A vida do serial killer tem uma versão distorcida do famoso arco da tragédia no drama clássico: o curso da vida de tal criminoso começa com uma primeira fase de transgressão experimental. Isso é "mergulhar o dedo do pé" no grande mar de mistério, o que é um crime grave. Depois, no auge, ocorre a primeira transgressão hedionda, seguida de um novo estatuto — nesse caso, um status concedido pelos meios de comunicação social e pelos jornais obscuros. O assassino torna-se uma celebridade no mundo atual. O herói trágico também. Mas a celebridade transmutou em uma glorificação errada da "arte do assassinato", como foi satirizada no clássico de Thomas de Quincey, *On Murder Considered as one of the Fine Arts*, de 1827.

Nilsen morreu na prisão em 12 de maio de 2018. Ele vai cair no verdadeiro panteão do crime dos assassinos em série, é claro, e acho que não gostaria disso. Mas queria ver o seu livro impresso, e nunca aconteceu.

Nilsen pode muito bem ter visto sua vida como pertencente às "belas artes" — significando que havia razões para suas transgressões. Porém, como sabemos muito bem, alguém tem que contar aos parentes enlutados o que houve.

Quanto a mim, ainda me lembro daquele homem calado e de olhar fixo. Lembro-me de pensar: "Há alguma coisa que ele queira dizer com urgência? Algo que preciso levar comigo, lá para fora, onde há ar livre, que ele nunca mais vai respirar?" Mas não, acho que muitos assassinos em série têm uma narrativa constante — uma história que conta algo governado pelo narcisismo e pela vontade de ser ouvido e aceito.

O ASSASSINO EM SÉRIE POR ACIDENTE

Craig Pittman

Em meados dos anos 1990 e início dos anos 2000, passei quatro anos cobrindo os tribunais criminais do condado mais densamente povoado da Flórida. Cobri casos envolvendo assassinos, vigaristas e um bígamo cuja defesa era: "Esqueci que era casado." (E isso funcionou! O júri o absolveu.)

Acompanhei cerca de sessenta julgamentos por homicídio. Vi crimes passionais, de raiva descontrolada. Vi casos que envolviam gangues, mortes por lucro e roubos que acabaram mal. No início foi emocionante, mas, depois de um tempo, tenho que admitir: muitos deles se confundiram e seus detalhes se desvaneceram com o passar dos anos.

Alguns ficaram na minha mente, mas especialmente o que envolve James Randall, conhecido como Jimmy. E não somente porque ele piscou para mim no tribunal, ou por causa da estranha decisão do Supremo Tribunal do Estado sobre o caso. Não. Foi principalmente por causa do cão.

Eu poderia começar essa história com a infância de Randall no Kentucky, sua mudança para Massachusetts, seu casamento, ou sua primeira passagem pela prisão.

Em vez disso, vou começar com uma garçonete chamada Holly Jean Cote.

Cote, 28 anos, estava casada havia onze com um maquinista. Tinham uma filha de seis anos. Cote trabalhava num bar chamado Mahaki, em Gardner, Massachusetts. Na noite de 4 de março de 1984, ela terminou seu turno no Mahaki e foi com um grupo de amigos para um bar diferente, o Mr. D's Lounge, que ficou aberto até mais tarde.

Essa foi a última vez que alguém a viu viva. Depois, Cote deveria ter acompanhado uns amigos até a casa de um deles, mas nunca apareceu. Na manhã seguinte, o carro dela, um Pontiac Tempest 1969, ainda estava no estacionamento do Mr. D's.

Notificada sobre o seu desaparecimento, a Polícia Estadual de Massachusetts empreendeu uma busca extensiva. Familiares e amigos ofereceram uma recompensa de seis mil dólares. O marido de Cote, Joseph, tirou um mês de folga do trabalho para tentar encontrá-la. Passaram-se três meses e nada.

Depois, por volta de 25 de maio, fortes chuvas inundaram uma área perto da barragem Birch Hill, a cerca de 25 quilômetros de Gardner. Um casal que andava de canoa na área inundada notou algo enroscado em algumas bétulas. Curiosos, eles remaram para mais perto.

Era o corpo nu de Cote. Seus braços estavam amarrados com uma meia roxa. O médico legista determinou que ela tinha sido estrangulada.

A localização do corpo sugeriu um suspeito: um trabalhador da construção civil chamado Jimmy Randall, branco, um metro e oitenta, oitenta quilos. Aquela área perto da barragem era um dos seus pontos de pesca favoritos, de acordo com o marido da vítima. A mulher de Randall, Linda, era a melhor amiga de Holly Cote. Na verdade, na noite em que Randall conheceu sua futura esposa, também conheceu Holly Cote. Mais tarde, quando Cote e seu marido precisavam de uma babá, ela às vezes chamava Linda e seu então namorado, Randall. Após o casamento dos Randalls, eles costumavam sair com Cote e seu marido.

Mais importante: Randall estava no grupo que foi com Holly Cote ao Mr. D's Lounge.

"Ele foi a última pessoa a ser vista com ela", disse o marido de Cote aos repórteres.

No entanto, a polícia teve dificuldade em ligá-lo ao crime. O corpo estava muito decomposto para fornecer qualquer prova física. Eles não tinham nenhuma cena de crime para analisar. O local onde o corpo estava escondido foi lavado pela inundação, que libertou o cadáver para flutuar até a superfície. A polícia interrogou Randall, esperando que ele desse alguma pista, mas ele não deixou escapar nada incriminatório. Tiveram que soltá-lo.

Passaram-se dois anos, e então Randall foi preso por agredir outra mulher — a própria esposa. Linda disse que ele a tinha sufocado, amarrado e violentado.

De acordo com o testemunho dela, Randall chegou em casa às duas da manhã, fechou a janela do quarto, exigiu sexo e começou a sufocá-la.

"Eu tentava afastá-lo e ele respondia: 'É melhor transar comigo porque ninguém vai nos ouvir.'"

Na manhã seguinte, Linda pegou as crianças e se mudou para um abrigo para mulheres. Dois meses depois, ele foi procurá-la, parando-a em uma autoestrada e a sequestrando com seus filhos. Ela disse que Randall a amarrou com os cadarços dos próprios sapatos e a sufocou nas duas vezes seguintes em que a violentou. Ele disse às crianças, de dois e cinco anos, que, se elas saíssem do carro, mataria a mãe delas.

"Pensei mesmo que ele ia me matar, de verdade", disse ela.

Durante aquele segundo ataque, Randall falou sobre o assassinato de Holly Cote. Linda contou aos investigadores que ele queria saber se ela queria se divorciar dele por causa do que ele chamava de "a coisa com Holly".

"Você deu uma chance a Holly?", perguntou ela.

"Não", confessou Randall.

Um juiz o condenou a uma pena de cinco a sete anos de prisão pelo sequestro. Os seus comentários não levaram a acusações no caso Cote.

Enquanto estava atrás das grades, Randall falou com um psicólogo. Contou que se lembrou de ver o pai prendendo a mãe a um balcão da cozinha uma vez. Aos dez ou onze anos, brincava de sufocar e soltar a irmã. Aos catorze anos, tentou sufocar um vizinho, mas ele desmaiou. Confessou que mais tarde tentou sufocar outras mulheres durante a relação sexual, incluindo a esposa.

"Ele descreve a experiência como querer estar no controle. A asfixia da parceira sexual afirma esse controle", escreveu o psicólogo em um relatório sobre Randall.

O divórcio aconteceu quando estava preso. Ele cumpriu cinco anos, depois foi libertado, em 1992. Randall deveria se apresentar a um agente da condicional para informar onde vivia e o que estava fazendo. Em vez disso, fugiu do estado.

O furacão Andrew tinha acabado de passar com tudo ao sul de Miami, e Randall achou que poderia encontrar trabalho na área da construção no sul da Flórida.

A primeira vítima na Flórida apareceu em julho de 1994 — mas do lado oposto do estado.

Ladonna Jean Steller era filha de alguém, irmã de alguém, mãe de alguém, esposa de alguém. Ela teve três filhos, era divorciada e viciada em crack.

"Ela era uma mulher fantástica e divertida", disse o irmão de Ladonna aos repórteres. "Adorava sair para dançar... Ela tinha um bom coração. É triste. Todos a amavam."

Uma batalha pela custódia da filha mais nova com o ex-namorado a jogou no fundo do poço, contou ele.

"Parecia que ela não tinha mais razão para viver depois que sua filhinha foi levada embora", disse sua mãe.

Steller já tinha sido bonita e cheia de vida. Tinha trabalhado em um restaurante da Flórida mais conhecido pelo atendimento do que pela comida. Ela também tinha sido dançarina nas muitas casas de striptease do condado de Pinellas. Depois, começou a se prostituir para alimentar seu vício. A epidemia de crack dos anos 1980 nos Estados Unidos pode ter diminuído em alguns lugares, mas continuou a fazer novas vítimas nos anos 1990. Ladonna foi uma delas.

Ela foi detida várias vezes, acusada de prostituição e posse de drogas, mas sempre saía depois de um dia ou mais, segundo seu irmão.

Aos 35 anos, Ladonna tinha se tornado uma sombra do que era. Alguém encontrou o seu corpo nu, deitado nos arbustos, num terreno baldio no centro de Clearwater, um antigo porto de pesca no Golfo do México, a alguns quilômetros ao norte de St. Petersburg. O lote onde ela foi encontrada estava perto de uma trilha conhecida para caminhadas e ciclismo chamada Pinellas Trail que, mais de uma vez, serviu como rota de fuga para criminosos.

A polícia a identificou pelas impressões digitais registradas devido a suas detenções anteriores. Inicialmente, não sabiam como Ladonna tinha sido morta, mas o médico legista concluiu que ela tinha sido asfixiada até a morte.

Os detetives concluíram que ela foi morta em outro lugar, depois largada no terreno baldio. Conseguiram rastrear seus movimentos até as duas da manhã do dia em que seu corpo foi descoberto, mas não encontraram suspeitos ou suas roupas, bolsa e joias. A investigação perdeu força, e os detetives se voltaram para casos mais urgentes. Então, apareceu outra vítima.

Um ano tinha se passado. Então, em 20 de outubro de 1995, o corpo de Wendy Evans foi encontrado no matagal à beira de uma estrada, na pequena cidade de Oldsmar, a cerca de vinte minutos de carro, a nordeste de Clearwater.

Ela tinha 42 anos e foi espancada e sufocada até a morte, tal como Steller.

Havia outras semelhanças. Seus corpos foram encontrados nus. Ambas foram mortas em outro lugar, e depois abandonadas em uma estrada ou trilho. Além disso, ambas foram vistas trabalhando no lado escuro de uma rua chamada North Fort Harrison Avenue.

A North Fort Harrison Avenue é a principal atração no centro de Clearwater, uma cidade com cerca de noventa mil habitantes, na época dos crimes. A estrada vai de norte a sul e fica a alguns quarteirões da orla. O negócio mais proeminente ao longo da parte central dessa rua é o antigo Fort Harrison Hotel, onde, em 1964, Keith Richards escreveu o famoso riff de guitarra que conduz o sucesso "(I Can't Get No) Satisfaction", dos Rolling Stones. O edifício é agora a sede mundial da Igreja de Cientologia, que abriga os seguidores da organização.

A maior parte da North Fort Harrison Avenue está repleta de negócios respeitáveis. Você pode ver um consultório médico, uma loja de serviços gráficos, uma funerária. A estrada contorna o porto e leva ao bairro de Old Clearwater Bay, onde se encontram algumas das mais grandiosas residências da cidade. No entanto, também há trechos com empresas que não funcionam em horários regulares e prédios com compensado nas janelas, onde se pode comprar crack ou encontrar uma prostituta — ou onde, na maioria das vezes, prostitutas podiam encontrar clientes e depois usar o dinheiro para comprar crack. O terreno vazio onde Steller foi achada estava a apenas dois quarteirões do lugar em North Fort Harrison onde ela havia trabalhado.

A família de Evans, porém, insistiu que ela não se encaixava no padrão. Insistiram que a mulher de um metro e oitenta de altura e cabelo encaracolado não era prostituta. Tinha ficha criminal, mas por roubo e assalto à mão armada. Ela nunca tinha sido acusada de prostituição. Nos registros de detenção, constava que ela era "dançarina".

No entanto, Evans não dançava mais. Apenas doze horas antes de o seu corpo ser encontrado, dois policiais de Clearwater tinham ido à North Fort Harrison Avenue. Eles disseram que ela estava andando pela calçada, fazendo contato visual com os motoristas que passavam. Evans falou que precisava de carona para a casa da filha, mas não conseguiu dizer a eles o endereço. E eles a viram fazer a mesma coisa, no mesmo lugar, na noite anterior.

O que aconteceu entre esse momento e o momento em que o corpo dela foi encontrado a vinte quilômetros de distância? A suposição era de que algum cliente a havia matado.

A filha de Evans disse que a mãe não queria viver à margem da sociedade, mas, como Steller, estava disposta a sacrificar tudo pelo vício. Ela tentara se desintoxicar antes de ser morta.

"Duas semanas antes de morrer, minha mãe e eu ligamos para todos os programas de reabilitação da área, e todos disseram que não a aceitariam sem seguro", contou a filha a um repórter. "Era melhor terem lhe dado uma arma e pedido para se matar."

O homicídio de Evans foi diferente do de Steller em um ponto crucial. Choveu na noite em que o corpo foi abandonado. Ao examinar a área, um detetive chamado Jeffrey Good avistou uma marca de pneu lamacenta a cerca de dois metros do local da desova. De início, essa pista não parecia tão importante.

Enquanto isso, a família de Evans tentava prepará-la para o seu funeral. Ela gostava muito de um vestido que tinha usado no Dia das Mães. Pensaram em vesti-la com ele para seu enterro, porém a roupa era decotada, mostrando demais os seus ferimentos fatais.

Parte do problema que a polícia e os detetives enfrentavam era que estavam lidando com mais do que apenas duas prostitutas mortas. O condado de Pinellas tinha se tornado uma espécie de terreno mortal para as trabalhadoras do sexo.

Várias prostitutas negras haviam morrido de forma violenta em St. Petersburg, na parte sul do condado, mas Steller e Evans eram brancas.

E então uma terceira prostituta branca que trabalhava na North Fort Harrison apareceu morta.

Seu nome era Peggy Darnell, e foi encontrada em uma área industrial bem ao norte de Clearwater, perto dos limites do condado de Pinellas e o de Pasco.

Infelizmente, o corpo estava na mesma posição havia umas duas semanas, antes de alguém tropeçar nele. Tal como com Holly Cote, a decomposição e a passagem do tempo dificultaram o exame forense. O médico legista acreditava que ela fora espancada e sufocada até a morte, mas não podia ter certeza. O corpo de Darnell estava tão decomposto que determinar quando ela havia morrido exigiu a consulta a um entomologista de Indiana. A julgar pelo desenvolvimento das larvas, o cientista disse que ela havia sido morta entre 30 de outubro e 4 de novembro de 1995.

Então, três semanas após o corpo de Darnell ter sido encontrado, a vítima número quatro apareceu. Em 18 de janeiro de 1996, um trabalhador da construção civil descobriu o corpo nu de Cynthia

Pugh, 27 anos, ao lado de uma lata de lixo na parte externa de um extinto Costco, na US 19, em Palm Harbor, vários quilômetros ao norte de Clearwater. Pugh também morreu por traumatismo na parte superior do corpo e asfixia.

Pugh tinha voltado da Carolina do Norte para Clearwater no ano anterior. Estava separada do marido, que tinha ficado com o filho de quatro anos. Ela convencera os pais de que tinha um plano: ia conseguir o seu diploma do ensino médio, estudar para se tornar esteticista e, depois, pedir a custódia do filho.

Enquanto isso, estava vivendo na casa dos pais. Eles não sabiam que ela era viciada em crack ou que tinha sido detida por trapacear para ganhar dinheiro e comprar aquelas pedras pelas quais seu corpo ansiava. Seus pais saíram para jogar boliche e, quando voltaram, ela havia desaparecido. No dia seguinte, Pugh estava morta.

Quando se espalhou a notícia sobre Pugh, a North Fort Harrison Avenue se transformou numa rua fantasma.

"Após a morte de Pugh, não vimos nenhuma mulher durante cinco dias", disse um sargento da polícia a um repórter. "Elas não passeavam, não acenavam para os carros." Mas, depois de um tempo sem aparecerem mais corpos, o sargento disse: "No sexto dia, começamos a vê-las de novo na rua."

Nessa altura, embora ainda ninguém soubesse, a matança estava feita.

Somente porque um corpo foi largado longe do local da morte e sem roupa não significa que não contenha provas forenses.

Dos corpos das quatro prostitutas brancas, os técnicos forenses recolheram pelos e fibras — apenas um ou dois de cada, mas melhor do que nada. As fibras, eles determinaram, vieram de um tapete cor-de-rosa. O pelo, de um cão.

Também encontraram um pedaço de papel muito pequeno preso ao seio esquerdo de Pugh. No início, os técnicos não sabiam o que fazer com aquilo.

Entretanto, os detetives começaram a investigar que tipo de pneu tinha deixado o rastro lamacento que o detetive Good encontrou perto do corpo de Evans. O desenho mostrou que era um Firestone Radial ATX usado em pequenos caminhões e utilitários esportivos. Esse tipo de pneu estava no mercado havia apenas seis meses, o que significava que apenas alguns tinham sido vendidos.

Um cheque dado à loja local da Firestone revelou que apenas um conjunto desse tipo de pneus tinha sido vendido na área dos três condados durante os seis meses desde que estava disponível. O veículo com aqueles pneus era uma picape Dodge de 1985, propriedade de uma funcionária de um motel chamada Terry Jo Howard.

Uma verificação rápida mostrou que Terry Jo Howard tinha ficha criminal. Ela havia sido prostituta e já tinha trabalhado nas calçadas da North Fort Harrison Avenue.

Howard morava em um apartamento na área de Palm Harbor, ao norte de Clearwater. Os detetives que vigiavam o apartamento repararam em um homem conduzindo uma picape. Ele também vivia com Howard. Tinha a cabeça raspada e um bigode handlebar, em formato de guidão.

Os detetives queriam ter certeza sobre os pneus. Eles persuadiram a concessionária Firestone a ligar para Howard e alegar que os pneus estavam sendo recolhidos. Traga-os para nós e os substituiremos de graça, disseram. Ele levou a picape. Assim que os pneus foram retirados do veículo, os detetives os pegaram. Mais tarde, um engenheiro da Firestone testemunhou que tinha examinado os pneus e que era "uma certeza concreta" que as marcas na lama perto do corpo de Evans tinham sido deixadas pelo pneu traseiro direito da picape Dodge 1985 de Howard.

Os detetives começaram a seguir Howard e o homem com

quem ela vivia, indo atrás deles à medida que viajavam, muitas vezes, por oitenta a cem quilômetros para o norte ou para o sul. Quando o casal parou em um restaurante fast-food, os detetives registraram o seu pedido. Quando foram a uma locadora de vídeo, anotaram o que eles consultaram.

Os investigadores até instalaram uma câmera em um poste do lado de fora do apartamento do casal, em Belcher Road. Filmaram por horas, mas não captaram nada incriminatório.

O homem na vida de Howard, eles descobriram, era um ex-condenado de quarenta anos chamado James "Jimmy" Randall. Quando os detetives juntaram as peças de seu passado — a asfixia da ex-mulher, seu possível envolvimento com Holly Cote e o que ele tinha dito ao psiquiatra —, ele se tornou o principal suspeito. Quando mostraram sua foto para as mulheres da North Fort Harrison Avenue, várias se lembraram de tê-lo visto na área à procura de prostitutas. Também ouviram que ele deveria ser evitado. Ele tinha dado "uma carona ruim", disseram.

Quando fugiu de Massachusetts para Miami em 1992, Randall não ficou por muito tempo. Naquela região pós-furacão, encontrou trabalho com facilidade, como instalador de janelas, e desenvolveu uma reputação de bom empregado. Mas então, em 1993, seu chefe, Albert Calcagni, decidiu transferir seu negócio para a costa do Golfo, para a área de Palm Harbor, perto de Clearwater. Randall não só se mudou para o oeste para continuar trabalhando, como também se mudou para a casa de Calcagni, compartilhando espaço com seu chefe, a esposa do seu chefe e a filha dele, de seis anos. Calcagni disse mais tarde que não fazia ideia de que Randall tinha estado na prisão ou do que ele tinha feito para ser preso.

"Ele nunca falou com ninguém sobre si mesmo", disse Calcagni a um repórter, mais tarde. "Ele não falava de si mesmo. Nunca."

Randall ficou na casa do patrão durante seis meses, economizando a maior parte do dinheiro que recebia. Depois que se mudou para um apartamento na pequena cidade de Dunedin, em 1994, os dois tiveram uma discussão e Randall se demitiu. Ele conheceu Howard quando a pegou no North Fort Harrison, em 28 de fevereiro de 1994. Ela logo deixou de se prostituir, e o casal foi morar junto — e ele começou a dirigir a picape da mulher.

Enquanto os detetives vigiavam o apartamento de Howard e seguiam o carro, descobriram algumas coisas. Uma delas era que o casal não saía muito, a não ser para alugar vídeos. A outra era que Howard e Randall tinham um cão, um pug.

Isso permitiu aos detetives pensar em uma tática. As detetives Stephanie Campbell e Linda Hilliard apareceram no apartamento de Howard, oferecendo um banho grátis ao seu cão. Disseram que tinham iniciado um novo serviço a domicílio de guarda de cães e que aquela era uma amostra grátis.

É claro que, ao darem banho no pug, também recolheram amostras do pelo para comparar com o que tinha sido encontrado nas vítimas. Também viram um tapete cor-de-rosa no apartamento e informaram à equipe de investigadores. Mais tarde, testes de laboratório confirmaram que o pelo e a fibra do tapete eram consistentes com aqueles encontrados nos corpos de Pugh e Evans. Não eram compatíveis — a tecnologia não existia para determiná-lo —, mas não eram diferentes.

Os detetives decidiram que era hora de encarar o suspeito. O cabo John Quinlan e um detetive chamado Thomas Klein bateram à porta do apartamento quando Howard estava fora. Quando Randall atendeu, perguntaram por Howard. Disseram que queriam perguntar se ela se lembrava de algum cliente que gostava de asfixiar prostitutas.

Randall se manteve calmo, mesmo quando lhe mostraram fotos das vítimas. Ele negou já tê-las visto. Disse que elas nunca tinham estado no apartamento ou na picape. O detetive podia tê-lo prendido, porque havia um mandado de prisão por ele ter saído de Massachusetts, mas ainda não era hora para isso. Eles agradeceram e foram embora.

O que os detetives queriam era o carro. Queriam apreendê-lo e revistá-lo. Eles pensaram em fazer Randall encostar e em revistar o carro na próxima vez em que ele saísse dirigindo. Assim, teriam um motivo plausível para olhar o veículo por dentro sem se preocupar com um mandado de busca.

Não foi bem assim.

Cerca de quinze minutos após os detetives saírem, Randall estava a caminho do trabalho quando viu as luzes azuis. Ele não estava sozinho na picape — dava carona a um colega de trabalho chamado Maitland Nixon. Ele disse a Nixon que não podia parar.

"Não posso, cara. Não posso, tenho que ir. Eu tenho que ir. É a minha vida. Não posso parar. Eles vão... estão atrás de mim. Vão me levar de volta." E repetia: "É a minha vida." Nixon perguntou o que queria dizer, e Randall respondeu: "Estão atrás de mim por causa de algo no norte."

Ele virou em uma esquina, deixou Nixon e depois continuou. Os policiais pararam para falar com Nixon, dando ao suspeito a oportunidade de avançar mais. Randall abandonou o carro, saltou uma barreira e entrou na floresta. Os detetives levaram, depois, cães farejadores e um helicóptero, mas não conseguiram encontrá-lo. Eles não sabiam, mas Randall estava deitado numa vala, coberto de lama.

Durante os quatro dias seguintes, ele escapou da maior caçada na história do condado de Pinellas. Dormia durante o dia e andava à noite. Roubou duas telas de janela do Chi Chi Chi Rodriguez Golf Club e as usou como camuflagem. Finalmente, porém, foi ao seu apartamento, em Dunedin, e tocou a campainha. Quando um detetive a abriu, Randall o agrediu com um pedaço de madeira e fugiu, mas não foi longe: um cão da polícia o agarrou e o derrubou.

"Ele nos disse que estava com fome", disse um oficial aos repórteres. "Foi picado por mosquitos. Disse que desejava ser pego havia dois dias." Isso era tudo o que ele dizia. Nem uma palavra sobre as vítimas.

Inicialmente, Randall foi acusado de crimes relacionados à fuga referente ao mandado de prisão emitido em Massachusetts. Porém, depois, o grande júri se reuniu e considerou o caso das quatro mulheres mortas.

Randall estava ouvindo música no seu Sony Walkman quando Good e Klein foram a sua cela contar que ele tinha sido acusado de dois homicídios. Good avisou que ele seria acusado também de assassinar Evans.

"É só isso?", perguntou Randall.

"Não, na verdade, não", disse Klein, e contou que ele também fora indiciado por assassinar Pugh.

"É só isso?", repetiu Randall, ainda ouvindo música.

Foi só isso. O grande júri tinha decidido que as provas contra Randall não eram suficientemente fortes para acusá-lo de matar Steller e Darnell.

Quando o caso chegou a julgamento, porém, os promotores mencionaram esses assassinatos mesmo assim, e também o que tinha acontecido com sua ex-mulher. Planejavam provar que Randall tinha um padrão de comportamento.

A defesa tinha uma visão diferente do caso, no entanto.

O Randall que apareceu no tribunal parecia muito diferente do fugitivo manco e picado de inseto da foto. Seu cabelo estava crescendo de novo. Ele vestia terno. Carregava um livro de bolso para ler durante as partes lentas. Um dia, foi um thriller de Ridley

Pearson chamado *Chain of Evidence*, sobre um detetive que seguia um assassino em série.

O promotor não poderia ter sido outro. À frente da acusação estava Douglas Crow, pequeno e esbelto, com um bigode bem-cuidado. Ele era muito inteligente, mas com uma intensidade que podia assustar. No lado da defesa, o advogado principal era o grande e atrevido Michael Schwartzberg. Tinha uma barba preta e espessa, óculos e um jeito piadista, desenvolvido enquanto trabalhava como comediante numa feira renascentista itinerante. Além da sua carreira jurídica, foi presidente do pequeno teatro local.

O caso de Crow contra Randall contou com duas testemunhas principais: sua ex-mulher e Terri Jo Howard. Ambas testemunharam que Randall se estimulava sexualmente ao sufocá-las. Ambas disseram que Randall as tinha ferido durante a asfixia.

O testemunho de Howard foi particularmente dramático. Ela entrou no tribunal lentamente, usando um vestido preto que enfatizava seu pescoço pálido e esguio. Ela deu a Randall um olhar demorado por cima do ombro enquanto passava pela mesa de defesa. A certa altura do testemunho, enquanto os advogados discutiam no banco, os olhos do casal se encontraram até que ela fez uma careta e ele desviou o olhar.

Howard deixou claro que Randall era especial para ela. Disse que ele foi o único homem que já havia cuidado dela, que a tinha ajudado a se libertar de uma vida de drogas e prostituição, que tinha sido presa 57 vezes antes de mudar de vida com a sua ajuda.

Quando Crow perguntou por que ela permitia que Randall a sufocasse durante o sexo, sua resposta fez os espectadores da sala de audiências ofegarem: "Não queria lhe negar o que ele precisava, então ele acabasse me matando dois anos depois na rua. Queria que ele tivesse controle sobre isso."

Ela disse que, quando deixou de mostrar medo, Randall perdeu o interesse e parou de sufocá-la. Schwartzberg lembrou a Howard que uma vez ela havia dito que evitava mostrar qualquer reação quando era sufocada, sugerindo que agora ela estava mudando sua história.

"Tentei não mostrar nenhum medo, mas tenho certeza de que mostrei", disse ela. "Você faria o mesmo, se alguém estivesse com as mãos ao redor do seu pescoço."

Mais tarde, quando Randall foi preso, ela perguntou por que ele não a matara. Howard testemunhou que ela o visitou na prisão e perguntou: "Por que não eu?" Ela disse que Randall, com medo de ser ouvido ou observado, respondeu escrevendo no ar, com o dedo: "Machuquei as outras para não machucar você."

Schwartzberg questionou essa história, apontando que, uma vez, ela havia contado aos promotores que estava confusa com a mensagem de Randall.

"Eu estava mentindo", disse ela.

"Estava mentindo naquela época, mas não agora?", argumentou Schwartzberg, com sua voz grossa e cheia de sarcasmo.

Howard disse que tinha mentido porque temia que Randall descobrisse que ela estava falando com a promotoria e contratasse alguém para matá-la.

A juíza do caso, uma cantora gospel e ex-agente da Receita Federal chamada Susan Schaeffer, permitiu que os promotores introduzissem provas sobre as outras vítimas para mostrar o padrão de comportamento de Randall. Cada assassinato ocorreu quando Howard estava fora da cidade. A juíza Schaeffer comentou que a acusação precisava mostrar aos jurados o padrão porque, caso contrário, o que eles tinham era "um caso circunstancial fraco".

Os promotores também ligaram Randall aos dois assassinatos por meio das provas forenses: os pelos do cão, as fibras do tapete e, especialmente, o pequeno pedaço de papel encontrado no seio esquerdo de Pugh.

Este último item provou ser particularmente importante. Howard testemunhou que ela fumava cigarros no apartamento e, quando acabava, deixava cair as bitucas no chão. Depois, o cão dela as mastigava. Esse hábito do cão deixou pequenos pedaços de papel por todo o chão do apartamento que Howard e Randall dividiam.

O fragmento de papel no seio de Pugh era um desses pedaços, disse um perito forense, porque a saliva no papel continha DNA que combinava com o de Howard. Aquele papel somente podia ter grudado no corpo da vítima se ela tivesse estado no apartamento em algum momento, algo que Randall havia negado à polícia.

Enquanto a equipe de Crow fazia o seu melhor para provar que Randall era um assassino em série, a equipe de Schwartzberg se concentrou num aspecto diferente do caso.

Se Randall havia matado as duas mulheres, argumentou a defesa, era porque o pobre homem não pôde se conter. Randall não pôde resistir ao seu impulso de sufocar as mulheres porque sofria de um distúrbio mental, sadismo sexual. Ele não pretendia ser um assassino em série. Foi um acidente.

Quando interrogou o médico legista que realizou as autópsias, Schwartzberg perguntou se a força usada para sufocar as vítimas "poderia ser pressão inadvertida ou pressão desconhecida". "Acho que não", respondeu o médico legista.

Em seu argumento final, Crow apontou como Randall levou as mulheres ao seu apartamento e amarrou as mãos delas antes de matá-las. Embora os detetives não tenham encontrado qualquer prova disso, disse Crow, o médico legista não encontrou sinais de luta nos corpos das mulheres, o que sugeria que elas não conseguiram mexer as mãos.

Crow disse que então Randall jogou os corpos em áreas onde sabia que não seria visto por ninguém, e que os corpos não seriam encontrados até que ele fosse embora. Tudo isso mostrou planejamento e premeditação, destacou Crow, assim como sua seleção de vítimas "à margem da nossa sociedade".

O júri, formado por sete mulheres e cinco homens, levou seis horas para considerar Randall culpado de ambos os crimes de homicídio em primeiro grau. Enquanto o escrivão lia o veredito, famílias e amigos das duas mulheres assassinadas sussurravam: "Sim! Sim! Sim!" Vários começaram a chorar, e alguns se abraçaram nos bancos do tribunal.

Enquanto a juíza Schaeffer o declarava culpado, Randall chupava uma hortelã-pimenta, parecendo entediado. Porém, quando um oficial de justiça pegou em suas mãos e passou a tinta em seus dedos para coletar suas impressões digitais, Randall inclinou-se para Schwartzberg e sussurrou: "Precisa fazer isso aqui na frente de todos?"

No dia seguinte, os jurados voltaram ao tribunal para considerar qual seria a sentença adequada. Depois de ouvir o testemunho de dois psicólogos, bem como o da mãe de Randall, eles rapidamente votaram, doze a favor e zero contra, para que Randall fosse executado pelos seus crimes. Um mês depois, a juíza Schaeffer concordou, proferindo duas sentenças de morte.

Enquanto Schaeffer lia sua ordem de sentença de onze páginas, listando as razões pelas quais ele merecia o corredor da morte, Randall parecia ansioso. Ele bateu com os dedos na mesa de defesa. Sacudiu a perna e se esticou. De vez em quando, o seu olhar vagueava em direção a um canto vazio da sala de audiências.

Schaeffer disse que uma razão para condenar Randall à morte em vez de prisão perpétua foi a crueldade nos assassinatos de Evans e Pugh.

> "Ele as levou para sua casa e amarrou pelo menos uma delas. Ele as torturou e depois colocou as mãos ao redor de seus pescoços e as estrangulou. Ficou sexualmente excitado enquanto os olhos delas se enchiam do horror da ciência de sua morte."

Apenas o próprio Randall sabia quanto tempo elas sofreram, disse Schaeffer, "até que se perdessem em uma inconsciência abençoada".

O argumento de Schwartzberg sobre a falta de intenção de matar de Randall não era sustentável, disse ela, porque ele tinha matado mais de uma vez.

"Sabendo que tinha matado Wendy Evans, esse sádico sexual não fez nenhum esforço para obter qualquer ajuda para que a sua violência homicida parasse", argumentou ela. "Obviamente, a emoção e a gratificação sexual que sentiu ao humilhar e torturar Wendy Evans foi mais importante. Ele fez exatamente a mesma coisa com Cynthia Pugh, humilhando-a, torturando-a e, finalmente, estrangulando-a até a morte para satisfazer as suas perversas necessidades sexuais."

Quando Randall estava sendo levado pelos oficiais de justiça, ele se virou para mim e piscou, como se tivesse se lembrado de uma boa piada. Somente olhei para ele.

A palavra de Schaeffer normalmente teria sido a última. Antes de se tornar juíza, ela havia sido uma advogada de defesa que conseguia manter seus clientes fora do corredor da morte. Pessoalmente, era contra a lei da pena de morte — mas, quando se tornou juíza, jurou defender a lei. Isso significava que tinha de condenar algumas pessoas à morte. Para garantir que não cometesse erros, Schaeffer se tornou uma das maiores especialistas da Flórida em pena de morte. Conhecia tão bem a lei que ensinou outros juízes a lidar com esses casos.

Como resultado, todos os tribunais de apelação geralmente concordavam com o que ela dizia.

Mas não dessa vez.

Três anos se passaram, e então a Suprema Corte da Flórida emitiu sua decisão no caso de Randall. O mais alto tribunal do estado aprovou todas as decisões de Schaeffer no caso — a admissão de provas de um padrão de comportamento, o testemunho da ex-mulher, da namorada e assim por diante, exceto uma.

A sentença de morte.

Com o testemunho da ex-mulher de Randall e de sua namorada, a acusação provou inadvertidamente o argumento de Schwartzberg, disseram os juízes. Eles "demonstraram uma hipótese razoável de que os homicídios não foram premeditados [...] Considerando o fato de que outras mulheres que Randall sufocou durante a atividade sexual não morreram, é razoável inferir que Randall pretendia que seu comportamento levasse apenas à gratificação sexual, não à morte de suas parceiras sexuais".

Como resultado, os juízes escreveram:

> "Concordamos, neste caso totalmente circunstancial, que as provas não apoiam o homicídio premeditado, com exclusão de uma dúvida razoável. As provas apoiam o homicídio em segundo grau."

Portanto, disseram, as duas sentenças de morte de Randall seriam convertidas em duas prisões perpétuas. Ele nunca mais sairia da prisão, mas não teria de se preocupar com o fato de o Estado espetar uma agulha em sua veia.

Foi isso. A acusação não ficou contente (ouvi alguém no gabinete do procurador do estado dizer que podiam argumentar que Randall fez asneira uma vez, mas a segunda vez devia contar como homicídio), mas não havia nada a ser feito. Não podiam apelar.

Então, legalmente, Randall não é um assassino em série, exceto acidentalmente. É mais um parceiro sexual em série, propenso a acidentes.

Passaram-se anos desde que o caso foi encerrado. Schwartzberg morreu em 2005, a juíza Schaeffer, em 2016. Doug Crow se aposentou. Randall, entretanto, permanece na prisão, cumprindo suas duas penas de prisão perpétua no Instituto Correcional Taylor, na cidade madeireira de Perry, a cerca de uma hora ao sul da capital do estado. Ele está na casa dos sessenta anos. De acordo com a foto no site do Departamento de Correções do Estado, ainda parece mais ou menos o mesmo, apenas um pouco mais pálido.

Ainda penso no caso de vez em quando. Randall não era nenhum gênio criminoso, nenhum professor Moriarty, mas pode ter escapado de pelo menos dois homicídios, talvez de cinco. O pelo e as fibras não eram provas conclusivas — eram apenas semelhantes ao que foi encontrado nos corpos, não idênticos. O rastro do pneu de seu carro poderia ser explicado: poderia ter dirigido pelo local, o que não implicava que tinha abandonado um corpo. Então, a única coisa que o ligou conclusivamente aos assassinatos foi aquele pequeno pedaço de papel de cigarro que tinha o DNA da namorada de Randall.

E a única razão pela qual aquele pequeno pedaço de papel estava lá foi porque o seu cãozinho tinha o estranho hábito de mastigar pontas de cigarro descartadas. Se não fosse por aquele cão, Randall poderia ter escapado de tudo, e possivelmente continuaria matando mulheres cada vez que a namorada saísse da cidade por alguma razão.

O nome daquele cão que pegou Randall é um nome que nunca esquecerei. Princesa Penny Pickles.

O Homem-rato

Joe Turner

Em 23 de julho de 1989, a polícia entrou na casa do técnico de fotografia Tsutomu Miyazaki, de 26 anos, na província de Saitama, no Japão. Após o bizarro incidente de ver Miyazaki correr nu ao longo de uma margem de um rio de Tóquio, a polícia acreditou que o mesmo homem poderia estar ligado aos assassinatos, às mutilações e aos estupros de quatro jovens em toda a área da Grande Tóquio. Os casos haviam ocorrido nos onze meses anteriores.

Depois que as autoridades obtiveram acesso ao bagunçado bangalô de dois quartos do homem, descobriram uma montanha de provas confirmando que Miyazaki, introvertido e bem-humorado, era o suspeito, chamado de "O Assassino de Menininhas" pela imprensa e pelos cidadãos aterrorizados. Dentro da casa, as autoridades descobriram uma coleção de quase seis mil fitas de vídeo, incluindo filmes de terror, exploração e violência, desenhos animados e filmes de animação, e milhares de fitas de pornografia pesada e ilegal.

Entre elas, estavam filmagens amadoras e fotografias das quatro meninas que foram sequestradas e assassinadas durante o ano anterior.

Quando os fatos dos crimes de Miyazaki vieram à tona, pintaram um quadro de um jovem solitário e desesperado, preso em um mundo de fantasia distante, no qual o assassinato e a pedofilia eram a última extensão de suas aspirações distorcidas. Cometera atos de canibalismo e necrofilia para apaziguar seus desejos distorcidos, e zombara das famílias das vítimas com telefonemas, além de ter deixado em suas portas restos mortais carbonizados de crianças.

Era um homem que não se adequava à sociedade em que vivia, em parte devido à ênfase japonesa no sucesso e na educação, áreas em que Miyazaki falhou em todos os sentidos, mas também devido à falta de uma boa criação e à vontade de se isolar do restante do mundo.

Como um substituto para relacionamentos significativos com amigos, família ou parceiros, Miyazaki encontrou consolo em seus passatempos. Era um colecionador obsessivo de quadrinhos, mangá e hentai. Mais tarde, isso evoluiu para um amor pelo cinema, particularmente filmes de terror violentos e pornografia pesada — algo que ecoaria nos feitos horríveis mais tarde perpetrados por ele. Após sua prisão, quando sua obsessão por tais materiais ficou conhecida, seu rótulo de "O Assassino de Menininhas " evoluiu para "O assassino Otaku", sendo "otaku" o termo japonês frequentemente usado em um sentido depreciativo para alguém obcecado por um assunto — muitas vezes em anime, mangá ou assuntos similares — ao ponto de se distanciar da realidade.

Como a maioria dos assassinos em série iniciantes, Tsutomu Miyazaki era um produto do seu ambiente. Geralmente, um homem responsável por tais atos brutais e incompreensíveis apresenta um grau de doença mental, e, sem dúvida, a natureza perturbada de Miyazaki foi reforçada pelos acontecimentos de sua infância. A fim de pintar um quadro completo desse monstro humano, e talvez começar a entender a natureza de suas compulsões violentas e seu desejo de selvageria, devemos estudar sua vida desde o primeiro capítulo.

Uma sombra foi lançada sobre a vida de Tsutomu Miyazaki enquanto ele ainda estava no útero. Nascido prematuro em Itsukaichi, Tóquio, em 21 de agosto de 1962, Miyazaki pesava apenas 2,2 quilos. No entanto, e talvez o mais preocupante: tinha uma grave deformidade. As articulações entre os pulsos e as mãos não se desenvolveram corretamente durante a gestação, fazendo com que suas mãos tivessem uma forma anormal, limitando seus movimentos. Miyazaki não conseguia dobrar os pulsos para cima sem levantar a mão inteira estendida, o que, embora fosse uma restrição significativa para as tarefas diárias, era pouco em comparação com as provocações e os embaraços que ele suportava devido à aparência incomum de seus membros.

Seus pais, Katsumi e Reiko Miyazaki, tinham grandes sonhos, mas, apesar de seus esforços, logo perceberam que era tudo em vão. Miyazaki mostrara sinais de ser superdotado quando estava na Escola de Ensino Fundamental Itsukaichi, mas achava impossível se conectar emocionalmente com as outras crianças. Quando mais tarde foram questionados sobre como Miyazaki se comportava durante seus anos de escola, seus professores do ensino fundamental e colegas de classe mal se lembraram dele. Era solitário e quieto, aparentemente invisível para todos os outros. Naturalmente, Miyazaki culpou suas mãos deformadas pela incapacidade de fazer amigos, o que continuou a ser uma fonte de diversão para seus colegas de classe até seus últimos anos de adolescência. Muitas vezes, ele as escondia debaixo da roupa ou as cobria com luvas para evitar constrangimentos, mas isso não funcionava sempre.

O pai de Miyazaki era uma figura proeminente em Itsukaichi e nos arredores, com certa influência política, além de ser o proprietário do ***Akikawa Shimbun***, um jornal japonês local e bem-conceituado. Katsumi Miyazaki tinha aspirações de que o filho herdasse seu negócio quando se formasse, mas, apesar de um breve vislumbre do talento de Tsutomu, viu que seu interesse pelas atividades acadêmicas diminuía rapidamente.

Em vez disso, o jovem Miyazaki ficava acordado durante as noites, devorando histórias em quadrinhos. Para desgosto dos pais, ele ignorava os deveres de casa para consumir qualquer revista ou vídeo em que pudesse colocar as mãos. Com onze anos, o interesse de Miyazaki em estudar atingiu o ponto mais baixo. Embora tenha passado nos exames de admissão do ensino médio, suas notas foram diminuindo gradualmente enquanto sofria bullying e provocações por causa de suas deformidades e "esquisitices". Isso somente serviu para isolá-lo ainda mais. Em vez de passar seu tempo livre socializando, ele voltava para a segurança da casa dos pais, onde encontrou conforto em quadrinhos, filmes e anime. Quando consumiu todas as válvulas de escape que encontrou, criou a própria. Inventou seu personagem fictício: um humanoide bizarro e sem olhos, com cabeça de rato, a quem Miyazaki chamou de "o Homem-rato".

Sua curta ambição de se matricular na Universidade de Meiji e sua especialização em inglês nunca se concretizaram. Miyazaki terminou o ano como um dos últimos da turma, e não recebeu a habitual recomendação à universidade filiada à sua escola de ensino médio. Em vez disso, ele se matriculou em um curso de técnico de fotografia em uma faculdade local. Foi uma grande decepção para os pais, que rezaram para que o filho encontrasse sua vocação, uma vez que se estabelecesse na vida adulta.

Durante a faculdade, o comportamento de Miyazaki evoluiu de uma timidez introvertida para algo completamente diferente. Enquanto suas habilidades sociais eram severamente subdesenvolvidas, seus impulsos sexuais estavam muito além dos de seus colegas. Ele começou a colecionar e consumir revistas e vídeos para adultos no lugar dos gibis. Embora isso não fosse completamente irregular para um adolescente sexualmente consciente, sua falta de interação social combinada com suas perversões sinistras o levaram por um caminho sombrio para alcançar suas emoções sexuais. Como substituto da interação com meninas de sua idade, Miyazaki filmava secretamente mulheres de sua faculdade, levando regularmente sua câmera de vídeo para os campos esportivos a fim de capturar fotos de suas colegas de classe. Porém, além dessas operações secretas, Miyazaki evitava completamente o sexo oposto.

Durante toda a faculdade, seu isolamento somente aumentou e seu comportamento piorou. Quando seus filmes amadores não foram suficientes para satisfazer sua sede sexual, ele se voltou para formas mais extremas de pornografia. Mais tarde, afirmando que as revistas para adultos "apagavam as partes mais importantes" (como é costume em certos materiais asiáticos para adultos), Miyazaki se voltou para a forma mais horrível de pornografia que havia: a infantil.

Após sua formatura, em 1983, Miyazaki aceitou um emprego na gráfica de um sócio de seu pai e voltou a morar com os pais, em Itsukaichi. Agora com duas irmãs mais novas, Miyazaki foi forçado a partilhar o anexo de dois quartos da casa com a irmã mais velha.

Embora houvesse esperança de que a graduação e a obtenção da própria fonte de renda pudessem estabilizá-lo, seus padrões continuavam a se repetir. Ele trabalhava de dia, depois voltava à sua amada coleção de vídeos e histórias em quadrinhos à noite. Nada mudou. Era óbvio, para muitos, que Miyazaki, agora com seus vinte e poucos anos, sofria de uma série de transtornos mentais. Mais tarde, ele alegou que foi mais ou menos nessa época que começou a contemplar o suicídio, e que não desejava nada mais do que ser "ouvido sobre os seus problemas". No entanto, Miyazaki sabia que seus pais ignorariam seus sentimentos.

Como muitos pais japoneses, Katsumi esteve ausente na vida do filho durante os anos de formação. A maior parte do trabalho ficou por conta de Reiko, que comprava presentes luxuosos para Miyazaki, numa tentativa de reparar a relação cada vez mais distante entre eles. Ela lhe deu tudo, desde gibis e roupas até um Nissan Langley, mas Miyazaki via esses esforços como gestos vazios.

Em muitas ocasiões, Miyazaki tentou, de fato, discutir seus problemas com os pais, mas foi posto de lado todas as vezes. Embora a cultura japonesa enfatize o respeito e a cortesia, também enfatiza o favorecimento do coletivo em detrimento do individual. Questões de saúde mental são notoriamente negligenciadas, algo a que se faz referência quando se discute a taxa fenomenalmente alta de suicídios no Japão. Katsumi e Reiko, como a maioria dos pais japoneses, eram tradicionais em seus valores culturais. Viam os problemas do filho como meras fraquezas que seriam eliminadas com atos de afeto.

Infelizmente, não foi assim. No entanto, havia uma pessoa em quem o menino problemático sentiu que podia confiar: o avô, Shokichi Miyazaki. O pai se concentrava no trabalho, a mãe mantinha as aparências, as irmãs o consideravam "repulsivo", e ele não tinha amigos ou conhecidos com quem conversar. Portanto, Shokichi foi a única pessoa com quem Miyazaki sentiu uma pequena ligação.

Em apenas alguns anos, Miyazaki começaria seu caminho à loucura, culminando com a matança brutal de quatro meninas. Embora a sua psicose tivesse se desenvolvido ao longo da sua vida problemática, o seu sofrimento não era, de forma alguma, único. Milhares de pessoas suportam o mesmo que ele, todos os dias, e não recorrem ao assassinato em série. Então, o que o levou além do limite?

O gatilho, parece, pode ter sido a morte do avô. Em maio de

1988, Shokichi Miyazaki faleceu, deixando seu neto sozinho em um mundo que o evitava. Num ato de bizarro desespero, Miyazaki tentou "preservar" seu avô da única maneira que sua mente perturbada permitia: comendo suas cinzas.

O único apego de Miyazaki à humanidade foi cortado. Ele era a ovelha negra da venerada família Miyazaki, com apenas suas fantasias como companhia. Aos 25 anos, estava mais sozinho do que nunca.

As fissuras começaram a aparecer rapidamente. Sua irmã mais nova o pegou espionando-a no banheiro e o repreendeu, só que Miyazaki a agrediu freneticamente. Sua mãe soube do incidente e gritou que Miyazaki deveria passar menos tempo com seus hobbies e se concentrar mais no trabalho. Miyazaki respondeu na mesma moeda — atacou fisicamente a mãe, desfazendo o último pequeno laço que lhes restava.

Em 21 de agosto de 1988, Tsutomu Miyazaki comemorou seu 26º aniversário. No dia seguinte, percorreu as ruas de Saitama, deparando-se com uma menina chamada Mari Konno.

"Senti-me completamente solitário. Sempre que via uma menina brincando sozinha, era quase como ver a mim mesmo."

A menina de quatro anos percorria a curta distância até o complexo de apartamentos da sua amiga na Vila Iruma, em Saitama. No entanto, antes de chegar ao seu destino, um Nissan Langley encostou ao seu lado. Um jovem com cara atarracada e cabelo longo surgiu do banco do motorista e perguntou à garota:

"Gostaria de ir a um lugar fresco?"

A criança, ingênua, concordou, acreditando que o estranho poderia ajudá-la a se proteger do calor sufocante do verão. Mari Konno entrou no carro do homem, e os dois foram para bem longe da casa de Mari, para uma área de floresta árida nos arredores de Tóquio. Depois de noventa minutos, estavam a mais de cinquenta quilômetros de Saitama.

O homem não sabia o nome da menina, nem ela o dele. No entanto, cada um seria o catalisador para o desaparecimento do outro.

O homem saiu do carro com Mari. A luz solar era filtrada pelas copas das árvores enquanto os dois caminhavam pela floresta densa em direção a um destino desconhecido. Após trinta minutos, o homem parou e se sentou a vários metros de um caminho, perto do Antigo Túnel Komine (então conhecido como Komine Pass). Mari se sentou ao seu lado, agora um pouco angustiada. Embora a menina permanecesse em silêncio, ele podia ver as lágrimas brotando de seus olhos. A qualquer momento, ela começaria a soluçar, chamando a atenção dos transeuntes.

O homem entrou em pânico. Impulsivamente, colocou as mãos ao redor do pescoço minúsculo. Posicionou seus polegares sobre a laringe e a estrangulou até que toda a cor sumisse do seu rosto. Mari Konno deu seu último suspiro, e seu corpo caiu inerte nos braços do homem.

Tsutomu Miyazaki tinha feito sua primeira vítima.

No entanto, seus desejos não foram satisfeitos por um simples assassinato. Miyazaki a despiu, acariciou seu corpo nu, depois pegou sua câmera e cometeu a crueldade de filmar. Finalmente, ela a colocou no chão, recolheu as roupas e voltou, calmamente, ao carro. Ele a deixou no mesmo lugar em que ela morreu: espalhada como um anjo na terra da floresta.

No dia seguinte, cinquenta mil cartazes com o rosto de Mari Konno foram espalhados por Tóquio. Por baixo das suas feições pálidas e de seu cabelo curto, estava a palavra DESAPARECIDA.

Shigeo Konno, pai de Mari, tinha chamado a polícia por volta das seis horas da noite anterior, sem saber que a filha de quatro anos estava morta a cinquenta quilômetros de distância.

Seguiu-se uma busca policial em toda a cidade, que não rendeu muitas pistas. Dois jovens rapazes e uma dona de casa afirmaram ter visto Mari caminhando com um estranho perto do rio Iruma, embora não pudessem confirmar se era Mari Konno.

Dias após o desaparecimento de Mari, sua mãe, Yukie Konno, apelou na televisão por ajuda para encontrar a filha. No dia seguinte, recebeu um misterioso cartão-postal em sua porta. Nele, estava escrito: "Há demônios por aí."

Embora tenha sido descartado como um trote, o cartão-postal foi enviado pelo mesmo homem que havia levado sua filha. No entanto, somente se decobriria isso muito mais tarde.

A busca por Mari esfriou, apesar da cobertura nacional do caso. O status do Japão como um paraíso pacífico e harmonioso estava sob ameaça. Os pais de toda a cidade passaram a levar seus filhos até a creche, e a maioria das ruas ficava, de maneira incomum, sem risos infantis desde o crepúsculo até a noite. Crimes graves eram tão raros que era difícil para as autoridades rotular o caso Konno como uma investigação de homicídio. Portanto, ela foi considerada apenas como uma pessoa desaparecida. Mas a verdade sombria viria à tona em breve.

O período de arrefecimento de Miyazaki durou apenas seis semanas, antes que a vontade de concretizar as suas fantasias voltasse. Numa encenação quase passo a passo do primeiro assassinato, Miyazaki percorreu as ruas de Hanno, Saitama, na tarde de 3 de outubro de 1988. Lá, notou Masami Yoshizawa, de sete anos, caminhando à beira da estrada, a apenas alguns quilômetros de sua casa. Ele atraiu a menina para o seu Nissan Langley, depois acelerou para o mesmo destino aonde levara Mari Konno, 42 dias antes.

Nas colinas acima de Komine Pass, Masami Yoshizawa olhou, confusa, para o silencioso Miyazaki enquanto se sentava num caminho rochoso sob um céu escuro. A menos de cem metros de distância, o corpo em decomposição de Mari Konno estava escondido entre as árvores.

Mais uma vez, Miyazaki colocou as mãos no pescoço da vítima, sufocando-a até que parasse de resistir. Ele a despiu, violou sexualmente seu corpo, depois fotografou o cadáver como um artista saboreando sua obra-prima. Um espasmo muscular pós-morte abalou o cadáver, fazendo com que um assustado Miyazaki fugisse.

Masami Yoshizawa foi dada como desaparecida na mesma noite. Assim como com Mari Konno, milhares de cartazes foram espalhados pela cidade, assim como inúmeras visitas de casa em casa realizadas pela polícia japonesa. Eles não descobriram nenhuma pista durante a investigação, mas foram rápidos em relacionar os casos das duas meninas desaparecidas com o ato de um mesmo criminoso em potencial. Como nenhum corpo foi encontrado, Masami Yoshizawa também foi oficialmente considerada uma pessoa desaparecida.

Miyazaki retornou à sua vida de reclusão, agora com um acervo de fotografias de dois cadáveres. Isso apaziguou suas fantasias por dez semanas, mas sua sede de sangue voltou nas primeiras semanas de dezembro de 1988.

Miyazaki avistou Erika Namba andando pelas ruas de Kawagoe, Saitama, encostou o carro e lhe ofereceu uma carona. Dessa vez, Miyazaki não se contentaria com o assassinato de uma menina de quatro anos. Como acontece com assassinos motivados sexualmente, Miyazaki precisava de mais emoção para alcançar o mesmo frenesi sentido com Mari e Masami. Suas fantasias se intensificavam, portanto, seus crimes tinham que subir de nível para satisfazer seus desejos crescentes.

Com Erika Namba no banco de trás de seu sedan, Miyazaki encostou num estacionamento vazio na Youth Nature House, em Naguri, Saitama. Ignorando os gritos da menina, Miyazaki exigiu que ela se despisse. Erika obedeceu enquanto ele, furiosamente, tirava fotografias no banco da frente. De repente, um feixe de luz do lado de fora do veículo iluminou o rosto de Miyazaki, acordando-o de seu transe hipnótico. Outro carro tinha parado no estacionamento, mas, felizmente para Miyazaki, saiu logo depois.

Essa breve interrupção aterrorizou Miyazaki. Sem hesitar, ele agarrou a jovem pelo pescoço e a atacou no banco de trás. Ele a dominou com facilidade, apesar de ela lutar para se defender. Em um minuto, Erika Namba se tornou a terceira vítima de Tsutomu Miyazaki.

Era pouco depois das sete horas da noite de 12 de dezembro de 1988. A essa altura, os pais angustiados de Erika tinham informado a polícia sobre seu desaparecimento, entorpecidos de medo de que a filha inocente pudesse ser a próxima vítima de um sequestrador... ou pior. Enquanto isso, Miyazaki transportava o cadáver de Erika para uma área arborizada atrás do estacionamento onde a estrangulara. Foi ali que o reinado de terror de Miyazaki quase chegou ao fim. No entanto, pela segunda vez naquela noite, a sorte cega estava a seu favor.

No caminho da floresta, Miyazaki perdeu momentaneamente o controle do veículo. Uma das rodas caiu numa sarjeta profunda à beira da estrada, fazendo com que o carro parasse subitamente. Ele ficou atolado.

Miyazaki acendeu as luzes de alerta, mas sabia que seria um tolo se chamasse a assistência com um cadáver no carro. Portanto, envolveu o corpo de Erika num lençol e o levou para o interior da floresta. Ele se desfez do cadáver e, depois, voltou para o carro com o lençol vazio dobrado nas mãos. E então teve uma visão alarmante. Havia dois homens ao lado do carro.

Miyazaki explicou aos homens que a roda tinha ficado presa na terra. Ele colocou o lençol branco na mala da forma mais casual possível, e, felizmente, os dois homens não perguntaram o que ele estava fazendo sozinho no bosque. Então ajudaram Miyazaki a tirar o carro da sarjeta, e o jovem acelerou sem lhes oferecer uma palavra de agradecimento.

No dia seguinte, o véu de anonimato de Miyazaki começou a escorregar quando um empregado da Naguri Nature House tropeçou numa pilha de roupas de Erika no bosque. Seu desaparecimento já havia sido relatado por seus pais, e foi rapidamente relacionado aos casos de Mari Konno e Masami Yoshizawa. No entanto, foi a primeira vez que uma prova física do "Assassino de Menininhas" havia sido descoberta.

Quinhentos policiais vasculharam intensamente a floresta,

descobrindo o cadáver de Erika Namba numa área diferente daquela onde suas roupas foram encontradas. Suas mãos e seus pés tinham sido amarrados com uma corda, e seu corpo apresentava marcas de estrangulamento e sinais de agressão sexual grave. Apesar de provavelmente ter ocorrido após a morte, não se sabe quando Miyazaki a violentou. Da mesma forma, desconhece-se quando ou por que Miyazaki prendeu as mãos e os pés de Erika, embora também possa ter ocorrido após a morte, como meio de realizar uma fantasia específica.

Embora a descoberta do corpo tenha sido um avanço significativo para a polícia, cimentou o caso como uma investigação de homicídio, e não como um caso de pessoa desaparecida. As esperanças de encontrar Mari Konno e Masami Yoshizawa vivas passaram a ser nulas, levando uma nova onda de desespero para os pais e uma nova onda de terror para Saitama e as regiões vizinhas.

Quando os detalhes da morte de Erika Namba se tornaram públicos, os dois homens que ajudaram Miyazaki com seu veículo naquela noite se apresentaram. Teria sido a maior pista da polícia — e talvez teria salvado outra vida — se os homens não identificassem incorretamente o veículo como um Toyota Corolla, em vez de um Nissan Langley.

À luz do assassinato de Erika e da falta de pistas policiais, uma nuvem sombria foi lançada sobre a província de Saitama. O termo "assassino em série" estava nos lábios dos residentes, apesar de ser uma expressão estranha dentro do paraíso quase livre de crimes que era o Japão. No entanto, era inegável. A polícia começou, então, a tratar o caso como uma investigação de homicídio em série.

Tsutomu Miyazaki retirou-se para as sombras, mas não parou com seus jogos. Uma semana após o assassinato de Erika Namba, o pai da menina recebeu um estranho cartão-postal, como aconteceu com a família Konno após o assassinato de Mari.

No sistema de escrita japonês de Kanji, cada caractere cortado de diferentes revistas formava as palavras: "Erika. Frio. Tosse. Garganta. Descansar. Morte." Suspeitou-se imediatamente de um trote, mas Shin'ichi Namba sabia que estava sendo provocado pelo assassino da filha.

Porém, insultos mais repugnantes ainda estavam por vir. Em 6 de fevereiro de 1989, o pai de Mari Konno encontrou uma caixa à sua porta. Ele a abriu e achou a estranha mensagem: "Mari. Ossos. Cremada. Investigue. Prove." Na caixa estavam ossos carbonizados, dentes de bebê, cinzas e várias fotos de roupas — as mesmas roupas que Mari usava no dia do seu desaparecimento. Shigeo Konno estava segurando o que restava de sua filhinha.

Ele entregou a caixa às autoridades, que a levaram à Universidade de Odontologia de Tóquio para ser examinada. Inicialmente, foi declarado que os dez dentes de bebê na caixa não pertenciam a Mari Konno. No entanto, o médico supervisor contradisse a informação, declarando que todos correspondiam aos raios-x dentários de Mari. Além disso, os agentes forenses confirmaram que os 220 gramas de ossos queimados pertenciam, de fato, a Mari Konno.

Foi uma revelação terrível para a família Konno. Eles tinham provas de que nunca mais veriam a filha. Mas, ainda não contente em provocar em Shigeo e Yukie Konno uma dor inimaginável, Miyazaki fez contato mais duas vezes.

Depois de ver a coletiva de imprensa em que o dr. Kazuo Suzuki afirmou que a caixa não continha os restos de Mari Konno, Miyazaki sentiu a necessidade de corrigir aquele erro. Na mesma coletiva, Yukie Konno falou de sua breve esperança de que Mari ainda pudesse estar viva, e assim Miyazaki tentou acabar com o que considerava sofrimento desnecessário. Escreveu uma carta à família Konno, sem saber que já tinham recebido a confirmação de que a filha estava morta.

Tanto a família Konno como ***Asahi Shimbun*** (um dos jornais nacionais do Japão) receberam uma carta em 11 de fevereiro de 1989.

> "Coloquei a caixa de papelão, com os restos mortais de Mari, em frente à sua casa. Eu fiz tudo. Desde o início do incidente até o final. Vi a coletiva de imprensa da polícia, quando disseram que os restos mortais não eram dela. A mãe disse que o relatório lhe dava uma nova esperança de que Mari ainda estivesse viva. Soube que tinha de escrever esta confissão para que a mãe não continuasse a ter esperanças em vão. Repito: os restos mortais são de Mari."

Uma foto de Mari foi anexada com uma declaração assinada por uma "Yuko Imada", que significa "Agora vou contar" ou "Agora tenho coragem".

Dessa vez, a polícia acreditou que a carta era do assassino. Especialistas em caligrafia, assim como especialistas forenses foram chamados para examinar a carta, a foto de Mari e a caixa. Na verdade, algumas pistas foram descobertas, mas não tratadas com a devida importância. Descobriu-se que a fotografia tinha sido tirada por uma câmera Mamiya, muito utilizada por profissionais da indústria gráfica. A caixa havia sido feita de papelão ondulado, também utilizado para transportar delicados produtos elétricos, como câmeras e lentes. Além disso, os cartões-postais enviados à família Konno tinham sido escritos com um fotocopiador e copiados em uma copiadora industrial, nenhum dos quais prontamente disponível para o público em geral na época. Porém, apesar dessas pistas e por razões desconhecidas, a polícia não realizou uma busca em lojas de impressão em toda a província de Saitama. Se o tivessem feito, poderiam ter encontrado o agressor e salvado uma vida inocente.

Em 11 de março de 1989, os restos carbonizados de Mari Konno foram enterrados, mas "Yuko Imada" tinha mais um insulto para os pais enlutados. Ao regressarem do funeral da filha, descobriram outro bilhete à espera. A compaixão artificial havia desaparecido, e em seu lugar sobrou pura malícia.

> “Antes que eu percebesse, o cadáver da criança tinha ficado rígido. Eu queria cruzar as mãos sobre o seu peito, mas elas não se mexiam... Logo depois, o corpo ficou com manchas vermelhas... Grandes manchas vermelhas. Como a bandeira Hinomaru. Ou como se tivesse coberto todo o corpo com selos Hanko vermelhos... Depois de um tempo, fica coberto de estrias. Estava tão rígido antes, mas agora parece que está cheio de água. E cheira mal. Muito mal. Um cheiro que vocês nunca sentiram.”

Ficou claro que a verdadeira razão de Miyazaki para contatar a família da vítima tinha a ver com satisfação pessoal. Tal contato lhe permitia reviver seus crimes de uma forma mais emocionante do que sentado, sozinho, no seu quarto, olhando para fotografias e vídeos.

Mais insultos vieram com o tempo, nem todos dirigidos à família Konno. Todas as famílias das vítimas receberam telefonemas regulares. Miyazaki telefonava até alguém atender, às vezes deixando tocar o telefone por mais de vinte minutos. Quando alguém atendia, ele não dizia nada, depois desligava.

Meses se passaram, e Miyazaki ficou impaciente. Suas queridas fotografias, fitas de vídeo e quadrinhos somente o levavam até certo ponto. Suas fantasias eram muito extremas para serem realizadas apenas por tais subterfúgios. Ele sabia que tinha de matar outra vez.

Em 1º de junho de 1989, Miyazaki iniciou uma conversa com uma menina do lado de fora da Escola Primária Akishima, no oeste de Tóquio. Embora tenha conseguido convencê-la a se despir para ele, algumas pessoas viram o que estava acontecendo e se apressaram na direção de Miyazaki, que estava empoleirado com sua câmera na janela abaixada no banco do motorista. Miyazaki viu que tinha sido descoberto e acelerou antes que alguém pudesse se aproximar.

A menina teve sorte de escapar, mas, cinco dias depois, Miyazaki tiraria a vida da sua última vítima.

O nome da menina era Ayako Nomoto. Tinha cinco anos, e Miyazaki a encontrou brincando sozinha, em um parque de Ariake, na Baía de Tóquio. Ele se aproximou da menina e, educadamente, perguntou se estaria tudo bem se tirasse algumas fotos. Ayako concordou e, depois que ela ficou confortável na presença de Miyazaki, ele perguntou se poderia continuar tirando fotos dentro do seu veículo.

Em segundos, Ayako Nomoto estava sentada no banco de trás do Nissan Langley. Miyazaki dirigiu por um quilômetro e estacionou. Ayako, cheia de impulso infantil e totalmente inconsciente das verdadeiras intenções de seu captor, comentou sobre as deformidades de Miyazaki, quando ele segurou a câmera nas mãos. Em uma onda de raiva, Miyazaki jogou a câmera para baixo, pegou um par de luvas e foi para cima de Ayako. Ele a agarrou pela garganta, lutou contra seus pontapés de pânico e a sufocou até que desmaiasse. Depois, amarrou as mãos e os pés com uma corda, como tinha feito com Erika Namba, e tapou sua boca com fita adesiva. Então arrumou o corpo num lençol e o colocou na mala do carro.

Não contente em se desfazer do cadáver de Ayako na floresta como tinha feito com os outros, Miyazaki voltou ao seu bangalô de dois quartos com o corpo. Uma vez devidamente isolado, Miyazaki levou a menina morta para o quarto e a colocou sobre uma mesa. Ele lavou o corpo antes de usar fita adesiva industrial para manter a vagina aberta. Com sua câmera empoleirada na beira da cama, ele gravou a si mesmo violando sexualmente o cadáver de Ayako Nomoto.

Miyazaki ficou com o corpo por dois dias, mas o fedor da morte foi demais. Ele também temia que um membro da família perguntasse, caso o cheiro penetrasse em outras áreas da casa. Portanto, decidiu se desfazer dos restos mortais em outro lugar.

O feito foi confuso, mas ele sentiu um prazer sádico. Miyazaki serrou as mãos, os pés e a cabeça de Ayako com uma faca para dificultar sua identificação caso ela fosse encontrada. Descartou o tronco perto de um banheiro público, no cemitério Miyazawa-ko de Hanno, antes de voltar para casa e cozinhar o que restava de Ayako em seu quintal. Ele comeu um pouco das mãos da menina — talvez um gesto altamente simbólico — e jogou os restos nas colinas de Mitakeyama.

A sede de sangue de Tsutomu Miyazaki parecia fora de controle. Passar um tempo considerável com o cadáver de Ayako Nomoto atrás de portas fechadas — sem ter de se preocupar com interrupções — lhe deu uma satisfação que as outras vítimas não deram. Se ele matasse novamente, teria que repetir tudo aquilo.

Miyazaki encontrou uma nova vítima potencial em 23 de julho de 1989. Dirigindo por Hachioji, no oeste de Tóquio, ele saiu do carro e seguiu em direção a duas garotas que vira brincando na rua. Foi a primeira vez que se aproximou de mais de uma garota ao mesmo tempo e, felizmente, também a última. Miyazaki disse a uma delas, de nove anos, "fique aqui", enquanto levava a mais nova para uma área mais isolada. No entanto, a menina mais velha correu de volta para casa e alertou o pai.

Minutos depois, o pai da menina correu para o local, encontrando Miyazaki completamente nu e segurando uma câmera entre as pernas da filha no banco de trás do carro. O pai abriu a porta e socou a cabeça de Miyazaki, fazendo com que ele caísse na estrada. Enquanto o pai pegava a filha, aterrorizada, um Miyazaki nu fugiu, e sua silhueta gradualmente desapareceu da vista ao longo de uma margem lamacenta do rio.

A polícia chegou ao local, e não demoraria muito até que o dono do veículo fosse rastreado. Porém, isso não foi necessário. Essa talvez tenha sido a última coisa que os policiais esperavam, mas Tsutomu Miyazaki voltou por vontade própria, e sem vergonha alguma, ao veículo. Uma das maiores investigações de assassinos em série da história japonesa chegou ao fim quando o culpado se entregou literalmente aos braços da polícia.

Ele estava longe de ser o demônio a que os seus crimes aludiam. O assassino em série de Saitama não era imponente nem visualmente notável. Era um rapazinho pequeno e gorducho, com cabelo preto desgrenhado que chegava aos olhos, e óculos redondos com lentes grandes demais para seu rosto. Foi preso no local.

A polícia suspeitava de que o solitário Miyazaki era "O Assassino de Menininhas", mas ele permaneceu em silêncio por mais de duas semanas durante o interrogatório policial. A imprensa já tinha encontrado a casa de Miyazaki e registrado imagens da sua coleção de vídeos e gibis nas primeiras páginas, oficializando o novo apelido, "O Assassino Otaku".

A polícia logo teve acesso à residência desordenada de Miyazaki e não demorou muito para descobrir as filmagens amadoras de Mari Konno entre as 5.763 fitas de vídeo amontoadas no quarto do rapaz.

Eles tinham poucas dúvidas de que o jovem desgrenhado sentado na cela fosse o assassino de crianças de Saitama e, depois de informar Miyazaki do que descobriram em sua casa, conseguiram uma confissão completa. Ele reivindicou a autoria do assassinato de Ayako Nomoto, o que levou a polícia aos seus restos mortais nas colinas de Okutama. Então confessou ter matado Erika Namba, Mari Konno e Masami Yoshizawa. Após intensas buscas, a polícia descobriu o corpo decomposto de Masami no mesmo local em que Miyazaki o tinha deixado, onze meses antes. Nas proximidades, encontraram também as mãos e os pés decepados de Mari Konno, que Miyazaki tinha desmembrado em uma das suas visitas ao cadáver.

Após a prisão de Miyazaki, seus crimes ganharam a primeira página no noticiário internacional. O caso provocou um ataque moral à cultura otaku no Japão, embora uma ligação direta entre os materiais que Miyazaki consumia e seus crimes nunca tenha sido verdadeiramente estabelecida. A maioria de seus quadrinhos, mangás e fitas de vídeo não eram de natureza sexual ou violenta.

No entanto, acreditava-se que refletiam o mundo de fantasia que ele habitava.

"Sua absorção por um mundo de vídeo removeu sua consciência da realidade", disse a dra. Susumu Oda, uma psicóloga que o examinou após a prisão. "As meninas que ele matou não eram mais do que personagens da sua vida de gibi."

Apesar da riqueza e do destaque, Katsumi Miyazaki recusou-se a contratar um advogado de defesa para o filho, alegando que isso seria injusto com as vítimas. A revelação de que Tsutomu foi responsável por tão terríveis feitos fez com que a família Miyazaki se escondesse quando os detalhes dos crimes se tornaram conhecimento geral.

O Estado nomeou um defensor público para Miyazaki. Sua alegação se baseava na insanidade de Miyazaki. Se Miyazaki fosse considerado legalmente louco, poderia contornar a pena de morte e se contentar com a prisão perpétua. Muitos psicólogos o examinaram, chegando à conclusão de que ele sofria de várias doenças mentais. Quando o julgamento começou, em 30 de março de 1990, Miyazaki passou seu tempo no tribunal rabiscando desenhos em seu bloco de notas e cochilando. Quando questionado sobre o que o levou a matar, ele estranhamente colocou a culpa de suas ações no "Homem-rato", um alter ego que tinha aparecido nos quadrinhos que desenhou quando era adolescente.

Embora essa afirmação bizarra tenha ajudado a defesa na alegação de insanidade, não foi suficiente para persuadir os juízes. E assim, em 14 de abril de 1997, após um longo julgamento, Tsutomu Miyazaki foi condenado à morte por enforcamento.

O encarceramento era um território familiar para Miyazaki. Ele passou a maior parte da sua vida sentado sozinho numa pequena sala. No entanto, agora era a própria morte que estava por vir.

Sua mãe o visitou e reabasteceu seu suprimento de quadrinhos, como havia feito durante a maior parte de sua vida. No entanto, o pai não apareceu. Depois de fazer um pedido de desculpas público pelas ações do filho e fechar o ***Akikawa Shimbun*** no início dos anos

1990, Katsumi Miyazaki se suicidou em 1994, atirando-se em um rio.

Enquanto esperava pela execução, Miyazaki não mostrou remorsos. A única pessoa por quem ele mostrou compaixão foi sua mãe, escrevendo-lhe uma carta afirmando: "Mãe, lhe causei muita dor no coração." E assinou com: "Não se esqueça de trocar o óleo do meu carro, senão não conseguirá conduzi-lo."

Como todos os prisioneiros japoneses no corredor da morte, Miyazaki não sabia exatamente quando seria o seu último dia de vida. Mas, na manhã de 17 de junho de 2008, a trágica história de Miyazaki chegou ao fim. Ele foi escoltado de sua cela, na Casa de Detenção de Tóquio, para a câmara de execução da prisão, onde foi recebido por uma corda pendurada, balançando ao lado de uma estátua budista de bronze. As autoridades vendaram Miyazaki com um pano branco, prenderam o laço ao redor de seu pescoço e posicionaram-no por cima do alçapão que se abriria e o deixaria cair até a morte.

Quinze minutos depois, um médico da prisão anunciou que Tsutomu Miyazaki estava morto.

O caso do "Assassino Otaku" continua a ser um dos mais mórbidos e fascinantes da história dos crimes verdadeiros, com o legado de Miyazaki ainda atormentando os locais onde ele morava. O antigo túnel Komine — o local onde Miyazaki matou duas das suas vítimas — parece uma área particularmente assombrada de Saitama. Foi ali que Miyazaki voltou para desmembrar o corpo de Mari Konno, e, até hoje, muitas pessoas afirmam que um fantasma sem mãos pode ser visto vagando pelo túnel à noite.

Nas décadas posteriores ao caso, muitos seguidores da cultura otaku tentaram desfazer os efeitos nocivos que as ações de Tsutomu Miyazaki causaram. Embora a aceitação social da cultura otaku — tanto no Japão como no mundo ocidental — esteja no auge, ainda há um ar de negatividade que seus seguidores estão desesperados para destruir. Contudo, as famílias das vítimas provavelmente sentirão a presença destrutiva de Tsutomu Miyazaki através dos anos.

Fred e Rose West: o legado cultural do assassinato em série

Francesca Roe

A Cromwell Street é uma rua comum na cidade britânica de Gloucester, mas com uma característica curiosa: a meio caminho existe um beco que dá em outra via, chamada St. Michael Square. Esta não é uma característica típica das zonas residenciais britânicas. O amplo passadiço parece um luxo que a Cromwell Street, com suas casas geminadas e seus pequenos jardins frontais, não pode pagar.

À primeira vista, o passadiço pode parecer insignificante, uma tentativa inócua de injetar algum espaço verde numa das áreas mais degradadas de Gloucester, mas esse não é o caso. Há 25 anos, havia um edifício ali, no número 25. Era o lar de um casal, Fred e Rose West, e de seus inquilinos e filhos. Em 1994, foram descobertos os corpos de nove jovens mulheres enterradas na propriedade, entre elas, uma das filhas do casal. Alguns dos corpos estavam enterrados havia mais de vinte anos.

Gloucester, uma cidade com uma população de pouco menos de trinta mil habitantes, encontrou-se no centro de um dos piores casos de assassinatos em série que a Grã-Bretanha já vira. As mortes repercutem ainda hoje. Adrian Slade, um sacerdote anglicano que trabalha em Gloucester e tem fortes lembranças dos assassinatos, descreve a cidade como "profundamente traumatizada", observando como os residentes ainda definem Gloucester, antes de tudo, como a casa de Fred e Rose West. Não são somente os locais. Quando penso em Gloucester, penso em duas coisas: uma catedral e os assassinatos dos West.

Nem o impacto das mortes ficou restrito a Gloucester. Em nível nacional, o assassinato lançou sérias dúvidas sobre a eficácia das agências de proteção do Reino Unido depois de ser descoberto que as crianças dos West eram conhecidas nos serviços sociais, tendo dado entrada no hospital com lesões em 31 diferentes ocasiões. O advogado de Rose West, Leo Goatley, acredita que os assassinatos provocaram uma mudança sutil na moral pública, com o choque de o fato de uma "família adequada, um casal devidamente casado" serem formados por duas pessoas sádicas, tirando o brilho das noções tradicionais de casamento. O caso também desafiou crenças sobre o papel das mulheres no crime violento, com a participação ativa de Rose nos assassinatos pondo um fim à noção de que as assassinas obedeciam a seus maridos, e não a seus impulsos. Subjacente a tudo isso, estava a questão fundamental da natureza *versus* educação, de até que ponto aqueles crimes podiam ser atribuídos à criação de seus autores — ambos traumatizados e com uma educação rígida.

Os assassinos

Nunca houve qualquer debate no tribunal sobre se Fred e Rose eram legalmente sãos e, portanto, aptos para serem julgados. Ambos foram considerados conscientes da gravidade de seus crimes e plenamente conscientes do sofrimento que haviam infligido. No entanto, é difícil acreditar que os traumas infantis não tiveram, em certa medida, impacto no seu comportamento como adultos. Fred e Rose podem ter sido considerados criminalmente responsáveis, mas suas infâncias e experiências adultas iniciais foram, sem dúvida, brutais e disfuncionais.

Rosemary Letts nasceu em Devon, em 1953. Sua mãe, Daisy, teve depressão grave e foi submetida a terapia eletroconvulsiva durante a gravidez, o que levou à especulação de que Rose tivesse sofrido danos cerebrais pré-natais que poderiam explicar seus crimes (não há, no entanto, nenhuma evidência médica que sustente tal teoria). O que sabemos é que o pai de Rose, Bill, era propenso à violência, provavelmente como resultado de uma esquizofrenia paranoica não tratada. Ele também era sexualmente abusivo, violentando Rose desde seus dez anos. Quando fez treze anos, ela começou a abusar do irmão mais novo, Graham, enquanto continuava a ser abusada pelo pai. Os pais de Rose se separaram quando ela estava na adolescência, e seu pai se mudou para a pequena cidade de Bishop's Cleeve, perto de Cheltenham.

Foi ali que a jovem Rose de quinze anos conheceu Fred, de 27, que vivia em um trailer com sua filha e a enteada de um casamento anterior. No ano seguinte, Rose mudou-se de vez para a casa do pai. Apesar de abusar da filha, Bill ficou furioso com o relacionamento dela, menor de idade, com um homem mais velho e ameaçou chamar o serviço social. A briga resultou na saída de Rose da casa do pai e em sua ida para a casa de Fred para cuidar das duas filhas dele. Rose engravidou rapidamente, e o casal mudou-se para a vizinha Gloucester, montando a sua casa na Cromwell Street, 25. Em 1970, aos dezesseis anos, Rose deu à luz a primeira filha do casal, Heather. Rose podia ter deixado a casa do pai, mas não tinha escapado de sua influência. Bill era um visitante frequente e continuou a violentar sua filha até ela virar adulta. Quando os filhos de Rose lhe diziam que Fred havia abusado sexualmente deles, ela respondia que era normal, que fazia parte do crescimento.

A infância de Fred parece menos preocupante, pelo menos no início. Ele nasceu em 1941, filho de Walter e Daisy West, em Much Marcle, uma aldeia rural em Herefordshire. Os West eram uma família agrícola, pobre, mas bem-conceituada na aldeia. Após sua prisão, porém, Fred alegou que seus pais tinham abusado sexualmente dele e que ele havia sido introduzido à zoofilia e ao incesto pelo pai — alegações contestadas por outros membros da família. Quando adolescente, Fred frequentou um clube na vizinha Ledbury, onde rapidamente ficou conhecido por assediar mulheres. Em 1958, ele se envolveu em um acidente de motocicleta e sofreu uma fratura no crânio. Dois anos depois, caiu de uma escada de incêndio e ficou inconsciente durante 24 horas. Sua família alegou, mais tarde, que Fred começou a mostrar ataques de raiva não característicos após os acidentes, levando à especulação de que, assim como Rose, ele poderia ter sofrido danos cerebrais. Quando jovem, Fred era conhecido por abusar de jovens mulheres na aldeia e molestá-las. Em 1961, foi acusado de molestar e engravidar a própria irmã de treze anos, Kitty, cujo nome não podia ser divulgado na época. Quando Fred foi interrogado pela polícia, admitiu molestar as jovens, dizendo: "Bem, todos fazem isso, não?". O caso foi encerrado depois de Kitty se recusar a testemunhar contra o irmão.

Em 1962, Fred estava com uma jovem escocesa, Catherine Costello, chamada de Rena, que ele havia conhecido dois anos antes em um baile, em Much Marcle. Costello era de Glasgow, mas tinha fugido para Inglaterra depois de ter engravidado de um motorista de ônibus paquistanês (é provável que Rena tenha deixado Glasgow devido ao estigma de ser uma mulher solteira com um filho mestiço). Fred casou-se com Rena em 1962. Em 1963, ela deu à luz Charmaine, e o casal voltou para Glasgow. Lá, Rena deu à luz a segunda filha, Anne Marie, antes de regressar a Bishop's Cleeve, em 1965. Estavam acompanhadas por duas amigas de Glasgow: Isa McNeill, uma vizinha e por vezes babá de Charmaine, e Anne McFall, de dezesseis anos, amiga de Isa e Rena. Ambas viviam no limiar da pobreza em Glasgow, e tinham esperança de uma vida melhor na Inglaterra. Não foi isso que aconteceu. Em 1966, Rena deixou Fred e as crianças, alegando que ele se tornara controlador e abusivo. Nos cinco anos seguintes, Rena regressaria esporadicamente à Inglaterra para visitar as filhas, estabelecendo uma relação de idas e vindas com Fred durante as visitas. Fred, no entanto, tinha se juntado a Anne McFall, que engravidou rapidamente. Anne desapareceu em 1967. Ela nunca foi dada como desaparecida.

Mesmo antes de conhecer Rose, Fred West tinha um extenso histórico de violência sexual e doméstica. Sem o conhecimento das autoridades, ele também havia cometido o seu primeiro assassinato. Os restos de Anne McFall e do bebê que nem chegou a nascer foram encontrados enterrados num campo, em Much Marcle, em 1994, 27 anos depois. Ela foi a primeira de uma série de jovens mulheres das quais as pessoas nem sentiram falta. Não se sabe se Rose tinha conhecimento do assassinato de Anne, mas ela rapidamente mostrou ter propensão à violência. Em 1971, Fred foi condenado a seis meses e meio de prisão por roubar pneus de carro e um certificado de imposto de um automóvel. Rose, com apenas dezessete anos, ficou para cuidar da jovem filha do casal, Heather, assim como de Charmaine e Anne Marie. Por volta de 15 de junho de 1971, Rose matou Charmaine, que tinha oito anos. Rose nunca confessou o homicídio, mas é provável que Charmaine tenha sido espancada ou apunhalada até a morte. A segunda filha de Fred, Anne Marie, declararia mais tarde que Rose tinha sido violentamente abusiva com as crianças e que não gostava particularmente da natureza "desafiadora" de Charmaine. Quando Fred foi libertado da prisão, poucos dias após o assassinato, ele ajudou a levar o corpo de Charmaine do depósito de carvão para o jardim. O casal explicou o súbito desaparecimento de Charmaine para sua escola e para os vizinhos preocupados, alegando que sua mãe biológica, Rena, a tinha levado de volta para Glasgow. A história deles nunca foi questionada.

Nos quinze anos seguintes, Fred e Rose mataram mais oito mulheres. Em 1971, Rena, que tinha preocupações crescentes sobre o paradeiro da filha, voltou à Inglaterra para localizar Charmaine e levá-la de volta para Glasgow. Rena foi vista pela última vez entrando em um carro com Fred. Seu corpo foi descoberto mais de duas décadas depois, num campo perto de Much Marcle. Mais uma vez, não se sabe se Rose estava ciente do assassinato. Como Anne McFall, Rena nunca foi dada como desaparecida.

Até esse momento, os assassinatos cometidos por Fred e Rose West podem ser classificados como crimes impulsionados principalmente pela conveniência, pelo desejo de se livrar de uma esposa, um parceiro ou um filho indesejado. Em 1973, no entanto, surgiu um novo padrão — um novo padrão de assassinatos por motivos sexuais, cometidos conjuntamente por Fred e Rose. Lynda Gough era uma mulher de dezenove anos de Gloucester, que tinha uma relação com um dos hóspedes dos West, Benjamin Stanniland. Ela estava sempre pela rua e tornou-se uma das babás regulares dos West. Lynda desapareceu em 1973. Ao contrário de Anne e de Rena, sua ausência foi percebida: a mãe de Lynda visitou a casa dos West durante seus esforços para encontrar a filha, e foi avisada por Rose — que usava os chinelos de Lynda, cujas roupas estavam penduradas no varal do jardim — que a filha tinha ido para Weston-Super-Mare, deixando seus pertences para trás. A mãe de Lynda não tinha motivos para suspeitar de Rose e foi para Weston-Super-Mare para continuar a busca pela filha. O corpo de Lynda foi descoberto em 1994. Ela foi abusada sexualmente e estrangulada no porão da Cromwell Street, 25.

Em novembro de 1973, o casal começou a raptar jovens mulheres ao acaso. Carol Ann Cooper vivia num lar de crianças, em Worcester, e tinha quinze anos quando foi levada de um ponto de ônibus e assassinada pelos West. Em dezembro, eles ofereceram uma carona para Lucy Partington, uma estudante do último ano da Universidade de Exeter que, ao contrário das vítimas anteriores, era de uma família de classe média (ela, na verdade, era prima do famoso romancista Martin Amis, que mais tarde escreveria sobre sua morte e o efeito que esta causou na família). Seu desaparecimento foi registrado, mas a investigação foi rapidamente interrompida. No ano seguinte, uma estudante suíça de 21 anos, chamada Therese Siegenthaler, desapareceu enquanto pedia carona. Ela planejara viajar para a Irlanda, mas não conseguiu retornar ao alojamento estudantil após as férias da Páscoa. Seu desaparecimento foi comunicado à polícia, mas a investigação parou. Ainda no mesmo ano, Shirley Hubbard, de quinze anos, desapareceu durante uma experiência de trabalho em Worcester. Como Carol Cooper, Shirley tinha vivido em orfanatos quando criança.

Em 1975, Juanita Mott, de dezessete anos, desapareceu. Ela era uma jovem rebelde com problemas com a polícia, que tinha saído recentemente de casa para morar com amigos. Sua família não denunciou seu desaparecimento, presumindo que ela havia decidido cortar o contato e ponto. Em 1978, os West assassinaram outra inquilina, Shirley Ann Robinson, de dezoito anos. Shirley foi introduzida à prostituição por Fred e Rose, e estava grávida do filho de Fred quando morreu. Em 1979, Alison Chambers, de dezesseis anos, desapareceu. Como muitas das mulheres assassinadas pelos West, ela vivia em um orfanato na época, e havia ido para a Cromwell Street nos meses anteriores à sua morte.

Em 1986, sete anos depois, os West mataram sua última vítima conhecida — a própria filha, então com dezesseis anos, Heather, que havia revelado a uma amiga da escola sobre o abuso que sofria em casa. O casal contou várias histórias para explicar a ausência de Heather: ela foi trabalhar em Torquay; estava em um relacionamento lésbico e tinha ido viver com a namorada; estava envolvida em fraudes com cartões de crédito e estava fugindo da polícia. Na verdade, ela foi enterrada na Cromwell Street junto dos corpos de outras sete mulheres, e seu túmulo era marcado por uma mesa de pinho no jardim dos fundos, onde Fred faria os churrascos da família.

Há várias lacunas evidentes na linha do tempo dos assassinatos, e parece provável que outros tenham ocorrido. Aparentemente, Fred foi o responsável pela maioria das mortes, tendo confessado o assassinato de mais de trinta mulheres. Apesar de não podermos aceitar essas confissões, foram sugeridas várias outras vítimas: em 1967, um rapaz de quinze anos chamado Robin Holt foi encontrado pendurado numa corda, em um celeiro na periferia de Gloucester, rodeado de revistas pornográficas. Alguém tinha desenhado nós ao redor dos pescoços dos modelos. Robin era conhecido por ser amigo de Fred, mas a polícia nunca conseguiu estabelecer uma ligação entre ele e o crime. O filho de Fred, Stephen, também afirmou que seu pai havia confessado o assassinato de Mary Bastholm, uma garçonete de quinze anos de Gloucester, que trabalhava em um café frequentado por Fred. Os restos mortais de Mary nunca foram encontrados. Especulava-se que Fred tinha assassinado até quatro mulheres enquanto vivia em Glasgow com sua primeira esposa, Rena — diz-se que ele gostava de mexer no jardim logo cedo, mas os vizinhos notaram que apenas uma pequena porção do terreno era mexida. O lote está agora sob a autoestrada M8.

Uma das razões possíveis para as lacunas entre os assassinatos é a distração causada pelo envolvimento dos West com prostituição — Rose trabalhava como prostituta na própria casa, na Cromwell Street, encorajada por Fred, que frequentemente a observava fazendo sexo com clientes — e abuso sexual. Em 1972, os West abusaram de uma jovem mulher, Caroline Owens, e a agrediram sexualmente. Ela se mudou para a Cromwell Street para trabalhar como babá. Owens os denunciou à polícia, mas ficou muito traumatizada para testemunhar em um tribunal. As acusações de violência sexual contra eles foram retiradas, embora o casal tenha se declarado culpado dos crimes de agressão e lesão corporal.

Eles também agrediam com frequência os próprios filhos. Em 1992, Fred foi acusado de abusar da filha, Louise, depois que ela contou a uma amiga o abuso sexual que sofria. Rose foi acusada como cúmplice. Como parte da investigação, a detetive Hazel Savage entrevistou Anne Marie, filha de Fred e Rena Costello, que confirmou também ter sido abusada sexualmente pelo pai. Mais uma vez, o caso desmoronou quando Louise e Anne Marie se recusaram a testemunhar contra os seus pais. Porém, a sorte do casal estava se esgotando. Como parte das investigações, Savage interrogou Fred e Rose sobre o desaparecimento da filha deles, Heather. Ela não ficou satisfeita com as respostas. Vinte e sete anos após o primeiro assassinato conhecido de Fred e seis anos após a morte de Heather, o imóvel no número 25 da Cromwell Street estava prestes a ficar sob o escrutínio policial.

Prisão e consequências

A investigação sobre o estupro de 1992 não foi o primeiro encontro de Savage com Fred West. Ela havia conhecido a primeira mulher de Fred, Rena, a quem tinha entrevistado uns vinte anos antes, depois de ela ter sido presa por roubo enquanto visitava Fred e as crianças. Fred foi a testemunha de caráter de Rena, e Savage não conseguiu esquecer as histórias que ela contou sobre seus gostos sexuais incomuns. Algo não parecia bem, e o mal-estar da detetive foi confirmado quando o nome de Fred ressurgiu anos mais tarde, ligado à alegação de estupro da filha dele. Foi essa sensação persistente de algo não estar bem que levou Savage a procurar discrepâncias que as agências de assistência social e a polícia haviam deixado escapar. A primeira delas era Heather.

Após a frustração com o caso da acusação de estupro contra Fred, teria sido fácil para a polícia encerrar a investigação — afinal de contas, o caso não conseguiu assegurar uma condenação no tribunal. No entanto, durante suas entrevistas com os filhos de Fred, Savage tinha ouvido falar de uma piada de mau gosto que Fred havia contado aos filhos: se não se comportassem, acabariam debaixo do jardim, como a irmã. Savage não estava convencida de que a piada era inocente. No começo, seus superiores estavam relutantes em autorizar uma busca completa no local, temendo que outro caso fracassado contra os Wests começasse a parecer assédio. Seus medos se revelaram infundados. Em 25 de fevereiro de 1994, depois de ser confrontado com um mandado de busca, Fred confessou o assassinato da filha. Os restos mortais de Heather foram retirados do jardim no dia seguinte. Enterrado ao lado deles estava um terceiro fêmur, mais tarde identificado como sendo de Shirley Robinson. Quando um terceiro conjunto de ossos foi descoberto, os oficiais estenderam as buscas.

Quando a polícia começou a investigar o desaparecimento de Heather, não havia suspeita de que Fred pudesse estar envolvido em outros assassinatos. Ainda assim, enquanto a escavação na Cromwell Street continuava, Fred assinou uma declaração confessando mais nove assassinatos — "aproximadamente". Rose, entretanto, tinha sido escoltada até um abrigo da polícia. Apesar de Fred insistir que ela não sabia dos assassinatos, a polícia não estava convencida. Afinal, ela também estava envolvida na agressão a Caroline Owens, sendo considerada, assim como Fred, culpada de agressão e lesão corporal. A agressão sexual brutal a que Owens havia sido submetida era confirmada pelas provas cada vez mais perturbadoras descobertas na Cromwell Street: vários esqueletos de mulheres foram encontrados com fita adesiva, cintos e outros meios de contenção, e Owens foi espancada com um cinto ao ser violentada. Em 25 de abril, Rose foi acusada do homicídio de Lynda Gough. Em 6 de maio, Fred e Rose foram acusados de cinco assassinatos. Eles seriam condenados à prisão perpétua, o que significa que ambos morreriam na prisão. Fred

West tirou a própria vida na prisão, em janeiro de 1995. Rose West lutou sem sucesso contra sua condenação e continua presa. Ela insiste que é inocente.

Assassinatos em série, pela própria natureza, são eventos excepcionais. Porém, o caso dos Wests é excepcional mesmo entre serial killers, gerando notoriedade imediata e um legado cultural duradouro. Essa reputação pode ser atribuída, em grande parte, à brutalidade dos assassinatos. Pode parecer inútil classificá-los por ordem de violência, mas os detalhes do caso dos Wests são implacavelmente terríveis. As mulheres foram submetidas a torturas cada vez mais severas, imobilizadas e amordaçadas com máscaras caseiras encontradas ainda presas aos seus crânios. Em alguns casos, não dá para ter certeza se as lesões ocorreram antes ou depois da morte. Quando Heather foi encontrada, suas unhas estavam empilhadas. Podemos presumir que foram removidas após a morte, mas não temos certeza. São detalhes como esse, e a sensação de incerteza que os rodeia, que tornam essa história ainda mais difícil de suportar.

Há também uma sensação de incredulidade causada pelo vazio moral em que os West atuavam. Além dos próprios assassinatos, o incesto, o estupro e o abuso que ocorreram naquele lugar poderiam ter saído de uma história sensacionalista horrível. Foi essa ausência completa de regras e restrições sociais que levou o escritor de crimes Gordon Burn a descrever seu trabalho sobre os assassinatos do casal, ***Happy Like Murderers***, como o mais difícil de sua carreira — como podemos dar sentido a um "abismo moral"?

Os fatos do caso se tornaram confusos: múltiplas esposas, assassinatos cometidos tanto individualmente como em conjunto, por conveniência ou gratificação sexual, incerteza sobre números e datas exatas, a possibilidade de haver mais vítimas. É difícil impor ordem a uma cronologia que nem sempre é linear. Escrever sobre esses assassinatos é como tentar desembaraçar uma bola de fios emaranhados. Você começa com os assassinatos cometidos em dupla, com os primeiros crimes de Fred ou com o assassinato de Heather? Seja qual for o ponto de partida escolhido, você acaba pulando para trás e para a frente no tempo.

O tempo também é um fator que explica a força desses assassinatos. Em outros casos bem conhecidos de assassinatos em série — os assassinatos de Yorkshire Ripper, por exemplo, ou os dos mouros —, a polícia estava ciente, desde o início, de que um crime tinha sido cometido, sendo que a dificuldade era identificar e prender o autor. Não foi assim com os West. Restos humanos de duas décadas foram encontrados em poucos dias, um choque brutal e rápido para o sistema. A constatação de que Fred e Rose West fizeram tudo isso sem serem descobertos pela polícia e pelo serviço social durante tanto tempo era difícil de suportar — ainda mais depois de seus filhos, além de jovens mulheres que tiveram a infelicidade de conhecer o casal, terem feito denúncias de agressão sexual que foram objeto de ações judiciais (embora os West tenham sido condenados por lesões corporais graves após o ataque a Caroline Owens), o que deveria ter chamado a atenção das autoridades.

Uma outra razão para a notoriedade dos crimes é o papel ativo assumido por Rose nos assassinatos — o tipo de crime sexual violento que geralmente é considerado uma ação masculina. Ainda hoje, as mulheres são muitas vezes consideradas como quem alimenta e cuida, e essa crença pode produzir um curioso vínculo duplo pelo qual as autoras de crimes enfrentam um duplo julgamento: elas são condenadas pelo crime e novamente por ser uma mulher cometendo um crime que é considerado contra a "natureza feminina". Acadêmicas feministas sublinharam as formas como os crimes de Rose foram apresentados durante o julgamento como horríveis, não só pela brutalidade, mas também porque foram cometidos por uma mulher, e não por um homem. Com ou sem razão, a ideia de uma jovem abusar, torturar e assassinar outras mulheres deu aos assassinatos uma camada adicional de fascínio.

Ainda hoje, os crimes dos West exercem uma poderosa influência psicológica. Em 2004, o repórter Euan Ferguson, que cobriu o caso na época, voltou a Gloucester no décimo aniversário da prisão dos assassinos. A entrevista de Ferguson a um pastor nascido na Alemanha chamado Stefan, que vivia em Gloucester na época dos assassinatos, descreveu o desejo da cidade de esquecer tudo, semelhante à relutância dos alemães em enfrentar os crimes do Holocausto. A comparação pode parecer exagerada, talvez até mesmo superficial, mas resta pouca dúvida de que os assassinatos exerceram um trauma duradouro em quem vivia mais próximo. Na verdade, o trauma do Holocausto aparece em outro lugar no caso dos West. Marian Partington, irmã de Lucy Partington, falou sobre encontrar consolo numa obra de Eva Hoffman, *After Such Knowledge*, que explora a possibilidade de se chegar a um consenso sobre o Holocausto. Em uma escala infinitamente menor, parece que os crimes cometidos por Fred e Rose evocam alguns sentimentos de perda e confusão, e perguntas similares sobre por que e como aquilo aconteceu, como puderam continuar e como ninguém soube.

Por que as mortes aconteceram? A explicação lógica e fria é que tanto Fred como Rose West viveram eventos profundamente traumáticos durante a infância e a juventude — o incesto, o estupro e a violência doméstica —, que colidiram com características psicológicas pré-existentes, com efeitos devastadores. Há também um elemento do acaso: embora Fred e Rose tivessem matado separadamente, a maioria dos assassinatos foi em conjunto. Parece improvável que ele ou ela tivesse sido responsável por tantas mortes se os dois não tivessem se conhecido. Psicologicamente, ter um parceiro no crime legitimou suas ações, e teria sido logisticamente difícil para um dos dois cometer tantos assassinatos e sequestros sem um cúmplice.

No entanto, o horror sobre o caso deles parece maior do que a soma das suas partes. Logicamente, podemos entender que os crimes mais brutais podem ser impulsionados por uma infeliz combinação de traumas infantis, traços psicológicos individuais e oportunidades. O relato de que Rose West descartou as acusações de incesto e abuso feitas por seus filhos, dizendo-lhes que era algo normal do crescimento, pode até nos fazer sentir simpatia por uma mulher cujo senso de normalidade e decência foi tão distorcido pelo abuso que ela mesma sofreu quando criança. Porém, quando somos confrontados com o sofrimento prolongado infligido às vítimas, nenhuma explicação racional parece adequada. Podemos compreender de um ponto de vista lógico, mas o abalo emocional dos crimes não pode ser racionalizado.

Tudo isso leva a uma outra pergunta: isso poderia acontecer de novo? Inicialmente, parece improvável. O caso West, afinal, tem sido citado como um alerta para os serviços sociais, garantindo que informações sejam compartilhadas e que haja mais trabalho conjunto. Porém, há preocupações crescentes com a situação da segurança. Em março de 2019, o jornal *The Guardian* realizou uma investigação em lares no Reino Unido, descobrindo que um número recorde de crianças vulneráveis tinha desaparecido dos lares onde viviam. A notícia chega apenas alguns anos depois de o Reino Unido ter sido abalado por uma série de escândalos relacionados à pedofilia. Descobriu-se que bandos de homens agiam do lado de fora de bares e empresas de táxis, abusando e explorando sistematicamente jovens mulheres vulneráveis — muitas, como as vítimas dos West, vinham de lares pobres e disfuncionais. Após anos de austeridade, altos funcionários do governo advertiram que a falta de dinheiro estava levando os serviços de proteção à criança ao limite. Uma das questões mais chocantes desse caso é o tempo que os criminosos conseguiram escapar das autoridades, explorando mulheres que, em muitos casos, foram negligenciadas e facilmente esquecidas. Como os serviços de proteção no Reino Unido lutam cada vez mais por financiamento, crimes desse tipo vão acontecer de novo.

Buxom Belle: A própria história

Vicki Hendricks

Brynhild Paulsdatter Størseth nasceu na pobreza em 1859, na Noruega, e viajou para os Estados Unidos, em 1881, para se tornar Belle Gunness, uma rica proprietária de terras e notória assassina em série, com até quarenta vítimas do sexo masculino. Ao olhar superficialmente para os fatos, a ganância parece ter sido sua motivação, mas a personalidade humana nunca é assim tão simples. O seguinte relato é uma fusão de fatos conhecidos, teoria e imaginação, narrada do ponto de vista de Belle.

16 de abril de 1908

Mordo o interior das minhas bochechas e resmungo, frustrada. Tenho que parar de procurar uma mulher de um metro e oitenta, perto de noventa quilos. É provável que eu vá para a prisão por isso pelo restante dos meus dias — ou para o inferno, e em breve.

Minhas cartas "Corações Solitários" no *Skandinaven* e *Decorah Posten* deixam os homens aflitos, de Chicago a Iowa. A simples menção a bolinhos de batata e carne de porco com pudim de creme para sobremesa reacende memórias da infância e substitui todas as precauções. Eles esperam se casar comigo e recriar sua vida familiar e os Natais noruegueses no novo e solitário país. Raramente questionam meu pedido para vir imediatamente, trazendo dinheiro. Porém, encontrar uma mulher do meu tamanho, o corpo certo para substituir o meu, provou ser impossível. Asle Helgelie chegará em duas semanas, frenético como um porco após a primeira porca, para encontrar seu irmão desaparecido, Andrew. Meu plano deve estar completo antes que as autoridades de La Porte possam bater à minha porta. Odeio o que faço. Não desejo mal algum. Eles me obrigam a isso. Esses homens.

A resposta mais recente a minha carta está bem impressa, sem embelezamentos. Esther Carlson não tem condições de sobreviver, desesperada por um lar, já que o seu em breve será tomado pelo banco devido à morte do marido. Sem filhos, sem parentes — um requisito para mim. Em resposta às minhas perguntas, ela afirma ter por volta de um metro e meio e quase sessenta quilos, mas menciona ser ativa fisicamente e forte — ela não sabe que isso não é vantagem para mim. Pode ser que o fogo se encarregue de queimar carne e osso, caso haja provas suficientes da minha identidade que contrariem a diferença entre nós. Convido-a a vir a La Porte, a "visitar a minha adorável fazenda em Indiana", já que não tive tempo para encontrar alguém mais adequado.

26 DE ABRIL DE 1908

Na véspera do incêndio, aguardo a chegada da sra. Carlson à estação de trem. Talvez um lojista ou vizinho me veja, então me disfarço de homem, cobrindo meu cabelo com um chapéu de aba baixa e escondendo meus seios dentro de um pesado casaco de pele que pertencia a um dos meus maiores pretendentes. Seria impossível enganar alguém se não me disfarçasse assim, pois sou a maior mulher dessa cidade. Aproximo-me de uma senhora rechonchuda, que se encosta timidamente na parede, olhando ao redor.

"Bom dia, sra. Carlson? Estou aqui para levá-la à fazenda Gunness. A sra. Gunness está se preparando para a sua chegada." Eu me aproximo e ofereço meu braço para ajudá-la a se levantar. O pescoço se encolhe, de modo que a borda do chapéu quase repousa sobre seus ombros. Sinto que ela está angustiada com a companhia inesperada de um homem e que já foi punida no passado por um desses demônios. É lamentável que ela nunca tenha a oportunidade de prosperar em um ambiente longe da autoridade masculina, como a fiz acreditar que aconteceria — uma família matriarcal, como a dos meus queridos e altamente inteligentes porquinhos. Talvez, Esther tenha até ousado esperar intimidade de natureza física comigo.

Suspiro e pego sua pequena e gasta valise. Ela segue timidamente, como as mulheres estão destinadas a fazer. Ela sucumbirá rapidamente ao veneno, nunca precisando desenvolver as terríveis capacidades necessárias para se tornar uma mulher "livre" em nosso mundo, nunca precisando contrariar os direitos dos homens e a fúria que, muitas vezes, acompanha seus privilégios.

Na fazenda, levo-a ao quarto de hóspedes mais próximo, pedindo-lhe que guarde a mala no armário e que se encontre por um momento com a sra. Gunness na sala de estar, ao fundo do corredor. É o quarto mais próximo do salão. Vou para o meu quarto retirar o disfarce. Afastei o ajudante, Ray Lamphere, hoje, mas tudo deve estar pronto antes de as crianças chegarem da escola. As meninas mais velhas ficaram curiosas quanto ao desaparecimento repentino dos meus últimos pretendentes, e proibir a entrada das crianças no porão parece torná-las mais determinadas a entrar. Não posso deixar que suas mentes inocentes compreendam os horrores que fui obrigada a cometer para mantê-las confortáveis e bem alimentadas, e para evitar ser descoberta. Devo me lembrar que será melhor para eles morrerem com mentes inocentes e corpos perfeitos do que ter longas vidas como vítimas, juntando cicatrizes. Eles experimentarão sintomas incomuns, mas não graves, e ficarão inconscientes, sentindo-se a salvo comigo segurando-os nos meus braços. O medo, a pior parte da morte, estará ausente, e eles voarão como anjos diretamente para o céu. Se eu tivesse alguma esperança de poder seguir nessa direção, eu seguiria.

Esther está admirando as peças do manto quando apareço como eu mesma. Ofereço-lhe uma xícara de café. O fato de eu ser maior que ela não parece uma ameaça, agora que uso roupa de mulher.

Ela tirou as luvas e o chapéu, e arrumou seu penteado. “Prazer em conhecê-la”, diz. Eu lhe dou um aceno, concordando. Ela sorri e me segue até o salão, onde a deixo inspecionar o luxo de meus tapetes e o veludo do sofá, cujo conforto ela espera que lhe seja oferecido para compartilhar o trabalho da fazenda. Na cozinha, separo a quantidade de estricnina que usei antes para controlar os homens, e faço um café forte. Pode não ser necessário para ela, mas sempre o fiz dessa maneira para evitar um longo sofrimento.

Depois que termina o café, elogia meu delicioso bolo de maçã e discute suas novas responsabilidades comigo. Ela parece feliz. E é isso que desejo, dar fim a sua vida com o contentamento de ter feito a escolha certa — um raro estado de espírito. Sinto uma pontada porque sei que nossas vidas não vão prosseguir da forma que lhe descrevi, com camaradagem para dissipar a dor do trabalho, o frio e a solidão. Esfrego uma lágrima na minha bochecha, um transbordamento incomum de emoção que aprendi a esconder. “Somos espíritos bondosos”, digo eu, apertando-lhe os dedos pequenos.

Logo depois, a cabeça dela começa a tremer tão delicadamente que alguém sem a minha experiência não notaria. Ela está começando a se sentir nervosa, uma condição da estricnina. Convido-a a começar o passeio pela casa no porão, onde afirmo ter muitos frascos de tomates, pêssegos e geleia de amora silvestre. Ela ignora seus pequenos sintomas e se levanta. Não há razão para esperar até que ela tenha espasmos nas pernas e entre em convulsão — eu seria obrigada a arrastá-la escada abaixo. Já me afeiçoei a ela e quero condensar a dor em um instante. Acendo uma vela e vou na frente. No pé da escada, entrego-lhe a vela, e ela espreita a escuridão, talvez sentindo o cheiro de sangue ou vendo algum pedaço de osso que eu tenha me esquecido de esconder. Dou meu golpe certeiro na cabeça. Uma pancada forte, e ela cai sem medo ou dor. Com a chama da vela acesa, não consigo perceber nenhuma respiração. Beijo sua testa e fico diante dela. Já fiz isso quarenta vezes, ou mais, sem sentir tanto arrependimento.

Eu me apresso para trancar a porta do porão e começo a agir. Tudo acontece de forma apressada e desordenada. Tenho de remover sua cabeça para que não seja notada a falta dos dentes de ouro pelos quais sou conhecida. Talvez a polícia suspeite de que alguém a tenha cortado fora para vender o ouro. O fogo vai consumir muito, e a polícia vai ter apenas teorias.

Noruega, anos 1870

Quando criança, eu era frágil. Ainda não tinha aprendido a lidar com as necessidades dos homens. Sonhei com casamento, como as meninas fazem, com bebês e abraços, e com comer pudim de creme junto à fogueira enquanto a neve cai do lado de fora. É claro que eu esperava dias cheios de trabalho doméstico — a única vida para uma mulher que nasceu na pobreza. Cresci com pouca comida e muito trabalho, desde colher lenha até cuidar de animais de fazenda, incluindo muita ordenha. Nossa família incluía sete crianças e, muitas vezes, ganhava ajuda do sistema previdenciário. Mesmo assim, pensei que me contentaria com o amor de um marido e filhos no futuro.

Aos dezessete anos, um jovem proprietário de terras rico olhou para mim, um desejo impossível de se realizar. Ele era bonito e gostou de mim. Pensei que era porque eu era inteligente. Passamos tardes no campo, nos beijando e sonhando. Ele me tocou com muito carinho e respeito, me queimando por dentro, um sentimento novo para mim, que me tirou a fome e o frio, somente de lembrar.

Contra sua educação, ele ousou me tirar para dançar no baile público a fim de mostrar que se importava mais comigo do que com sua posição social. Uma promessa ousada, achei. Encontramos tempo naquela noite, enfiados em um ninho que tínhamos feito, em meio às raízes de um bordo gigante do bosque, não muito longe do baile. A mão dele entrou em meu espartilho, libertando a minha carne para o ar fresco da noite, meus mamilos cor-de-rosa quase brilhavam à luz da lua enquanto ele os aconchegava com as bochechas. Suas mãos fortes me puxaram para perto de seus quadris, e senti pela primeira vez a ereção de um homem. "Menina especial. Você merece o melhor."

Acreditei que merecia, e a minha felicidade disparou. Suas emoções eram fortes, e suas mãos passaram pela minha saia. Ele colocou seus dedos na minha pele úmida e macia, e deslizou aquela parte sólida de seu corpo para dentro do oco que eu não sabia que existia, mas que não consigo mais esquecer. Eu não esperava um prazer tão fácil ou o quanto aquilo iria me dominar. Durante semanas, fugi todas as noites para encontrá-lo debaixo da nossa árvore e dar-lhe "algum açúcar de bordo" quando ele pedia.

Eu ainda tinha uma mente inocente, apesar de o corpo não ser mais. Quando comecei a inchar, minha mãe me olhou, horrorizada e desamparada, mas foi com total felicidade que me aproximei do meu amante, como eu então o conhecia. Ele foi rápido em se meter entre minhas pernas naquela noite, mesmo quando as palavras saíram da minha boca, mas seus olhos logo ficaram vermelhos de raiva, não de lágrimas de alegria. Ele me penetrou com força, batendo meus quadris nas raízes nodosas e na terra congelada, rosnando, como uma besta que eu nunca tinha visto. "Puta, puta!", sussurrou em meu ouvido. "Eu devia ter conhecido seus truques."

Quando ele acabou, chorei. Eu não tinha truques. Ele ficou em cima de mim, sua carne balançando, fazendo uma careta de escárnio enquanto vestia sua calça e fechava o cinto. Uma bota bateu nas minhas costelas como um martelo, e ouvi pela primeira vez o som do osso se quebrando.

Ele enfiou um dedo em mim, enquanto pisava na minha barriga com a outra bota, e eu me senti arrebentar por dentro. O pequeno, imaginei, fino como um pequeno arenque, esmagado. Eu sabia, naquele momento, que, se eu vivesse, haveria mais espancamentos, porque os homens podiam fazer o que quisessem.

Durante semanas, sofri e rezei para morrer. Olhando para trás, acredito que Brynhild morreu naquele dia. Fiquei com uma alma que não era dela. Minha irmã mais velha, Nellie, dizia que eu estava diferente, e sei que ela não queria dizer que eu era uma versão melhorada. Viver nesse mundo tão cruel ou ir para o inferno — era tudo a mesma coisa, exceto pela vingança alojada em minha alma. Meu amante nunca foi acusado da surra que me deu para acabar com a vida que tinha começado. Aprendi o melhor uso do veneno e mandei aquele homem para o inferno. Foi tão fácil, tão perfeito, diagnosticado como câncer no estômago. Enganei-os a todos, os homens.

1881

A vida na Noruega nunca mudaria para nós, pobres e mulheres. Minha irmã mais velha conseguiu poupar dinheiro suficiente para navegar para o Novo Mundo e se estabelecer em Chicago, onde se casou. As cartas dela brilhavam com promessas. Uma fotografia dela com roupas luxuosas de domingo, um chapéu de veludo com uma pluma cor-de-rosa alta tirada de um pássaro exótico e um frenesi de fitas que ficariam bem em mim. Para mim, a posse de tal traje era uma prova da oportunidade de riqueza para uma mulher de ambição.

Nellie generosamente pagou para eu ir viver com eles. Uma vez lá, descobri que ela dependia do marido para ter aquela elegância. Sem perturbações, comecei a lavar roupa, costurar e limpar casas, tal como tinha feito durante toda a minha adolescência, gerindo apenas o suficiente para contribuir para nossa sobrevivência. Resolvi ir além. Eu tinha músculos e cabeça, e não podia suportar aquela vida ou qualquer uma das vidas das mulheres ao meu redor. Ter um marido parecia ser o primeiro passo necessário para o que eu queria.

1884

Mads Sorenson foi meu primeiro marido. Casei-me usando um vestido preto que me caía bem, apertado e com babados. Mads tinha um sorriso encantador que logo perdeu o brilho. Seu trabalho como guarda-noturno em uma loja de departamentos não cobria mais do que as nossas necessidades básicas, especialmente depois de eu ter acolhido Jennie Olsen. Muitas mulheres não podiam alimentar seus filhos, e as mães sobrecarregadas ficariam aliviadas ao aceitar que eu cuidasse deles em troca de uma pequena quantia em dinheiro. Eu queria alimentar e abraçar todas aquelas crianças frias e famintas que me lembravam de mim mesma, mas, com o pequeno salário de Mads, eu só pude adotar Jennie, de oito meses, quando sua mãe morreu.

Mads tentou seu melhor para ficar ao meu lado como marido, mas lhe faltava coragem. Fui forçada a assumir a liderança. Economizei e, com a contribuição de Mads, comprei uma pequena loja de doces em 1885, alegre e esperançosa de construirmos um negócio de sucesso para alimentar nossos filhos. Foi um prazer enorme estocar as prateleiras com charutos, revistas, jornais, mercadorias e, especialmente, chocolates Whitman's, milho doce e, o meu favorito, Cracker Jack. Trouxe os produtos mais recentes, e trabalhamos muito, mas não tivemos lucro. Ou melhor, eu trabalhei muito. Mads só falava. Nunca soube por que, mas, após vários meses, os clientes se tornaram esparsos e ficamos com problemas financeiros.

Um dia, eu estava sozinha na loja, e uma lâmpada de querosene explodiu. A brisa soprou as cortinas no momento exato, e elas explodiram em uma pluma de fogo, que se espalhou pelo papel de parede em segundos. Eu mal escapei com minha filha, Jennie. Foi uma grande sorte. Ninguém poderia ter saído dali mais depressa do que eu, correndo para a rua, gritando: "Fogo, fogo!". Eu podia sentir o cheiro do tabaco e dos lindos doces de alcaçuz sendo queimados nas prateleiras, mas não havia nada a fazer. Tivemos perda total, e todas as nossas economias se perderam junto.

Tínhamos seguro para cobrir nosso investimento, e nossa seguradora contestou minha história por algum tempo, não encontrando nenhuma evidência de que o vidro tivesse explodido. Mas a empresa era confiável e pagou nossa merecida soma. Quando recebemos o dinheiro, nós dois percebemos que não deveríamos tentar agradar pessoas que nunca estariam satisfeitas, e a maior parte da nossa clientela era assim. Com aquele dinheiro e alguma renda proveniente da adoção, pudemos viver e cuidar de mais quatro crianças. Nunca diferenciei entre nosso filho e os adotados. No entanto, Caroline morreu com cinco meses, de inflamação intestinal, e Axel, com três meses, de hidrocefalia. Eu vinha me perguntando como alimentaríamos quatro crianças e a nós mesmos com Mads trabalhando para a ferrovia por doze dólares por semana, mas, mesmo com duas crianças, os tempos eram difíceis.

Logo veio a oportunidade de ele se juntar a uma empresa de prospecção, buscando ouro no Alasca — uma grande aventura, a resposta a muitas orações. Tivemos que dar nosso dinheiro restante e a escritura de nossa casa como garantia, e Mads ficaria fora por meses, mas a empresa pagaria seu salário, mais 35 dólares para a família a cada mês, juros bancários sobre as minas que ele localizaria e uma enorme quantidade de ações da corporação. Ele estava entusiasmado em explorar aquele território selvagem, não tão diferente do clima da sua amada Noruega. Sentiria falta do seu calor na minha cama, mas me senti aliviada por não ter que ter todas as ideias e tomar as decisões domésticas com uma pessoa de menor compreensão e menos força. Estávamos ambos entusiasmados com a viagem, e, embora o trabalho exigisse todo nosso dinheiro recuperado, era provável que nada tão lucrativo viesse com as habilidades limitadas de Mads.

Esperamos por dois meses. A mala dele estava pronta quando Mads descobriu que não haveria expedição de mineração de ouro. O acordo tinha sido um golpe. Ele não tinha outras perspectivas, e precisávamos contratar advogados para não perder nossa casa. Mads estava arrasado, e a sua saúde começou a se deteriorar. Ele voltou ao trabalho como guarda-noturno, sempre ganhando pouco. Pensei que ele pudesse morrer de humilhação ou se matar em vez de viver naquele estado desolado.

Mais uma vez, um incêndio, uma ocorrência comum, um aquecedor defeituoso e, embora nossa casa tenha sido salva, tudo dentro foi destruído. Recebemos uma indenização de 650 dólares, o suficiente para nos mantermos por um tempo. Naquela época, Mads também possuía um seguro de vida que iria expirar em breve, e ele decidiu deixá-lo expirar e conseguir um novo por mais dinheiro. Concordei que era uma boa ideia. Quando chegou a papelada, vimos que havia uma sobreposição de um dia.

"Isso é um erro?" perguntou Mads, apontando para mim. "Se eu morrer em 30 de julho, eles vão pagar dois mil dólares da primeira apólice e três mil dólares da nova."

Tirei a folha da mão dele e confirmei as quantias, os documentos legais.

"Isso é mais dinheiro do que eu poderia dar para você e as crianças", concluiu ele.

Seus olhos azul-claros brilhavam com forte intenção. Foi um presente de Deus. Ele nos amava profundamente, e esta era sua única chance de ser um bom provedor, a cura para sua infelicidade, o dinheiro necessário para que sua família prosperasse.

30 de julho de 1900

Quando o dia chegou, ele acordou com muita dor de cabeça. Não falava sobre nada além da dor e parecia ter esquecido o significado da data. Eu temia que as horas pudessem passar e que o nosso dom de Deus não o levasse. Começou a parecer um pecado ignorar o benefício de Deus. Mads me implorou para lhe arranjar algo para a dor de cabeça. Estava quase fora de si. Não era o momento de lembrá-lo das apólices de seguro. Encontrei a estricnina que guardei para dar aos ratos e a coloquei em um pequeno papel dobrado, como os remédios para a dor de cabeça que são vendidos. Ele ficou olhando enquanto eu misturava em um copo de água, e bebeu tudo, esperando por um alívio rápido, sem saber que o que eu lhe dava era a cura para toda a dor para sempre. Seu sofrimento foi difícil de observar, mas breve.

Após sua morte, o médico concluiu, pelos sintomas que descrevi, que Mads tinha morrido de uma hemorragia cerebral. Ele foi enterrado ao lado de nossos dois filhos pequenos. Houve um pequeno inquérito devido à coincidência das duas apólices, mas meu luto não foi questionado. As companhias de seguro tinham sua reputação e pagaram nossos justos benefícios.

Novembro, 1901

Com aquele dinheiro, não demorou muito para eu localizar uma propriedade adequada para ser nossa nova casa. Chicago tinha crescido, e eu desejava me mudar para onde as crianças pudessem desfrutar o ar livre e ter animais, árvores frutíferas e plantações, e não fossem incomodadas por vizinhos próximos. A fazenda em La Porte realizou todos os meus sonhos com seus treze quartos e 48 acres de solo fértil. O dinheiro do seguro era suficiente para substituir o piso e melhorar o interior. Era impressionante o que uma mulher podia fazer com dinheiro e trabalho duro. Criei porcos, galinhas e vacas, plantei macieiras e pereiras, e fiz uma horta. Podia me dar o luxo de contratar homens, mas era tão capaz como qualquer outro de fazer o trabalho mais pesado. Logo os vizinhos ficaram maravilhados com minha capacidade e força.

1º DE ABRIL DE 1902

Peter Gunness, meu segundo marido, era um viking, como certas pessoas de La Porte gostavam de dizer, por sua estatura, seus músculos, cabelo louro, mandíbula quadrada e uma barba que parecia brilhar ao pôr do sol. Eles tinham apenas uma ideia de seus modos vikings. Ele era brincalhão como um cachorro e despudorado na cama, um homem que podia lidar com meus noventa quilos — quando eu deixei — e olhar nos meus olhos, já que era mais alto que eu. Eu e Mads o havíamos conhecido alguns anos antes. Eu o conquistei pelo estômago, com a culinária norueguesa, depois ganhei seu coração, com lembranças da Noruega, e seus olhos, com meus seios. Os homens sempre se apegam a essa área. Como uma fazendeira forte, eu também era valorizada pela minha capacidade de trabalhar.

Peter foi, naturalmente, também atraído pela minha extensa propriedade e pela adorável casa de dois andares de tijolos vermelhos, adquirida por meio do bom senso empresarial e refinada com bom gosto e madeira polida e couro macio.

Aprendi desde muito cedo como manter um cavalheiro feliz. "geme bem gostoso", disseram. Com o passar do tempo, aprendi que os homens desenvolviam um amor obsessivo por mim, embora por vezes temessem minha força física e mental. Não só deixar um homem grunhir de prazer, mas louvar os milagres que faz em um corpo feminino, deliciar-se com suas ideias e inflar seu orgulho — esse era meu segredo.

Peter veio até mim viúvo, com uma filha de sete meses, que estava frágil e morreu de edema dos pulmões apenas uma semana depois do nosso casamento.

16 DE DEZEMBRO DE 1902

O dia fatídico de Peter começou como qualquer outro. Eu tinha me levantado antes do primeiro pássaro, tinha meus dedos mal aquecidos pelas tetas das vacas e meus tornozelos congelados na lama dos porcos. Ainda me faltava tempo suficiente para terminar as tarefas antes do pôr do sol. Fervi um pote de salmoura no final do dia e deixei-o no fogão para preparar os pés de porco em conserva na manhã seguinte.

Peter devia estar meio adormecido quando se abaixou para pegar os sapatos atrás do forno — onde ele os aquecia — e, enquanto se levantava, bateu na panela com força suficiente para sacudi-la e a água quente escaldar seu rosto. Eu já estava na cama e ouvi o grito dele. Ele chamou "Mamã!" — que era como se referia a mim. Corri para ajudar, e ele estava choramingando no chão. Ele se queixou que as suas bochechas ficariam com cicatrizes e o seu cabelo cairia, vaidade que achei difícil de suportar num homem, num "viking". A lesão não parecia grave o suficiente para causar danos permanentes — a pele vermelha já estava ficando cor-de-rosa. Eu tinha sofrido muito mais durante a vida.

Peter se arrastou até o salão, e — não sei como — o machado estava na minha mão. Com horror, eu o tinha visto usá-lo em meus porcos para matá-los rapidamente. Devo ter-lhe dado um golpe, o suficiente para parar a autocomiseração. Ele era menos cabeça-dura do que eu acreditava. Voltei para a cozinha, sabendo que era hora de planejar, e vi a parte do triturador de carne de ferro pesado que Peter não tinha guardado na prateleira alta. Com um ligeiro empurrão, ele caiu. Eu colocaria a culpa nele, imaginando como poderia ter machucado a cabeça dele, se ela era tão dura como um dia eu acreditei que fosse.

Ah, meu Deus. Ele foi buscar os sapatos? Não posso ter certeza. Talvez eu não estivesse deitada e tivesse jogado a panela de água quente em seu rosto, frustrada com o que os homens causam todos os dias. Às vezes, é mais difícil separar o real do desejado, e já sabia que o amor era mais fácil de encontrar do que o dinheiro.

Comecei a arrastá-lo para a cozinha, para perto da broca, e a limpar o sangue antes que se tornasse uma mancha na madeira polida pela qual eu havia pagado caro. Então eu o larguei e corri para a escada, gritando para acordar Jennie, minha filha adotiva, agora com dezesseis anos, para que ela pudesse ser testemunha da morte do padrasto. Mandei-a pedir ajuda na fazenda dos Nicholsons e tomei meu lugar ao lado de Peter no chão, acariciando sua testa arrefecida e afagando sua bochecha rosada com minhas lágrimas. Haveria perguntas, mas eu estava confiante em minha capacidade de responder com inocência. Eu encarnaria os detalhes da cena terrível como já tinha feito antes, com uma voz trêmula e a maneira débil das mulheres, muitas vezes atingidas pela mão com a qual aprenderam a implorar. Peter nunca tinha me machucado e, como adulta, nunca implorei, mas meus olhos eram bons para entender o mundo e como ele funcionava.

O inquérito se arrastou por quase um dia, mas Jennie contou sua história semelhante à minha, e o vizinho, Swan Nicholson, testemunhou que Peter e eu éramos "como crianças juntos". Não havia provas que sustentassem nada além de um acidente, embora os rumores persistissem na cidade. O julgamento final, ao que parece, foi baseado na crença de que as mulheres não tinham o controle emocional ou a resistência para cometer tal crime.

Depois de Peter, aprendi a trabalhar na fazenda sozinha. Mesmo no inverno gelado, eu cuidava dos animais com tanto carinho quanto das crianças. Cresceram de leitões cor-de-rosa e pretos gordos a porcas e porquinhos, que me reconheciam como mãe. Eu adorava sentir seus focinhos de cerdas duras enquanto pegavam comida das minhas mãos. Como os porcos eram uma parte importante do nosso rendimento e da nossa alimentação, pensar no que eu teria de fazer se tornou mais horrível, e a tarefa mais assustadora à medida que sua importância aumentava. Finalmente, quando precisávamos de carne para comer, eu não tinha escolha. O primeiro massacre de um dos meus queridos animais pôs-me na cama o restante do dia, perturbada e em lágrimas, mas não havia ninguém que tirasse o peso das minhas responsabilidades e me mimasse. Nem queria outra pessoa no comando. Lembrei-me das lições que tive em uma fazenda quando era criança. Senti-me grata por haver carne para comer. Por meio dos músculos e da força de vontade, aprendi o método menos doloroso de abater um porco com um só golpe. A consequência vinha mais fácil depois.

Durante cinco anos, houve muitos pretendentes noruegueses que vieram em resposta às minhas cartas nos jornais, mas nenhum tinha intenção de se casar. Eles chegavam, mas nunca iam embora. Às vezes saíam desse mundo em um ou dois dias. Bastava apenas uma quantidade de estricnina e, quando a reação se intensificava, uma dose de clorofórmio, tudo disponível na cidade. Ou só um golpe rápido, que eu tinha aprendido muito bem. Minha solução era perfeita para ambos: minha necessidade de dinheiro era satisfeita no momento, e os homens ficavam livres de seu sofrimento para sempre.

Às vezes eu gostava da companhia deles, especialmente no inverno, quando o calor da carne viva podia dar algum prazer ao fim do dia. Errei ao deixar o tempo passar às vezes. Era perigoso deixá-los ficar por muito tempo, podiam ficar conhecidos. Lembro-me de dizer ao vizinho, o intrometido Chris Christofferson, que Olaf Limbo encontrou uma carona para a Feira Mundial em St. Louis, e foi para lá comprar alguns terrenos.

Às vezes os habitantes da cidade viam um homem chegar à estação, mas nunca o viam sair. Eu criava detalhes, e, ao escolher bem os meus pretendentes, raramente havia parentes próximos que ficassem curiosos. Nos casos em que ouvi falar de alguém que pudesse perguntar algo, escrevi cartas para o pretendente falecido. Tinha o dom de ser convincente, escolhendo minhas palavras como se estivesse desanimada e preocupada com a ausência do homem. Disse ao pai de Henry Gurholt que seu filho tinha ido com alguns comerciantes de cavalos para Chicago, e que a ideia me deixou preocupada. Muitas vezes eu usava o casaco de pele de Henry, mas seu pai não podia saber disso, embora Christofferson falasse sobre isso com frequência. Um presente, eu disse. Eu sentia prazer pela minha esperteza. Quarenta homens ou mais gostaram da minha companhia e morreram.

Andrew Helgelien foi o que me deu mais problemas, tanto vivo como morto. Ele ganhou meu coração com suas cartas maravilhosas, mas em pessoa não fez jus a seu retrato, e na cama, por fim, não pôde competir com minha necessidade de dinheiro. Sua presença causou um ciúme ultrajante em Ray Lamphere, o que causou mais problemas. Foram necessários dois golpes para acabar com Andrew, e ele me olhou nos olhos após o primeiro balanço do machado. O fato de eu ter sido tomada por sua vívida correspondência e ter negligenciado seu irmão foi o erro que provocou o fim da fazenda.

27 DE ABRIL DE 1908

Asle Helgelien estava a caminho, procurando o irmão Andrew, e eu não podia mais adiar o horror. Levei as crianças à cidade, e compramos mantimentos para uma festa — fitas coloridas e ingredientes para pudim. Eu os surpreendi com pirulitos, a mais recente novidade. Fiquei tão triste que cedi às lágrimas, tentei não pensar na noite que estava por vir. Comprei dois galões de querosene, e Ray Lamphere os levou de carroça para mim. A sra. Shultz, proprietária da loja com o marido, me envolveu na conversa, e mencionei o mais recente assédio de Ray.

"Tenho medo de que ele vá incendiar a casa conosco lá dentro", falei.

Sua expressão demonstrou medo por mim.

Ray era bom trabalhador e doce no colchão, mas conhecido na cidade como um bêbado incorrigível. Não era segredo que ele tinha enlouquecido de ciúmes desde a chegada de Andrew Helgelien. Ray previu que Andrew usurparia seu lugar de direito como meu futuro marido e meio proprietário da fazenda de porcos. Ele nunca suspeitou de que o lugar de Andrew era no chão, enterrado pelo próprio Ray dentro de um saco de aniagem. Restos de porco, eu sempre lhe dizia quando mandava que cavasse um novo buraco. Naquela altura, sentia que era a verdade, mas Ray insinuou saber de algo, e essa era outra razão pela qual a vida na fazenda tinha que acabar. Senti pena que Joe Maxson, meu outro ajudante, fizesse parte daquilo. Ele era um bom trabalhador, não tinha me feito mal e não suspeitava de nada.

Nessa noite, Maxson e eu jogamos um pouco de Snap com as crianças, e lavei a louça antes de servir a sobremesa. Eu posterguei a hora deles de irem se deitar. Maxson se retirou para seu quarto, e as crianças esperaram que eu levasse o pudim de nata para a sala de estar. Elas estavam rindo, as duas garotas jogando Jacob's Ladder, o menino construindo uma casa com blocos, mostrando a língua rosa entre os lábios enquanto se concentrava. Eu tinha adicionado ao pudim meia dose da estricnina que dava aos homens. Quase deixei a bandeja cair no chão para que o vidro e a bagunça fossem a única catástrofe da noite, porém o medo era grande. Se eu fosse para a prisão, as crianças seriam levadas para um lugar miserável.

O tempo passou muito depressa. "Mamãe, minha barriga dói", disse Phillip. Eu o peguei e lhe dei um beijo na barriga. Peguei Myrtle nos meus braços também.

"A minha também. Dói tudo", falou ela.

"A minha também, meus amores", disse eu. Não era mentira. A minha doía de desespero.

A mais velha não disse nada — como sempre fazia, nenhuma queixa. Acariciei as mechas loiras do menino e beijei a testa de cada um. Nenhuma das crianças era minha filha biológica, embora eu deixasse as pessoas pensarem assim. Eu lhes dei uma vida curta, mas agradável.

"Todos já comemos demais. Se formos dormir, a dor vai embora." Dormir sempre funcionou para os gases, por isso eles seguraram a barriga e se aconchegaram bem. Apressei-me para pôr almofadas de algodão banhadas em clorofórmio debaixo do nariz de cada um. Depois que estavam em paz, levei cada um para o porão. Ninguém sentiu medo, o que é a pior parte da dor. Eles logo foram para o céu. Eu sabia que tinha feito o melhor que podia, poupando-lhes desse mundo de trabalho sem fim, frio e castigo.

Arrumei-os com o corpo sem cabeça de Esther, colocando os braços dela ao redor deles como se os estivesse confortando quando ficaram presos pelo fogo. Eu tinha uma cama debaixo do meu quarto, por isso, quando tudo ardeu e o chão desabou, pareceria que tínhamos morrido no andar de cima e os nossos restos mortais tinham caído na pilha de escombros. Esperava que o xerife presumisse que a cabeça estava totalmente queimada, pelo menos por tempo suficiente para que eu desaparecesse. Não havia como deixar os molares de ouro pelos quais sou conhecida, já que a ponte está presa aos meus dentes permanentes. Talvez o valor do ouro o fizesse suspeitar de que alguém tivesse tirado os dentes das cinzas.

Eu detestava a ideia de meus filhos irem para o céu perto do corpo de uma estranha, mas não poderia fazer de outra forma para minha morte parecer genuína. Minhas queridas Lucy e Myrtle. Elas não eram almas robustas capazes de se inventarem à margem da sociedade. Não tinham força interior nem exterior para construir uma vida para si mesmas. Provavelmente, se tivessem vivido, não teriam nada, viveriam como servas ou escravas, os nomes mais usados para as esposas. Também não podia matar as meninas e deixar Phillip viver, um órfão pela segunda vez com apenas dois anos. Se eu tivesse alguma esperança de poder juntar-me a eles no céu, teria tirado a própria vida.

"Asle Helgelien, desgraçado", falei em voz alta, a causa daquelas mortes e de todo o desperdício. Cuspi, como um homem faz a qualquer momento, sem perder a dignidade.

Os dois galões de querosene esperavam na cozinha, onde Ray os tinha colocado naquela tarde, prontos para encherem as lâmpadas no dia seguinte, o que nunca aconteceria. Reuni algumas provisões enquanto esperava até que os Nicholson estivessem dormindo e o fogo não pudesse ser apagado muito rapidamente. Seria a hora da noite em que Ray voltaria da cidade, bêbado e com a ideia de se vingar. Era provável que ele fosse acusado de incêndio e assassinato. Embora pudesse ter me amado ainda mais do que alguns outros, ele não era tão perspicaz na vida quanto a maioria de meus porcos. "Belle se casaria comigo se eu tivesse dinheiro", vangloriou-se, desconhecendo o verdadeiro significado de sua declaração.

28 DE ABRIL, QUATRO HORAS DA MANHÃ

Empacotei alguns pertences na valise de Esther, e carrego um saco com a cabeça dela para enterrar num local distante. É um saco minúsculo, um trabalho rápido. Coloco as duas bolsas e uma lâmpada acesa do lado de fora da porta, enquanto espalho o querosene nas portas da sala e no cômodo ao lado. Os vapores queimam minhas narinas e o sabor do inferno se assenta em minha língua. Saio e jogo a lâmpada. Ela se quebra, e o fogo borrifa meu adorável chão de madeira. Todas as saídas da frente pegam fogo.

Da beira da escuridão da floresta, observo as chamas e me engasgo com a fumaça resultante de meu trabalho. A visão é hipnótica e horrenda. A parede traseira de minha rica fazenda implode, a casa confortável onde passei quase sete anos e enterrei quatro crianças que se queimam diante de meus olhos. É uma agonia, mas uma parte de mim ganha vida. Vou de novo ser mais esperta do que a polícia, e talvez substituir os dias de inverno fazendo pão, consertando, ordenhando e matando por aventura.

Verifiquei a certidão de nascimento de Esther Carlson na mala. Eu me permito um longo olhar para ter certeza de que a área entre a casa e o chiqueiro não vai se safar. Axel e Nellie, meu casal de criação e companheiros favoritos, guincham e empurram a cerca de dois metros, quase me partindo o coração. Porém, eles são mais espertos do que a maioria das pessoas e encontraram o portão destravado quando se afastam do calor. Tem sido um bom ano para as nozes, e já coloquei milho suficiente na floresta para ajudá-los a ficar gordos e felizes até aprenderem a se alimentar. Uma lágrima esfriou ao rolar por minha bochecha. O fim de muitas coisas boas. Lamento muito, agora e para sempre, e espero que este seja o fim do massacre. Arranco algumas folhas mortas com os meus pés para esconder minha pegada, viro-me e pego as malas. O mundo espera.

O texto de Harold Schechter, ***Hell's Princess: The Mystery of Belle Gunness, Butcher of Men***, é uma história viva e profundamente documentada da vida e dos tempos de Gunness, incluindo os procedimentos judiciais e a profusão de interesses que rodearam a "fazenda da morte" durante muitos anos. De acordo com Schechter, nunca ficou claro se Belle escapou ou se morreu no incêndio. Os vizinhos afirmaram ter visto e reconhecido Belle após o incêndio, tanto seu rosto como sua figura incomum e seu disfarce de homem. Durante muitos anos, as visões de Belle, real ou fantasma, com véus nos trens e nas ruas em quase todos os estados, além do Canadá e do México, persistiram. A teoria de que Belle tinha assumido a identidade de Esther Carlson foi uma teoria plausível por oitenta anos quando, finalmente, uma busca de registros públicos na Suécia revelou que Carlson era, de fato, a mulher sueca que afirmava ser, aparentemente, outra viúva negra muito menos produtiva.

O "testemunho do legista" usado no processo judicial afirma que o corpo de Jennie Olsen, de dezesseis anos, filha adotiva de Belle, foi descoberto em uma cova na fazenda. Outras sepulturas continham restos mortais misturados de muitos homens e mulheres não identificados, incluindo John Moe, Henry Gurholt, Olaf Limbo e Ole Budsberg, todos com familiares ou vizinhos que testemunharam sobre detalhes dos corpos ou o último paradeiro conhecido dos homens e correspondências com Belle. Nas ruínas queimadas da casa, foram encontrados corpos identificados como Phillip, de três anos, Lucy, de sete anos e outra menina não identificada, que pode ter sido Myrtle. Joe Maxson foi acordado pela fumaça às 4h15, fez um buraco na porta da frente e escapou do fogo. Ele testemunhou sobre a planta da casa e a localização dos cinco corpos encontrados no interior do imóvel.

Schechter observa que muito pouco do mistério foi resolvido. O júri acreditou que era o corpo de Belle nas ruínas, e a teoria era de que a cabeça de Belle tinha sido carbonizada até virar cinzas. Seu peso teria passado de pouco mais de 130 quilos para 33 quilos. As crianças, no entanto, foram encontradas com os crânios, e um percentual muito menor de perda de peso. As pontes de ouro foram procuradas nas cinzas da casa, dias depois do incêndio, mas alguns testemunhos de especialistas indicaram que elas não teriam ficado intactas se o crânio de Belle tivesse sido incinerado. A abundância de provas e testemunhos contraditórios deixa muito em aberto.

Ray Lamphere foi julgado por homicídio e incêndio, mas não havia provas suficientes para condená-lo por homicídio. Ele foi multado em cinco mil dólares e condenado à prisão pelo incêndio, mas morreu de tuberculose um ano depois.

“Devias matar Nae”: O Estrangulador da Bíblia, de Glasgow

Lee Mellor

O recém-falecido “Assassino de Mouros” Ian Brady propôs que certos crimes permaneciam na consciência pública devido à “atmosfera. A evocação mística e por vezes quase romântica de uma era ou *ethos* memorável. Além de um cenário teatral, dramático em consonância com o assassinato ou, melhor ainda, melhorando suas qualidades fascinantes e aterrorizantes “. Brady observou que, ao ouvir “Jack, o Estripador”, nossas mentes vagueiam por uma paisagem nebulosa de calçada de pedras, lampiões a gás, cascos de cavalos e figuras sombrias deslizando por becos cheios de prostitutas e gim. Embora possamos nos encolher ao concordar com um assassino sádico e molestador de criança, a posteridade revela a fria verdade da observação de Brady: quando se trata de assassinato, o lugar e o tom determinam se um crime é esquecido ou entra no panteão sombrio dos casos que se tornam obsessão popular. Tais características podem explicar por que os três conhecidos assassinatos sexuais atribuídos ao infame "Bible John", de Glasgow, permanecem na imaginação popular como os principais homicídios não resolvidos da história escocesa.

Glasgow é um porto industrial e sombrio no noroeste do Reino Unido — uma cidade dura, que produz pessoas duras, acostumadas a afogar seu desespero em uísque e cerveja apenas para ressurgir em atos arrepiantes de violência. Apesar das contínuas tentativas de pacificação por meio da gentrificação, um estudo feito em 2012 pelo Escritório das Nações Unidas sobre drogas e crime determinou que a cidade tinha a maior taxa de homicídios ***per capita*** da Europa Ocidental. Ele não fala dos copos de cerveja quebrados enfiados em rostos, dos golpes violentos na cabeça e da abundância de esfaqueamentos não fatais. Se isso fosse levado em conta, Glasgow provavelmente surgiria como a cidade europeia mais violenta da história a oeste do antigo bloco soviético.

Após a Segunda Guerra Mundial, a concorrência das crescentes potências industriais da Alemanha Ocidental e do Japão, assim como uma série de decisões econômicas ruins, tanto no setor público quanto no privado, levou a um declínio devastador na produção de Glasgow. O eminente sociólogo francês Émile Durkheim escreveu certa vez que, quando uma comunidade experimenta uma mudança drástica na economia — seja uma súbita entrada de capital ou, no caso de Glasgow, uma crise financeira —, há um período em que os membros da população se sentem alienados e sem propósito, pois os padrões e valores de "como as coisas eram" não se aplicam a sua situação atual. Essa perda de identidade e de orientação leva os indivíduos a cometerem suicídio ou, por vezes, formas extremamente desviantes de homicídio.

Quando o Swinging Sixties chegou a Glasgow, era como uma explosão de oxigênio puro para uma cidade sufocada pelo fedor da própria decadência. É claro que nem todos veriam sexo, drogas e rock n'roll como uma panaceia social. Na verdade, para um jovem, a “Segunda Cidade do Império” tinha se tornado Sodoma para a Gomorra de Londres.

Na quinta-feira, 22 de fevereiro de 1968, Patricia Rose Docker, de 25 anos, uma bela enfermeira morena, vestiu seu vestido de lã amarela e seu casaco cinza, e partiu para uma noite de dança. Seu marido havia cinco anos, Alex, era cabo da Força Aérea Real (RAF), recentemente alocado na Inglaterra. Quando ele foi designado para a base em Lincolnshire, Patricia e o filho de quatro anos do casal se mudaram para o sudeste para viver com ele, mas, em pouco tempo, o casamento acabou. Patricia voltou a Glasgow para viver com o pequeno Alex na casa dos pais, no número 29 da Langside Place, no distrito de Battlefield, ao sul do rio Clyde.

Antes de sair na noite fria, ela disse aos pais que ia ao Majestic Ballroom, no centro de Glasgow. Se Patricia mentiu ou foi levada pelas circunstâncias, não se sabe, mas ela acabou no Barrowland Ballroom, na “festa para maiores de 25”, na margem oposta do Clyde. A noite foi um notório ímã para os adúlteros, com sexo casual nos banheiros do andar de baixo, e a perspectiva de violência pairando sobre o bar, como uma tempestade. Ninguém sabe o que aconteceu com Patricia Rose Docker naquela noite, apenas o que foi descoberto na manhã seguinte.

Algum tempo antes das oito da noite, Maurice Goodman, carpinteiro, estava chegando de carro a sua oficina, no que era então Carmichael Lane, quando viu um corpo deitado na porta de sua garagem e chamou a polícia. Chegando ao local, detetives do Departamento de Investigação Criminal (CID, na sigla em inglês) de Glasgow notaram que o cadáver era de uma mulher branca, que estava nua, com a cabeça ligeiramente virada para a direita. Não estava com seus itens pessoais, exceto a aliança de casamento ainda agarrada ao dedo rígido e frio, e sapatos de salto alto vermelhos, que estavam por perto. Sem roupas em que procurar cortes ou rasgos, não havia como os investigadores determinarem se a vítima tinha ou não se despido voluntariamente, sob coação, ou se fora despida antes ou depois da morte. Além disso, eles não tinham meios de identificá-la. O patologista, dr. James Imrie, confirmou a presença de marcas no pescoço da vítima — o mais provável é que tenha sido fatalmente estrangulada com um cinto — e lesões na cabeça e no rosto, consistentes com chutes e socos. O CID tinha um caso de homicídio.

O *rigor mortis* tinha se instalado, mas uma noite de forte geada dificultou a determinação da hora da morte, forçando o dr. Imrie à conclusão bastante conservadora de que a vítima estava morta havia várias horas. A polícia foi de porta em porta, e as perguntas revelaram que, em algum momento da noite, uma mulher do bairro tinha ouvido uma voz feminina gritar "Me deixe ir!" ou "Me deixe em paz". Uma busca minuciosa na área rendeu uma descoberta importante: um absorvente usado, sujo com sangue seco. Durante a autópsia, foi determinado que a vítima estava menstruada no momento da morte. Ela também tinha sido estuprada, embora não tivesse sido encontrado sêmen.

Por fim, ela foi identificada como Patricia Rose Docker — estrangulada até a morte a apenas quatro quarteirões de casa. Um a um, amigos, família e conhecidos apresentavam seus álibis e deixavam de ser suspeitos. Os pais de Patricia informaram aos detetives que ela fora dançar no Majestic, sem saber levando o CID ao erro. Depois de semanas perseguindo essa falsa pista, os investigadores souberam que ela havia deixado o Majestic às dez e meia da noite e se dirigido ao Barrowland, que ficava aberto até a meia-noite e a uma distância de quase uma hora de caminhada ou quinze minutos de carro da cena do crime. Àquela altura, nenhum dos funcionários ou clientes se lembrou de tê-la visto. Embora a pulseira, o relógio e a bolsa de Patricia tenham sido recuperados no rio Cart, um afluente do rio Clyde, localizado a quinze quilômetros a noroeste da cena do crime, a investigação parou.

Dezoito meses depois, o assassino voltou a atacar. Na noite de sábado, 16 de agosto de 1969, Jemima McDonald, conhecida como Mima, de 32 anos, mãe solteira e residente no número 15 da MacKeith Street, em Bridgeton — uma terra entregue ao crime, com edifícios abandonados a leste do centro da cidade e ao norte do rio Clyde —, deixou seus três filhos aos cuidados de sua irmã, Margaret, e dirigiu-se para Barrowland. Com seu cabelo fino e tingido de castanho, ela guardava uma semelhança superficial com Patricia Rose Docker. Quando Mima não voltou para casa e não foi buscar os filhos no dia seguinte, Margaret ficou nervosa. Na segunda-feira, ela já estava no limite. Então, começaram a circular rumores de que algumas crianças locais haviam encontrado um cadáver em um prédio abandonado, no número 23 da MacKeith Street.

Margaret foi por conta própria. Para seu horror, o corpo seminu de Mima estava deitado de barriga para baixo, com meias de nylon no pescoço. Chegando ao local, os detetives concluíram que as meias foram retiradas das pernas de Mima durante a luta. Em um padrão assustadoramente familiar, Mima foi chutada e socada no rosto repetidamente, estuprada sem ejaculação, e lentamente assassinada com uma corda improvisada. Além disso, faltava sua bolsa e um absorvente usado estava jogado ao lado do corpo. Ela também estava menstruada quando morreu.

Felizmente, ao contrário do caso Docker, a polícia localizou várias testemunhas. Vários clientes do Barrowland se lembraram de ter visto Mima dançando durante a noite com um homem bonito, entre os 25 e 35 anos de idade. Ele se destacou do restante porque seus cabelos eram avermelhados, curtos e antiquados. Os dois saíram do clube juntos e foram vistos pela London Road em direção à MacKeith Street cerca de quarenta minutos depois da meia-noite.

Os investigadores pediram a Lennox Patterson, professor de design gráfico na Escola de Arte de Glasgow, para entrevistar duas testemunhas e fazer um retrato falado do suspeito. No final dos anos 1960, a publicação de imagens de suspeitos antes da prisão tinha sido proibida pela lei escocesa, o que obrigou a polícia a apresentar um pedido especial ao Crown Office and Procurator Fiscal Service. Para seu deleite e surpresa, eles concordaram, sendo a primeira vez que Edimburgo havia consentido com medidas tão extraordinárias. Não demorou muito até que o rosto do suspeito fosse publicado em jornais e aparecesse em telas de televisão de todo o Reino Unido.

A caça ao assassino foi levada a um novo nível, incluindo uma reconstituição policial televisionada da caminhada de oitocentos metros de Mima, da Barrowland até a MacKeith Street, para ajudar a avivar as memórias de potenciais testemunhas. Enquanto sua família ofereceu uma recompensa de cem libras por informações que levassem à prisão do assassino, a presença constante da polícia no Barrowland resultou em uma queda acentuada nos negócios. Uniformes azuis e vício, aparentemente, não são bons companheiros. No entanto, apesar dos esforços substanciais do CID, o homem que tinha assassinado Patricia Docker e Jemima McDonald não foi identificado. Ele reapareceria para matar sua última vítima conhecida no Halloween de 1969.

Como Patricia Docker, Helen Puttock, de 29 anos, era uma morena atraente casada com um militar. Ela gostava de dançar no Barrowland nas noites de quinta-feira. Em 30 de outubro de 1969, Helen e sua irmã, Jeannie, deixaram suas casas em West Glasgow, e foram para o baile. Pouco depois de chegar, um homem bem-vestido, apresentando-se como "John", convidou Helen para dançar, e se mostrou um parceiro bastante desajeitado.

Com seu cabelo curto, botas de camurça e terno e gravata marrons, ele parecia ultrapassado em comparação com os trabalhadores comuns que faziam seu melhor para imitar a moda mais recente com o pouco dinheiro que tinham. Apesar de terem gozado dele, o homem parecia inabalável, como se estivesse acima daquelas opiniões plebeias. E, ao contrário da multidão rude e tumultuada dos anos 1960 em Glasgow, John não bebia nem xingava, e era surpreendentemente cavalheiro, ficando de pé sempre que Helen voltava à mesa. No entanto, apesar das boas maneiras, ele era altivo e desdenhava do parceiro de Jeannie, um sujeito normal que afirmava ser do distrito sulista de Glaswegian, Castlemilk. Na verdade, os dois não podiam ser mais diferentes. O parceiro de Jeannie era amigável, mas inculto e com mãos ásperas de operário, e o de Helen tinha mãos bem-cuidadas e uma arrogância silenciosa e geniosa. Várias vezes durante a noite, o homem de Castlemilk sussurrou para Jeannie que não confiava em John e suspeitava de que ele era um policial disfarçado. Na verdade, John parecia um pouco nervoso, tocando sempre em um alfinete na lapela, para cobri-lo ou como um cacoete para se tranquilizar.

Às onze da noite, o quarteto decidiu dar a noite por encerrada. Enquanto saíam de Barrowland, Helen colocou algumas moedas em uma máquina de cigarro, e descobriu que estava quebrada. Determinado a pegar o pacote, John agarrou a máquina e a sacudiu para trás e para a frente. Quando seus esforços se revelaram infrutíferos, ele chamou o gerente, que se aproximou, acompanhado por um segurança. Helen e Jeannie ficaram em estado de choque quando "John" repreendeu severamente o gerente pelo mau funcionamento, de uma forma cavalheiresca que teria resultado em um soco do notoriamente belicoso pessoal de Barrowland. Para surpresa das duas, o gerente respondeu com respeito, prometendo a John que devolveria o dinheiro de Helen se ela fosse buscá-lo na manhã seguinte.

Porém, o estado de espírito de John tinha piorado. Enquanto estavam na fila lotada para deixar o estabelecimento, ele disse: "Meu pai diz que esses lugares são cheios de irregularidades. Eles, a gerência, colocaram fogo nesse lugar para conseguir o dinheiro do seguro e se fizeram com o dinheiro que conseguiram." Entre a comoção, Jeannie ouviu Helen perguntar a John, brincando, de onde vinha sua coragem. John respondeu, e Helen sacudiu a cabeça, incrédula. Chegando a seu casaco, ele rapidamente exibiu uma identificação, que pareceu mudar a atitude de Helen de ceticismo para satisfação. Curiosa, Jeannie perguntou-lhe se ela também conseguia ver, levando John a bater no lado do nariz e dizer, sem sinal de humor: "Você sabe o que acontece com as pessoas intrometidas." Agora, convencido de que John era policial, o parceiro de Jeannie se despediu, pegou um táxi e saiu para nunca mais voltar. Os três decidiram dividir um táxi para West End, onde Helen e Jeannie moravam, em Scotstoun e Knightswood.

Andando pela noite de Glasgow, o comportamento de John ficou ainda mais sombrio. Ele se tornou mais frio, desprovido de qualquer charme cavalheiresco que havia mostrado no Barrowland. Jeannie sentiu que sua presença o incomodava porque ele achava que ela estava se metendo entre ele e a irmã. Ansiosa para diminuir a evidente tensão, Jeannie começou a jogar conversa fora, oferecendo comentários lisonjeiros e perguntando a ele sobre seu trabalho e onde morava, mas John permaneceu em silêncio e cauteloso. Até quando Jeannie perguntou para qual time de futebol ele torcia — provocando a rivalidade entre Rangers e Celtas, refletindo a animosidade protestante *versus* católica sectária e exigindo uma postura quase obrigatória em Glasgow —, John foi desdenhoso, respondendo que não ligava para futebol e preferia o golfe. Disse que, por mais que tentasse, nunca conseguiria acertar um buraco, embora um primo tivesse conseguido fazer isso recentemente. A certa altura, mencionou ter uma irmã, mas depois pareceu desejar não ter feito aquilo, tentando se passar por filho adotivo. Quando Jeannie lhe perguntou se ele gostava de dançar, sua disposição mudou do gelo para o fogo e enxofre do Antigo Testamento. Onde antes se declarara agnóstico e denunciara a religião como "bobeira", de repente começou a gritar sobre adúlteras no Barrowland e a declamar passagens bíblicas sobre o apedrejamento de esposas traidoras até a morte. Ele fez referências a Moisés, seguidas de uma história sobre uma mulher em pé num poço. Jeannie ficou nervosa e trocou de assunto.

"O que vai fazer no Ano-Novo, John?"

"Eu não bebo no último dia do ano." Os olhos dele queimaram como brasas. "Rezo".

O táxi, que andava por toda a cidade, passou por um prédio de apartamentos em Kingsway, quando se aproximava da casa de Helen, em Earl Street. Olhando para o prédio, uma vez uma casa de acolhimento, John murmurou sobre um membro da família que trabalhava lá havia muito tempo. Ao ver uma oportunidade de obter mais informações pessoais, Jeannie perguntou sobre seu emprego e sua casa. Dessa vez, John respondeu que trabalhava em um laboratório em Yoker, a noroeste de onde Jeannie morava, em Knightswood. Do bolso, ele pegou um maço de cigarros Embassy e ofereceu um a Helen, que aceitou, mas ignorou Jeannie por completo. Jeannie falou sobre o gesto rude e, quando ele não se desculpou, tentou pegar o pacote. Entretanto, John foi mais rápido e os guardou no casaco sem lhe dar um. "De volta a Barrowland, lembrei que ele tinha dito que não fumava", falou Jeannie.

Quando o táxi parou em Earl Street, onde Helen morava, John de repente ordenou ao motorista que deixasse Jeannie em sua casa na Kelso Street primeiro. Jeannie, que mal podia esperar para sair dali, permaneceu em silêncio. Minutos depois, o táxi chegou no começo da Kelso Street e Jeannie disse ao taxista que ali estava bom. Achou melhor andar o restante do caminho do que deixar John saber onde morava. Ao abrir a porta do carro, ela desejou a todos uma boa noite e disse a Helen "Talvez nos vejamos semana que vem" antes de sair do carro. *John é um dos homens mais horríveis que já conheci na minha vida*, pensou ela enquanto caminhava para casa, encolhendo-se pelo frio do outono. Ela não fazia ideia.

O corpo nu e espancado de Helen Puttock foi encontrado na manhã seguinte, perto de um muro no jardim dos fundos do número 95 da Earl Street — a menos de um quarteirão de distância de onde seu preocupado marido, George, estava sentado, esperando em casa, na esquina da Balmoral. Saindo pela porta de trás às sete e meia da manhã para passear seu amado cão Smokey, o morador Archibald McIntyre foi levado pelo labrador preto ao que achou ser, no início, uma pilha de trapos. Ao se aproximar, ficou chocado ao perceber que era uma mulher pálida.

"Eu não sabia se ela estava morta ou não, mas não parecia bem", diria ele mais tarde à polícia. "Ela estava com um casaco fechado até o pescoço. Perguntei se ela estava bem, mas ela não respondeu." Cheio de pavor, Archie bateu nas portas dos vizinhos, em vão, antes de atravessar a rua correndo para chamar a emergência em uma cabine telefônica.

Uma ambulância chegou ao local. Rapidamente constataram, pelo *rigor mortis*, que a mulher estava morta havia algumas horas. Uma meia, mais tarde determinada como sendo da vítima, estava atada ao pescoço, e seus vestido e casaco rasgados foram descartados nas proximidades, assim como um colar de ouro que se rompera na luta. O nariz e a boca de Helen estavam manchados com sangue seco. Quando os guardas do CID chegaram, a cena do crime tinha sido gravemente comprometida por vizinhos curiosos, que queriam ver do que se tratava o grande alvoroço. Estima-se que pelo menos uma centena de pessoas observou a cena ao passar ou a partir das janelas. O fato de nenhum deles conseguir identificar a vítima, que vivia a menos de vinte casas abaixo, é uma prova de como ela fora brutalmente espancada. Contusões substanciais no seu rosto tornaram óbvio que havia sido uma luta violenta. A mulher fora chutada e socada, e tinha marcas de mordidas no pulso. Um único botão barato estava caído por perto. O mais arrepiante foi o absorvente enfiado na axila. Mais uma vez, a bolsa da vítima tinha desaparecido, só que dessa vez seria encontrada uma mancha de sêmen na meia.

Ao examinar as provas forenses no local, os investigadores concluíram que o agressor e a vítima tinham ido para aquele jardim da Earl Street, embora fosse difícil determinar se isso havia acontecido de forma consensual ou mediante algum tipo de coerção. Tufos de grama arrancados em um aterro ferroviário atrás da área indicavam que a vítima tinha fugido naquela direção antes de seu agressor alcançá-la, arrastando-a de volta para o jardim onde ocorreu o assassinato. Um exame médico posterior confirmou que ela também tinha sido estuprada. O crime havia ocorrido pelo menos sete horas antes. No fim da manhã, George Puttock apareceu no local e explicou aos guardas que sua esposa, Helen, não voltara na noite anterior. Finalmente, a polícia tinha um nome para sua vítima. Seguindo o procedimento básico, George Puttock foi investigado e desconsiderado como possível suspeito do assassinato da esposa.

Pelo menos cinquenta membros da polícia de Glasgow começaram a procurar informações na vizinhança, enquanto o CID apelou ao público em geral. O taxista que havia conduzido o trio naquela noite lembrou que, depois de deixar Jeannie, ele havia voltado para Earl Street e deixado Helen no número 95: uma escolha curiosa, já que ela vivia no 129, mais próximo de Jeannie. Além disso, esse endereço estava convenientemente localizado na esquina da Balmoral, enquanto o 95 ficava mais longe do cruzamento. O homem que o taxista havia presumido ser seu parceiro, "John", pagou a corrida e saiu atrás dela. Ele parecia irritado com Helen por ela ter saído do veículo. Pensando que se tratava de um casal briguento, o taxista tinha se afastado sem pensar duas vezes. Nos dias seguintes, outras testemunhas se apresentaram com relatos da noite do assassinato. Uma alegou ter observado um homem com um casaco manchado de grama caminhando rapidamente pela Dumbarton Road. Outros relataram ter visto uma figura que se encaixava nessa descrição no ônibus noturno número 6, na direção leste em Dumbarton, entre Gardner e Fortrose às duas horas da manhã — uma caminhada de quarenta minutos da Earl Street, 95. O homem tinha uma marca ou arranhão debaixo do olho e estava consciente da aparência desalinhada, tentando enfiar o punho aberto da manga da camisa em seu casaco. Ele desceu do ônibus na esquina da Dumbarton com a Derby, cerca de dez minutos depois.

Os clientes do Barrowland, estimados em trezentos no total na noite em questão, foram uma fonte de informação inestimável. Embora fosse difícil saber ao certo, a polícia acredita que entrevistou cerca de 95% deles. Uma omissão notável foi o homem que afirmava ser de Castlemilk, que suspeitava de que "John" era um policial. Quer estivesse traindo sua esposa ou temesse alguma outra repercussão ao se apresentar, ele nunca se voluntariou para a polícia, colocando-a em uma grande desvantagem. Ele não somente tinha observado bem John, como tinha conversado com ele. A única testemunha mais bem posicionada para fornecer informações úteis foi a irmã de Helen, Jeannie. Tendo passado grande parte da noite com John, incluindo a longa e presunçosa viagem de táxi para casa, o relato que ela deu aos investigadores foi revelador. Para citar o detetive Joe Beattie, com quem ela falou extensiva e repetidamente: "A lembrança de Jeannie dos acontecimentos foi incrível, desde os dentes sobrepostos do homem, até a maneira como ele agia e como se vestia. Estava claro que o homem que queríamos era alguém que tinha alguma autoridade, mas qual? Poderia ser um médico, um ministro, um bombeiro, um soldado ou um marinheiro. Poderia até ser um policial. Não fazíamos ideia do que estávamos procurando. Ia ser uma questão de eliminação". Com base na descrição de Jeannie, os investigadores fizeram um desenho melhorado do assassino.

A polícia de Glasgow realizou uma coletiva de imprensa e, em 4 de novembro de 1969 — quatro dias após o assassinato de

Helen —, o *Glasgow Herald* publicou um artigo com o título "Citação bíblica do homem procurado pela polícia por homicídio", descrevendo o sujeito como:

> "entre 25 e trinta anos, quase um metro e oitenta, de constituição média, com cabelo ruivo ligeiramente castanho-avermelhado, penteado curto e escovado para a direita. Ele tem olhos azuis-acinzentados, belos dentes retos com um dente no maxilar superior direito sobrepondo-se ao dente seguinte, traços finos, e aparenta ser moderno e inteligente. Vestia um terno castanho, manchado, com três ou quatro botões e lapelas altas. Sua calça não tinha vincos. Ele vestia um casaco de tweed ou gabardine, uma camisa azul-clara e uma gravata escura com riscas diagonais vermelhas. Estava usando um relógio de pulso com uma pulseira de couro larga, de estilo militar. Talvez fume cigarros da marca Embassy. Ele é conhecido por ir ao Barrowland sozinho em algumas ocasiões. Talvez atenda pelo nome cristão de John. Pode afirmar ser de uma família de dois filhos, sua irmã e ele, e de ter tido uma educação rigorosa, fazendo referências à Bíblia. Ele é muito bem articulado, provavelmente com sotaque de Glasgow, e não parece fazer trabalhos manuais pesados. Pode ter marcas recentes no rosto e nas mãos."

Com o passar dos meses de investigação sem nenhuma pista substancial, a mídia se envolveu cada vez mais na caça ao assassino, em certo ponto até mesmo voltando-se para o famoso médium Gerard Croiset, que provou ser totalmente inútil. Em outra tentativa, depois de transmitir um especial de meia hora sobre os assassinatos, o conceituado jornalista da BBC, Hugh Cochrane, apelou diretamente ao assassino para que ele se apresentasse e citou Jeremias 23:24 em uma tentativa vã de usar sua religiosidade contra ele. Em 2019, no cinquentenário da última morte, o único nome que temos para dar ao homem que estuprou e estrangulou Patricia Rose Docker, Jemima McDonald e Helen Puttock foi cunhado por um jornalista local, John Quinn, nas semanas que se seguiram à terceira morte: "Bible John".

Entrevista com um serial killer

James Young

Hoje, Tiago Henrique Gomes da Rocha, o "Maníaco de Goiânia", está no Complexo Aparecida de Goiânia, na área metropolitana da cidade quente e poeirenta, no Centro-Oeste do Brasil. Nunca estive na prisão, por isso não sei como é, mas posso imaginar. Vi outras penitenciárias no Brasil, e assisti a notícias sobre a superlotação crônica, as condições degradantes e inseguras, e as rebeliões e assassinatos que ocorrem no sistema penitenciário do país. Em 2018, uma rebelião no Complexo de Aparecida de Goiânia deixou nove mortos e catorze feridos, e 56 presos morreram em outra rebelião, na cidade de Manaus, no coração da Amazônia, em 2017. Em 2013, os presos cortaram a cabeça de vários rivais assassinados na prisão de Pedrinhas, no estado do Maranhão, no nordeste do país.

Gomes, de 31 anos, terá muito tempo para se acostumar às condições. Até hoje, ele foi condenado a mais de seiscentos anos de prisão pelo assassinato de 29 pessoas. O seu ***modus operandi*** habitual era parar ao lado de suas vítimas em sua motocicleta, tirar a arma e disparar, normalmente à queima-roupa. A maioria era mulher, e às vezes ele gritava "Assalto!" e mostrava sua arma para fazê-las se aproximar. Depois de puxar o gatilho, ele ia embora, misturando-se rapidamente ao trânsito — anônimo entre os milhares de motociclistas que invadiam as ruas de Goiânia, invisíveis atrás de seu capacete e de sua viseira.

Eu o conheci em outubro de 2014, alguns dias depois de ter sido preso pela polícia.

É difícil saber quando tudo começa. E por isso é difícil saber como contar essa história.

Quando foi preso, Gomes, um segurança de hospital, confessou 39 assassinatos. O primeiro foi de Diego Martins Mendes, de dezesseis anos, em 2011. Segundo Gomes, os dois se conheceram num terminal rodoviário de Goiânia, e foram para a floresta transar antes de ele ser dominado pela raiva e estrangular o rapaz. Porém, o corpo de Diego nunca foi encontrado, e, em 2018, um juiz absolveu Gomes do assassinato. É um pouco como o gato de Schrödinger — Diego pode ou não estar morto, e Gomes pode ou não tê-lo matado.

Entre 2011 e 2014, Gomes diz que matou moradores de rua e prostitutas. Um deles era Thiago Fernandes de Carvalho, de 22 anos, que, em 11 de dezembro de 2012, levou dois tiros na cabeça enquanto dormia na esquina da avenida Independência com a rua 44, no centro de Goiânia. Outro era Marcos Aurélio Nunes da Cruz, de 34 anos, que dormia perto de um supermercado no bairro do Setor Coimbra quando foi assassinado. Em março de 2014, a garota de programa de vinte anos Taís Pereira de Almeida foi baleada e morta em Aparecida de Goiânia. Gomes foi condenado pelos três assassinatos. Aqui não há gato de Schrödinger.

Mas foi por pouco. Porque, na época, ninguém prestava muita atenção aos assassinatos de Thiago, Marcos ou Taís, além de seus amigos e familiares, se eles tivessem algum. Há mais de cinquenta mil assassinatos no Brasil a cada ano, e, no fim de 2018, havia mais de oitenta mil casos registrados de pessoas desaparecidas. Menos de 10% dos homicídios são resolvidos pela polícia, enquanto a maioria mal justifica mais de um ou dois parágrafos nas últimas páginas dos jornais ou alguns segundos nos noticiários da TV local. Ou talvez apareçam nos horríveis programas sobre crimes, muitas vezes acompanhados de imagens de um ou dois cadáveres salpicados de sangue, enquanto o apresentador grita "Que país é esse?". Depois, somem de vista, os arquivos são deixados para acumular pó num armazém esquecido, quase como se os assassinatos nunca tivessem acontecido. Em uma cidade como Goiânia, quem iria se importar, ou até mesmo notar, alguns sem-teto ou prostitutas sendo mortos? Além daqueles que lhes eram próximos, ninguém se lembraria das vítimas ou de como elas morreram.

Poucos prestaram atenção quando a estudante Ana Rita de Lima, de dezessete anos, foi morta, em 13 de dezembro de 2013, a um quarteirão de sua casa, no bairro de Vila Santa Tereza. Segundo testemunhas, o assassino se aproximou em uma moto preta, agarrou-a pelo braço, disse-lhe que era um assalto, e depois atirou e fugiu. A polícia trabalhou na hipótese de que o assassinato pudesse ter relação com o namorado da garota, que uma testemunha alegava ter reputação de violento, ou com uma disputa entre gangues de torcidas de futebol, as torcidas organizadas, com as quais Ana Rita estava envolvida, segundo rumores. Nem eles nem o público teriam muita esperança de que o caso fosse resolvido.

Mesmo quando, poucos dias depois, a estudante Ana Karla

Lemes da Silva, de quinze anos, foi baleada e morta por um homem numa motocicleta preta, no Setor Jardim Planalto, os moradores de Goiânia provavelmente tinham lido sobre o assassinato em seus telefones, computadores ou nos jornais, dado de ombros e voltado para o Facebook, para os resultados do futebol ou para o último escândalo de corrupção na política.

E quem pode censurá-los? A maioria dos assassinatos no Brasil envolve homens jovens negros e pobres das favelas ou das periferias maltratadas das grandes cidades, que muitas vezes estão envolvidos ou são vítimas de quadrilhas violentas de tráfico de drogas. Porém, o feminicídio também é comum — um relatório de 2019 da Comissão Interamericana de Direitos Humanos afirma que quatro mulheres são mortas no país todos os dias. Num lugar assim, quem iria reparar num assassino em série?

É difícil ligar os pontos quando há tantos deles.

Havia aquela moto preta, no entanto. Era uma pista? Tornou Gomes mais ou menos identificável?

As motos — a maioria delas pretas — estão por toda parte nas cidades brasileiras. Dúzias delas zumbem como insetos furiosos a cada sinal vermelho ou trocam de faixa em meio ao trânsito parado, enfurecendo os motoristas presos em seus carros. As motos são baratas. Podem passar pelas ruas sinuosas das favelas e pelos becos estreitos dos subúrbios da classe trabalhadora. Entregam refeições, documentos, comida para animais de estimação. Ser motoboy é um trabalho para centenas de milhares de brasileiros, enquanto os moto-táxis proliferam em muitas cidades menores.

Porém, as motos também são outra coisa. Elas são perigosas. Não somente para os quem as pilota, embora também para eles. Os assaltos são realizados por rapazes armados em motos, que permitem fugas rápidas. Para um olhar destreinado, a maioria das motos tem a mesma aparência, especialmente as pretas. Em uma motocicleta, você pode usar capacete e viseira, ficando irreconhecível. As motos são suspeitas. Um amigo meu na caótica e muitas vezes violenta cidade do Recife, no nordeste do Brasil, certa vez, chegou uma hora atrasado para me encontrar. Depois de pedir desculpas, ele me disse que não tinha conseguido encontrar o bar, e que as pessoas tinham ficado nervosas quando ele parou para pedir informações — porque era noite, ele era negro e estava em uma motocicleta.

A minha ex-namorada foi alvejada em uma moto. Ela foi atingida no pulso e no peito, mas sobreviveu. A amiga com quem ela estava, não. A moto parou quase em cima das duas, e o rapaz puxou uma arma e abriu fogo. Depois, a moto acelerou. Os assassinos nunca seriam apanhados. O crime tinha relação com o tráfico de droga, embora minha ex-namorada não estivesse envolvida. Mesmo assim, por ter sido testemunha do assassinato de seu amigo e de seu namorado, que foram baleados e mortos algumas semanas depois, ambos envolvidos com o tráfico, ela teve que sair da cidade. Então veio ficar comigo por alguns meses. Por um tempo, ela vacilava cada vez que ouvia o ronco de um motor de motocicleta. Porém, passado algum tempo, ela superou. As pessoas costumam fazer isso no Brasil. Não há muito mais a fazer. Por fim, ela começou a sair com um cara. Ele andava de moto.

A matança em Goiânia continuou. Em uma tarde de sábado, em janeiro de 2014, Bárbara Luíza Ribeiro, de catorze anos, estava esperando pela avó em um banco de praça, no bairro de classe média baixa do Parque Lorena, quando uma motocicleta preta parou ao seu lado. Ela pode ter pensado que o motoqueiro estava perdido e à procura de indicações. Ou, como no caso de Ana Rita de Lima, ele talvez tenha fingido que foi um assalto. Ela pode ter se preparado, com um suspiro mental resignado, para desistir de seus poucos bens — um celular barato, alguns reais. Porém, não seria tão simples. O assassino lhe deu um tiro no peito e fugiu.

Em 2016, Gomes foi julgado pelo assassinato de Bárbara e condenado a vinte anos de prisão. Nessa altura, já tinha sido considerado culpado de matar Ana Rita e Ana Karla também.

Em outubro de 2014, eu morava em Belo Horizonte, a cerca de oitocentos quilômetros de Goiânia. Estava no Brasil havia nove anos ensinando inglês, traduzindo, escrevendo, fazendo um pouco de jornalismo. Em julho, escrevi um artigo para um site de notícias americano sobre uma série de assassinatos não resolvidos, cometidos por um homem em uma motocicleta em Goiânia, onde morei por um ano. Nessa fase, já tinha havido mais de uma dúzia de assassinatos aparentemente semelhantes de jovens mulheres, em cerca de sete meses. No entanto, a polícia permanecia cética quanto à existência de um assassino em série, citando discrepâncias nas descrições das testemunhas sobre a motocicleta, as roupas e o físico do assassino. Além disso, bem, é o Brasil. Não se apanha assassinos em série aqui. Não muitos, pelo menos. Cinquenta mil homicídios por ano, claro, mas assassinos em série? Isso não.

No entanto, os assassinatos continuaram. Beatriz Cristina Oliveira Moura, de 23 anos, foi baleada e morta no dia seguinte a Bárbara, quando ia comprar pão.

Lílian Sissi Mesquita e Silva, uma dona de casa de 28 anos, foi assassinada quando ia buscar os filhos pequenos na escola, no dia 3 de fevereiro de 2014.

A assistente parlamentar Ana Maria Victor Duarte foi morta a tiros na frente do noivo e de uma amiga, em um bar, em março.

Wanessa Oliveira Felipe foi baleada nas costas em uma farmácia, em uma noite quente de abril.

Todas foram alvejadas por um homem em uma moto.

Há outros casos também.

Até então, as pessoas começaram a notar que muitas mulheres jovens estavam sendo mortas em Goiânia. Em agosto, manifestações de rua furiosas foram realizadas para protestar contra a falta de progresso da polícia. "Não acreditamos que haja uma política para vencer a violência em Goiás [o estado do qual Goiânia é capital]. Pelo contrário, há uma cultura de assassinatos de gangues... [matando] desabrigados, adolescentes, mulheres envolvidas com drogas, jovens negros, e agora essas jovens mulheres... sem nenhuma explicação dada pelo Departamento de Segurança Pública", anuncia Kelly Gonçalves, líder de uma organização de mulheres goianas.

Compreensivelmente, a frustração é maior entre amigos e familiares das vítimas. "Vamos à delegacia, e é sempre a mesma resposta: não há pistas, não há suspeitos. A investigação está em curso. Mas ele já matou quinze. Que tipo de investigação é essa?", um desesperado Carlos Eduardo Valczak, marido de Lílian Sissi, enfureceu-se diante da mídia brasileira.

Por fim, a polícia anunciou que uma força-tarefa especial seria formada para investigar dezessete crimes potencialmente relacionados, que haviam ocorrido naquele ano — o assassinato de quinze jovens mulheres, mais uma tentativa de assassinato, e o assassinato de um dono de loja do sexo masculino. Tudo por um homem em uma moto.

Na sexta-feira, 17 de outubro, eu estava em casa em Belo Horizonte, quando recebi um e-mail da editora de um tabloide britânico. Ela me diz que o correspondente do jornal está fora do país, e que precisam de alguém para cobrir uma história em Goiânia, de que um segurança de hospital, chamado Tiago Henrique Gomes da Rocha, foi preso e confessou ter matado 39 pessoas, na sua maioria mulheres. Não era um jornal conhecido pela sua profunda cobertura internacional, mas todos adoram uma boa história sobre assassinos em série.

Voei até Goiânia e me encontrei com Micheli, uma fotógrafa freelancer brasileira contratada pelo jornal. Visitamos alguns dos locais onde as mulheres tinham sido mortas, e eu entrevistei familiares das vítimas e os detetives envolvidos na investigação. Passamos um dia inteiro no centro de detenção onde Gomes foi mantido após sua prisão. Pouco depois de ser capturado, ele tentou cometer suicídio na cela, cortando os pulsos com uma lâmpada quebrada. Porém, os policiais de serviço o detiveram antes que sangrasse até a morte, e a assistência médica foi chamada para socorrê-lo. Um sargento nos mostrou as fotos dos pulsos ensanguentados de Gomes no seu iPad, e deixou Micheli tirar fotos delas.

Enquanto nos preparávamos para ir embora, o advogado de Gomes, Thiago Huascar, passou por nós na recepção, com a arrogância de um Saul Goodman subtropical. Um dos policiais lhe disse quem éramos e o nome do jornal. Huascar sugeriu uma entrevista.

"Ele [Gomes] quer ser famoso", diz ele por trás de grandes óculos escuros. "Já fez a pesquisa. Acha que está em quarto lugar na lista de assassinos em série brasileiros."

"Está bem", respondi.

"Ele é louco", resmungou Huascar, antes de desaparecer na área além da recepção. Atrás dos seus óculos de sol, imaginei que ele piscou.

Olhei para Micheli. Ela concordou.

Ouvimos Huascar cumprimentar seu cliente na cela.

"Como vai, Tiagão?", gritou ele.

Logo depois, ele se retiraria do caso, supostamente por causa de uma disputa sobre honorários advocatícios.

Não muito longe do Parque Lorena, onde Bárbara Luíza Ribeiro foi morta, fica a rua Potengi, uma rua tranquila, um pouco desordenada, no subúrbio de Goiânia. É um bairro como muitos na periferia brasileira, como são conhecidas as áreas urbanas de classe baixa — pequenas casas malconservadas, escondidas atrás de paredes pichadas, calçadas rachadas, o cheiro de um antigo sistema de esgoto. Na rua principal, há bares, oficinas de automóvel e lojas de material de construção. Em algum lugar, a música típica do Centro-Oeste brasileiro, o sertanejo, uma variante adocicada da música country, brota do som de um carro.

Em 28 de janeiro de 2014, dez dias após a morte de Bárbara, Arlete dos Anjos Carvalho, uma estudante de catorze anos, foi morta a tiros por um motociclista.

"Eles [a polícia] perguntaram se ela estava envolvida com prostituição. Eles nunca vieram à nossa casa para nos perguntar o que pensávamos", contou-me Rita Carvalho, madrasta de Arlete, quando visitei a família, num lote de casas construídas pelo governo, espalhadas e inacabadas, na pequena cidade de Goianira, dentro dos limites da área metropolitana de Goiânia. As pequenas casas brancas flutuam, como ilhas, em meio a um mar de terra cor de ferrugem. A família se mudou para lá, pouco depois de Arlete ter sido assassinada.

Quem ia se importar com a morte de alguns sem-teto ou prostitutas?

"Ela adorava dançar. Ouvia música no quarto noite e dia", disse Rita, na sala da casa da família, sob uma luz fluorescente brilhante. A sala era dominada por um enorme retrato da enteada e uma televisão gigante.

"Ela era tão bonita", falou Raimunda, a avó de Arlete.

"Agora ela será bela para sempre, lá em cima com Deus."

"Só quero falar com ele uma vez", confessou Francisco, o pai da menina, com uma voz resignada e tranquila. "Para perguntar por que fez isso. Tal como qualquer pai faria."

E vamos embora. Enquanto nos afastávamos em direção a Goiânia, atravessando as ruas não pavimentadas do loteamento, olhei para trás e vi a família de Arlete na porta, silenciosamente vendo nossos faróis traseiros desvanecerem na noite escaldante. E pensei em Gomes e sua motocicleta preta, desaparecendo entre todas as outras motos pretas de Goiânia. Assim como suas vítimas desapareceriam entre todas as outras vítimas de assassinato no Brasil. Lembradas, como Arlete, apenas por amigos e familiares.

Ana Lídia Gomes foi a última das vítimas de Gomes antes de ele ser preso.

Ela tinha catorze anos e foi morta em 2 de agosto de 2014, no subúrbio de Goiânia, em Morada Nova, enquanto esperava por um ônibus para uma feira de artesanato, onde ajudaria a mãe com a barraca da família. As câmeras de segurança da polícia a filmaram no caminho do ponto, seguida pouco depois por uma motocicleta preta. No vídeo, o sol é tão brilhante que a rua parece ter sido pintada de branco. Pouco depois, a mesma moto é vista passando em alta velocidade na direção oposta. Ana Lídia está morta.

Porém, antes de Ana Lídia, há Janaína Nicácio de Souza, de 24 anos, morta em um bar no bairro Jardim América, no dia 8 de maio. E, no mesmo dia, Bruna Gleycielle de Sousa Gonçalves, assassinada enquanto esperava um ônibus, ao voltar do trabalho.

Há Carla Barbosa Araujo, de quinze anos, baleada e morta em 23 de maio de 2014, em um banco de jardim com a irmã. Poucas semanas depois, Isadora Aparecida Candida dos Reis, também de quinze anos e uma apaixonada por capoeira, é assassinada enquanto caminha para casa com o namorado. Há outras também. Sempre há no Brasil.

Não é fácil obter permissão para entrevistar um assassino em série, numa cela da polícia. Havia dias, equipes de TV de emissoras brasileiras estavam acampadas fora da casa de detenção, tentando ter acesso a Gomes.

"O Ministério Público proibiu mais aparições na mídia", disse Eduardo Prado, o chefe de polícia da força-tarefa que prendeu Gomes. Isso foi no dia seguinte à minha conversa com Huascar, e estávamos sentados no escritório de Prado. Uma grande Bíblia, encadernada em couro, dominava a mesa do detetive.

Porém, também é muito mais fácil do que deveria ser.

"Me deixe ligar para meu chefe e ver se podemos abrir uma exceção", disse o jocoso Prado, piscando. E, depois de um longo telefonema, o chefe dele aprovou. Goiânia, que está muito longe dos focos da mídia brasileira no Rio de Janeiro e em São Paulo, parecia um pouco estressada por toda a atenção que recebia.

Depois, esperamos que Gomes ficasse apresentável. Era quase meio da manhã, e a temperatura subia. O calor em Goiânia é sufocante e consome energia. Torna tudo — inclusive falar e, às vezes, até mesmo pensar — difícil, e dá às coisas uma qualidade soporífera, até mesmo sonhadora.

"Ele é muito vaidoso", explicou Prado. "Pediu um pente para arrumar o cabelo, e uma camisa bonita. Ele disse que quer ficar bonito para as fotos. Também queria fazer a barba, mas há um limite, ha-ha!"

"Ha-ha", respondi.

Prado contou que Gomes ficava tenso e irritado com as mulheres, e exigia que elas saíssem da sala antes que ele falasse. Então Micheli prendeu o cabelo e colocou um boné de basebol. Esperamos mais alguns minutos, e depois, sem qualquer tipo de cerimônia —, Gomes foi conduzido lentamente para dentro da sala por quatro policiais grandes e fortemente armados e com coletes à prova de balas. Ele se sentou em uma cadeira em frente à mesa de Prado, e olhou ao redor. Era o "Maníaco de Goiânia", como os jornalistas locais o chamariam, mas Gomes não se parecia muito com um maníaco. Ao contrário, era mais uma versão mais corpulenta e menos bem-cuidada de Ben Affleck, embora Ben Affleck não costumasse ficar cercado por quatro policiais brasileiros armados enquanto dava entrevistas.

Seus olhos cintilaram, focando cara a cara, objeto a objeto, nunca descansando em uma coisa por muito tempo.

“Nada de filmagens”, falou.

“Tiago! Eu disse, não foi? Sem câmeras”, disse Prado. “Não confia em mim? Você tem que confiar na polícia!” Enquanto falava, empurrou as mãos para a frente, palmas para fora, num gesto de inocência debochada.

Por fim, Gomes ficou satisfeito por não haver câmeras na sala.

Mas ainda não estava feliz.

“Há muitas pessoas aqui.”

“Quer dizer mulheres?”, indagou Prado.

“Não tem nada a ver com isso”, resmungou Gomes.

No entanto, os policiais agrupados perto da porta se moveram, e algumas pessoas saíram da sala.

Finalmente, Tiago Henrique Gomes da Rocha, o assassino em série de Goiânia, estava pronto para falar. E a primeira coisa de que falamos foi sobre filmes.

“De que filme você gosta, Tiago? Eu gosto de *E o Vento Levou*... E os filmes policiais? *Duro de matar*? *Rambo*?”, perguntou Prado, para quebrar o gelo. Como se fosse em uma festa, ou para começar uma venda.

Todos na sala riem.

“Esse. *Duro de matar*”, falou Gomes. Sua fala era suave e educada. Quando ele falava, fazia contato visual por um breve segundo, antes de seu olhar deslizar para o chão ou para as paredes, como se estivesse tímido ou nervoso.

“E *Halloween*?”, sugeriu Prado. “E aquele outro... *Pânico*? Gosta de filmes malucos, não é, Tiago?” O tom dele era bem-humorado.

"Não", respondeu Gomes, olhando para o chão. "Tenho gostos bastante ecléticos."

Poderia ser uma conversa em um bar ou café, em qualquer lugar do mundo, se não fosse tão embaraçoso e desajeitado. E se não houvesse policiais armados.

Na época da morte de Ana Lídia, rumores de um assassino em série que percorria as ruas começaram a correr em Goiânia. De repente, até mesmo uma cidade tão acostumada à violência como aquela fica paralisada pelo medo. Há histórias de mulheres pegando táxis, em vez de caminharem, desde os portões do seu local de trabalho ou da universidade até seus carros estacionados a poucas centenas de metros, ou prendendo o cabelo em rabo de cavalo para não atrair a atenção do assassino (a maioria das vítimas de Gomes tinha cabelo comprido).

Os bares e restaurantes normalmente movimentados da cidade ficaram em silêncio enquanto as pessoas, aterrorizadas com a perspectiva de se tornarem a próxima vítima do assassino da motocicleta, optaram por ficar em casa.

"As vendas estão em baixa", disse a vendedora Cristina Ribeiro a uma emissora de TV brasileira. "Eu costumava ter clientes à noite, mas agora ninguém quer sair. É perigoso demais."

"Eu rezo toda vez que vou à academia. É assustador, especialmente porque o último assassinato foi por perto", contou a jornalista Kamila Borges Fabino, que mora a apenas três ruas do local onde Ana Lídia foi assassinada.

O zumbido de uma motocicleta, outrora parte familiar do cenário de Goiânia, torna-se um som sinistro, até mesmo aterrador. "Para mim, qualquer um deles pode ser suspeito", disse a funcionária pública Luciene Ferreira, de 44 anos, acrescentando que não permitia mais que a filha de treze anos saísse à noite.

"O comportamento das pessoas mudou", comentou o motorista de ônibus Gean Carlos dos Santos, dono de uma motocicleta preta como a usada nos assassinatos. "Quando eu encosto ao lado de um carro, reparo que as pessoas fecham as janelas e trancam as portas."

Aquela moto preta outra vez.

No escritório de Prado, o ar-condicionado sibilava de forma manhosa, mas pouco podia fazer contra o opressivo calor da tarde. Gomes falava de forma monótona, suave e sem alterações, aumentando o clima sonolento. Eu sentia que, se fechasse os olhos, poderia me afastar, talvez até sonhar.

"Eu tive uma infância normal", contou Gomes. "Como qualquer criança. Mas depois fui abusado [sexualmente] por um vizinho, duas vezes, quando eu tinha doze anos. Ele ameaçou me matar se eu contasse. Eu vivia com meus avós na época. Não havia ninguém a quem contar."

Ninguém disse nada durante algum tempo. É como se ninguém quisesse considerar que Gomes também poderia ter sofrido de alguma forma. Que ele poderia merecer nossa simpatia.

"O que aconteceu depois disso? O que mudou em você?", perguntei. Ou pelo menos achei que perguntei. Ouvi minha voz, mas parecia ser outra pessoa falando.

"Eu me senti... como se fosse nada", confessou Gomes. "Vazio. Foi quando tudo começou."

Acenei como se entendesse. Como se "tudo" significasse perder a calma de vez em quando, e não atirar em dezenas de pessoas.

Gomes disse que foi intimidado na escola, talvez por causa de sua tranquilidade e de seu isolamento. Previsivelmente, ele não tinha muitos amigos, mesmo quando saiu da escola e começou a trabalhar.

Alguém na sala (não sei quem) perguntou o que fazia no seu tempo livre — presumivelmente antes do seu hobby se tornar matar pessoas.

"Beber", contou Gomes. "Comecei devagar, e depois ficou pior."

"Onde você bebia?", indaguei. "Em casa ou em bares?" Mais uma vez — podia ser o calor, ou o fato de eu estar entrevistando um assassino em série —, experimentei a ligeira sensação de estar fora de meu corpo, como se estivesse me observando de cima, ou ouvindo uma gravação de mim mesmo. Porém, achei importante imaginar Gomes quando ele passou de cidadão cumpridor da lei a assassino. Será que ele andava de um lado para o outro nos quartos da pequena e modesta casa onde vivia, murmurando para si mesmo, abrindo e fechando as mãos? Atirava latas de cerveja na parede? Ou se sentava em bares, olhando para casais se beijando e para os grupos de amigos? Ou olhando amuado para o mundo cintilante, feliz e ensurdecedor dos cantores sertanejos na televisão? Eu queria encontrar algum tipo de ligação com algo que conhecia. E, vivendo no Brasil há nove anos, você conhece bem os bares brasileiros.

"Principalmente em bares", disse Gomes. "Às vezes no posto de gasolina."

Isso eu podia imaginar — cadeiras e mesas de plástico amarelo, o gelo, a garrafa de cerveja, seu vidro marrom fosco na geladeira. Os pequenos copos americanos. Ou copo, no caso de Gomes, pois estava sempre sozinho.

"Você bebeu antes de matar alguém na primeira vez?", perguntei.

"Sim", falou Gomes. Ele se sentou com as pernas afastadas e os braços dobrados no que, num cenário diferente, poderia ser uma pose descontraída. Porém, mesmo ali, com as mãos dos policiais à nossa volta sempre perto das armas, ele não oferecia muita ameaça ou muito perigo. Ele não se parecia tanto com um assassino louco, mas sim com um convidado desconfortável, no fundo de uma fotografia de casamento de família.

Gomes cresceu em uma rua tranquila em Vera Cruz, outro bairro operário de Goiânia, onde, como grande parte da cidade, as ruas e calçadas rachadas e asfaltadas estão manchadas com a terra cor de ferrugem do Centro-Oeste brasileiro. Ele foi criado pela mãe e, quando ela estava fora trabalhando como faxineira, ficava com a avó. O que acontece muito no Brasil, onde os pais muitas vezes são ausentes, e as mães forçadas a trabalhar longas horas para conseguir pagar as contas.

"Ele não falava muito, mas era educado", contou Carmen Costa, uma vizinha, enquanto se sentava do lado de fora de casa, esperando uma brisa fresca para aliviar o sufocante calor da tarde. "Ele trabalhava cedo e chegava tarde em casa. Quase morri de susto quando descobri que era ele." Outra vizinha, Maria Rosa, 42 anos, concorda. "Houve um dia em que ambos saímos para trabalhar ao mesmo tempo", lembrou-se ela, enquanto as frondosas e empoeiradas palmeiras de aspecto cansado chocalhavam acima de nossas cabeças. "Alguém tem de trabalhar, suponho", falei, brincando. Mas depois ele me seguiu até a esquina da rua. Fiquei muito nervosa", acrescentou, olhando para as barras do intimidante portão cinza em frente à casa de Gomes.

Por fim, a conversa no escritório de Prado abordava os homicídios. Gomes disse ter experimentado sentimentos de tremenda raiva desde que foi abusado quando jovem. Mas o que tinha mudado desde aquilo e seu primeiro assassinato, em 2011, além da bebida? Por que ele tinha passado tanto tempo sem matar ninguém, e depois embarcado naquela onda de assassinatos?

"Eu tinha essa raiva dentro de mim. E estava muito sozinho... comecei a pensar em coisas malucas... sempre acabamos chegando no limite... estamos assustados... mas não temos escolha, temos que fazer... temos que arriscar."

Todas as suas respostas eram dadas no mesmo tom, como se estivesse pedindo pão na padaria local. Como se estivesse pensando em outra coisa, algo mais importante. As perguntas vinham de todos na sala — Prado, Micheli, ocasionalmente um dos policiais de guarda. É a maneira brasileira, todos falando ao mesmo tempo, mantendo as coisas em movimento, evitando o pavor do silêncio — mesmo que a conversa seja sobre assassinos em série e meninas e mulheres mortas. Fiquei preocupado, achando que Gomes, intimidado, se calaria, mas ele continuou falando, mesmo que suas respostas fossem curtas.

"Mas existem outras formas de controlar esse tipo de frustração, não? Como médicos e psicólogos?", perguntei.

"Nunca tentei isso", murmurou Gomes.

"Há pessoas que esmagam coisas, quebram um prato, esse tipo de coisa. Quando estou estressado, disparo para o teto. Não gosto muito dos meus vizinhos.,, ha-ha", brincou Prado. "Por que foi matar pessoas?"

"Do jeito que as coisas estão na sociedade de hoje... as pessoas só pensam em si mesmas, ninguém ajuda ninguém", falou Gomes, piscando e olhando de um lado para o outro da sala.

"Ficou enojado com a sociedade?", perguntou Prado.

"Sim."

"E se sentiu rejeitado por ela?"

"Talvez."

Ao longo da entrevista, Prado se apoiou na mesa com uma grande Bíblia. Gomes disse em seu depoimento que ia à igreja, às vezes. Perguntei se ele acreditava em Deus.

"Sim, acredito, mas a força dentro de mim era maior do que a minha fé."

Ele alguma vez pensou nas consequências das suas ações em termos religiosos?

"Claro que sim. Mas só Deus me pode julgar. Só ele sabe o que se passava dentro de mim", murmurou ele.

Esse era um tema recorrente no discurso de Gomes: sofri abusos; havia uma força dentro de mim, uma raiva incontrolável; só Deus sabe o que se passava dentro de mim. Em outras palavras: "Não é minha culpa; eu estou doente, ou fui movido por forças maiores do que eu". Perguntei se ele se sentia uma vítima de alguma forma.

Ele assentiu. "Sim", respondeu.

Um raro silêncio se instalou na sala. As pessoas não gostam, ao que parece, quando um assassino em série se descreve como uma vítima.

Segundo Prado, Deus também desempenhou um grande papel na captura de Gomes.

Antes de chegarmos a isso, ele explicou que negar a existência de um serial killer sempre fez parte do plano da polícia.

"Dissemos ao público que não achávamos que fosse um assassino em série, porque não queríamos criar pânico ou fazê-lo se esconder", disse ele. "Mas sabíamos que o mesmo homem era responsável por todos os assassinatos. E sabíamos que íamos prendê-lo."

Não sei se acreditei nele, embora, claro, não tivesse razões para não acreditar.

Segundo o detetive, a captura do assassino deveu-se aos esforços hercúleos da força-tarefa. "O mesmo homem foi descrito como tendo roubado seis drogarias", explicou. "Testemunhas disseram que ele era muito legal e tímido, tinha um olhar penetrante e não gritava. Havia filmagens em vídeo de três dos assaltos, e, em todos, o ladrão estava de preto, com uma mochila preta e capacete".

Essa descrição batia com as imagens da câmera de segurança e as descrições de testemunhas de alguns dos assassinatos, além de coincidir com a de um homem filmado roubando uma placa de moto, em um estacionamento de supermercado — mais tarde, verificou-se que Gomes havia substituído a placa de sua motocicleta pelas roubadas para evitar a detecção por câmeras de segurança.

A polícia disse que falou com mais de duzentas testemunhas dos assassinatos e roubos, e analisou 576 placas, cinquenta mil fotografias de infrações de trânsito e mais de trezentas horas de filmagens de câmeras de segurança. Finalmente, eles passaram a acreditar que já sabiam como era o assassino, e até realizaram exames de análise de postura para garantir que o homem filmado pelas câmeras fosse sempre o mesmo. No entanto, como ele usava placas roubadas, parecia haver poucas chances de encontrá-lo em uma cidade com mais de um milhão de pessoas na época e milhares de motocicletas.

Foi aí que Deus entrou, de acordo com Prado.

> "Por fim, reunimos todos os 120 oficiais envolvidos na investigação, e decidimos rezar juntos, pedir a ajuda de Deus. Terminamos nossa reunião às sete e quarenta da noite, em 14 de outubro. Dez minutos depois, os policiais do primeiro carro a sair da estação em patrulha ligaram, e disseram ter visto um homem parecido com o nosso suspeito."

Quando os policiais ordenaram que parasse, Gomes confessou imediatamente os assassinatos das jovens, mas não parou por aí. Quando terminou de falar, havia admitido um total de 39 assassinatos, tornando-se um dos assassinos em série com mais vítimas do Brasil.

Foram os assassinatos das jovens em 2014, e não os dos sem-teto, que atraíram a atenção da mídia e do público, e acabaram forçando a polícia a agir. Como resultado, muito foi falado sobre a relação de Gomes com o sexo oposto.

"As pessoas dizem que você tem problemas com as mulheres, que não gosta delas", falei.

"Acho que tenho uma espécie de bloqueio mental", contou ele. "Tenho dificuldade em falar com elas."

Uma ex-amante de Gomes, que havia vivido com o marido em uma casa em frente à do assassino, conversou com o jornal *Folha de S.Paulo* sobre o relacionamento deles. "Ele era calado e tímido na cama", contou ela. "Ele me pedia para ir mais devagar." Obviamente, então, Gomes não é virgem e já teve namoradas no passado. No entanto, a polícia e os jornais dizem que ele age com desconforto, até mesmo hostilidade, diante das mulheres.

"Não, isso não é verdade", falou Gomes.

"Mesmo assim, suas vítimas eram todas mulheres. Em um dos assassinatos, em um bar, havia homens e mulheres. E só matou a mulher. Por que sempre mulheres?", quis saber Prado.

"Talvez seja por causa do bloqueio mental que tenho com elas", disse Gomes.

"Você foi rejeitado quando era mais jovem? Acontece muito, e pode irritar, especialmente quando vê seus amigos com garotas", sugeriu Prado.

Gomes não respondeu.

"Você já foi violento com mulheres no passado?", questionou Prado, insistindo no assunto.

"Não sou esse tipo de pessoa", falou Gomes, com raiva nos olhos. Foi a primeira vez que mostrou qualquer tipo de emoção.

"Claro, claro", acalmou Prado. "Só quando está zangado, certo? Você é um bom rapaz, Tiago."

"Não sou uma pessoa violenta", falou Gomes, com veemência, quase alegremente.

Foi Micheli, a fotógrafa, quem fez talvez a questão mais pertinente daquela longa e quente tarde.

"Como se sente sobre tudo o que aconteceu?"

Há uma longa pausa.

"Lamento tudo", respondeu Gomes, por fim, olhando para a parede atrás de Prado. "Quero pedir perdão."

"E se fosse perdoado e libertado, acha que se controlaria?", questionou Prado.

"Com ajuda, talvez", falou Gomes.

"Muitos assassinos em série não sentem arrependimento e são descritos pela mídia como monstros", falei. "Você é assim? Ou acha que é uma pessoa normal que foi para o caminho errado?"

"Eu não sei. Quando cometi os crimes, saí de mim... era como se já tivesse deixado o lugar em que estava."

"Como se fosse outra pessoa no seu corpo?", perguntou Prado.

"Sim", diz Gomes, tão baixo que está quase sussurrando.

"Você chorou alguma vez?", quis saber Micheli.

"Sim." Gomes olhou para o chão. "Quando cheguei em casa, depois."

Decidi perguntar sobre sua tentativa de suicídio após a detenção.

"Tentou se matar há uns dias", disse eu. "Como chegou a esse ponto?"

"Pensando no que eu fiz", a resposta veio no mesmo tom monótono e entediado.

"As pessoas dizem que você é um assassino em série, Tiago. Você se considera um assassino em série?", perguntou Prado.

"Eu não sei. Estava apenas sendo eu mesmo, fazendo o que parecia natural", falou Gomes.

"E o futuro, Tiago?", perguntei. O nosso tempo estava quase acabando, e senti um crescente alívio. "Faria tudo de novo? O que espera para você?"

"Só quero saber o que há de errado comigo", murmurou ele, antes de ser levado de volta à escuridão de sua cela, com a cabeça curvada, não fazendo contato visual com ninguém.

É algo sobre o qual ele vai ter muito tempo para pensar. Nos anos seguintes à sua prisão, Gomes foi considerado culpado em 29 dos julgamentos que enfrentou. Na maioria dos casos, ele foi condenado a vinte ou mais anos de prisão, totalizando uma pena de mais de seiscentos anos.

Deus ressurgiu num dos primeiros julgamentos, pelo assassinato de Janaína Nicácio de Souza, a jovem morta em um bar, em maio de 2014. Em carta ao juiz, Gomes escreveu: "Conhecer-se a si mesmo é talvez o nosso maior desafio", antes de passar a descrever o estado de espírito ao cometer alguns dos assassinatos. "Às vezes eu saía bêbado e realmente hipnotizado. Depois de ver a vítima, era como se eu ficasse cego, e só recuperava a consciência ao fugir."

O ponto principal da carta, porém, parecia ser pedir perdão aos entes queridos de suas vítimas. "Hoje peço o perdão das famílias que magoei, se é o que Deus quer", escreveu.

No dia de sua transferência do centro de detenção para a prisão, ele chutou um fotógrafo de jornal, apesar de estar cercado por guardas fortemente armados. E, ao chegar à prisão, segundo a polícia, gritou que ia matar seus companheiros de cela. Sem surpresa, isso foi enfrentado com ameaças recíprocas por parte dos reclusos. Desde então, porém, ele não tem mostrado mais sinais de agressão. "Ele segue uma rotina normal. Come e pega sol por algum tempo. Está sendo monitorado por psicólogos e não demonstrou nenhum comportamento agressivo", informou o gerente penitenciário Leandro Ezequiel à mídia brasileira na época em que Gomes foi preso.

Em setembro de 2018, a mídia brasileira noticiou que Gomes planejava se casar com Jéssica Alves dos Santos, de 21 anos, uma presidiária da ala feminina do presídio Aparecida de Goiânia. Na época em que a história foi a público, os dois não tinham se conhecido pessoalmente — Jéssica, presa por roubo à mão armada do motorista Uber Lindimar Ferreira Santos, em 2016, durante o qual Santos foi esfaqueado e morreu, é uma das dezenas de mulheres que enviaram cartas de amor a Gomes durante o tempo em que ele esteve naquela prisão.

Todos adoram uma boa história de serial killer.

O casamento ainda não se realizou, segundo as autoridades prisionais, por causa de questões administrativas.

Algumas coisas aconteceram após a entrevista com Gomes. Ao ver a Bíblia na mesa de Prado, Micheli perguntou se ele era um homem de fé. Prado confirmou. Micheli perguntou, então, se ele gostaria de se juntar a ela numa oração para dar graças a Deus por lhes ter dado saúde e segurança e por ter lhes permitido fazer seu trabalho. Prado disse que sim. Eles ficaram juntos no meio da sala, não muito longe de onde Gomes tinha estado sentado, rodeado de registros de assassinatos. Depois, apertando as mãos um do outro, rezaram fervorosamente enquanto eu, sentado e com a cabeça baixa, pensava no quanto eu gostaria de sair dali.

Voltei para o hotel e enviei minha história. A redatora do tabloide britânico pareceu gostar, embora não estivesse muito contente com as fotos de Micheli da delegacia de polícia e de Gomes.

"O que há de errado com elas?", perguntei.

"Bem, normalmente gostamos que nossos repórteres entrem na foto com as pessoas da história. Sabe, para mostrar que estavam lá", respondeu.

"Certo. Então queria que eu aparecesse na foto com Gomes?"

"Sim. Isso não foi possível?"

"Devia ter tirado uma foto com um assassino em série rodeado por guardas da polícia fortemente armados?"

"Sim. Não podia?"

"Na verdade, não", respondi. Por um momento, imaginei como seria posar ao lado de Gomes para uma foto. Eu teria posto o meu braço em volta dele? Teríamos todos feito um sinal com o polegar para cima?

"Ah, bem... Não importa. Talvez da próxima vez."

Talvez da próxima vez.

Deixei o Brasil para sempre, alguns anos depois. Agora, vivo em Londres, onde, ao contrário de Goiânia, muitas vezes está frio. Não há tantas motos (ou, pelo menos, são menos visíveis) e há menos homicídios. Tiago Henrique Gomes da Rocha e as memórias e histórias de Arlete Carvalho, Bárbara Luíza Ribeiro, Ana Lídia Gomes e todas as outras jovens que ele matou parecem estar a uma vida ou a um mundo de distância.

Tão longe, é como se tudo isso nunca tivesse acontecido.

O ESTRANHO NA PRAÇA

DANUTA KOT

Esta história é sobre algo que me aconteceu em Sheffield, uma cidade no norte da Inglaterra, em meados da década de 1970. Era o fim de maio de 1975 quando conheci um estranho na praça Havelock, numa área de Sheffield conhecida como Broomhall, cujo nome vem de uma sala de concertos do século XV, que ainda se encontra no centro do distrito. Broomhall, outrora uma região rica, rodeada de casas de magnatas do aço, tinha decaído por causa de tempos difíceis, e se tornara uma área conhecida por altos níveis de criminalidade, violência e prostituição.

Era uma noite fria de fevereiro, e eu caminhava para casa. Devia ser hora de fechar, pois as pessoas estavam saindo dos pubs. Andei do centro da cidade até West Street, uma rua popular entre os estudantes locais. Estava frio, mas eu não vestia um casaco. Nunca me preocupava com casacos naqueles dias. Eu não sentia muito o frio e, de qualquer forma, estava muito falida para desperdiçar meu dinheiro naquilo que parecia ser uma peça de vestuário fútil.

Carros subiam e desciam a rua, carros da polícia assim como carros de pessoas que tinham saído à noite. Os homens abaixavam as janelas dos carros, assobiando e chamando as mulheres. Grupos de homens bêbados nas calçadas gritavam comentários sexuais a qualquer mulher que passasse. Havia uma arrogância no ar que dizia que aquilo poderia levar à violência.

Eu estava andando rápido, e devia parecer chateada — não pelo comportamento dos homens, que é parte da vida. Passei pelo hospital e olhei para uma das janelas do primeiro andar, protegida por um vidro opaco. Ali tinha sido onde eu havia passado a maior parte da minha noite até que, não aguentando mais, tinha saído e vagado pelas ruas por um tempo.

Agora, eu estava caminhando para casa contra o fluxo de pedestres, que iam para a cidade continuar sua noite de sábado. Os homens fizeram seus comentários habituais à medida que eu passava. Não prestei atenção — o que eu esperava naqueles dias, andando pelas ruas sozinha? Um homem se ajoelhou no chão, na minha frente, e tentou olhar por baixo da minha saia. Por que não lhe dei um chute na cara? Porque provavelmente quebraria o pé com todos os pontapés que teria que dar para conseguir andar de um lado para o outro da rua.

De qualquer forma, eu estava pensando em outras coisas.

Atrás daquela janela do hospital estava a unidade de terapia intensiva onde meu namorado, "meu parceiro", eu diria hoje, estava lutando para sobreviver. Uma úlcera perfurada mal diagnosticada quase o tinha matado. Após dois dias piorando, Brian havia tido um colapso total e, quando os cirurgiões chegaram, ele sofria de peritonite e septicemia. Ele sobreviveu à operação, mas sua vida estava em risco.

Lembro-me daquela primeira noite em que tentei absorver o que o médico tinha acabado de me dizer. Ele me chamou até seu consultório e disse muitas coisas sobre a operação, o estado em que Brian estava quando chegou, e como estava naquele momento. Porém, ele não me disse o que eu queria saber. Eu perguntava, "Mas ele vai ficar bem, não vai?", e o médico não me falava nada. Ele não me deu a resposta que eu esperava ouvir, apesar de eu ter lhe dado várias oportunidades. "Mas ele vai ficar bem, não vai?"

Até eu perceber que Brian não ia ficar bem. O médico estava me dizendo que havia uma grande chance de ele morrer. Sentei-me junto à cama de Brian. Ele não estava consciente o suficiente para falar, mas apertou minha mão uma ou duas vezes, então sabia que eu estava lá. Foi a última vez que fomos capazes de nos comunicar por muito tempo.

Para os entes queridos dos pacientes, a doença catastrófica grave consiste em momentos de puro terror, estresse contínuo, preocupação e, inversamente, momentos de tédio profundo. Lembro-me de estar sentada junto à cama de Brian, segurando sua mão, sem saber se, em meio ao coma em que estava desde aquela primeira noite, ele sabia que eu estava lá. Falei com ele, toquei a música que ele gostava, dos Dubliners, com o chiado do ventilador acompanhando adequadamente as melodias alegres, o violino e as vozes fortes.

E, às vezes, como naquela noite, eu fugia.

Não era que a minha vida fosse estável. Não era. Era uma confusão. Alguns anos antes, eu tinha conhecido, me casado e deixado um homem abusivo. Estava lutando para educar nosso filho, que ainda era muito pequeno, sem dinheiro, sem casa própria e com poucas expectativas. Minha vida era caótica, e eu também, sem nenhuma direção ou plano real.

Naquela noite de inverno, me senti no fundo do poço. Eu não queria mais lidar com aquilo, mas não havia alternativa que pudesse aceitar.

Então, lá estava eu, caminhando na noite de inverno, incomodada por bêbados, em direção a uma casa temporária onde meu filho e eu estávamos amontoados em um pequeno quarto, sem privacidade ou vida própria. E, no hospital, os médicos não tinham muita esperança. Estávamos todos à espera e, às vezes — serei honesta —, eu quase queria que o fim chegasse, que tudo chegasse à conclusão esperada, sem mais espera.

E senti pena de mim mesma? Pode acreditar que sim.

Vamos avançar algumas semanas: as coisas começavam a melhorar. Brian ainda estava no hospital, mas progredia. Passei as noites à beira de sua cama, à espera do que parecia ser um fim inevitável, dormindo pouco, temendo que o telefone tocasse às quatro da manhã, até que, aos poucos, a ameaça de sua morte diminuiu, e ele começou o longo processo de convalescença, ainda na unidade de terapia intensiva do hospital, porque, apesar de estar em recuperação, tinha uma ferida aberta no estômago que não cicatrizaria.

Brian era um homem pequeno, rijo, não muito mais alto que eu, de aparência muito irlandesa, pele clara e cabelo escuro e encaracolado. Tinha um senso de humor perverso e irreverente. Como eu, ele era um vagabundo sem objetivos reais na vida; se movia com as correntes; sua vida era caótica. Fomos atraídos um pelo outro, e desastrosos um para o outro. Brian, com sua infinita rejeição pela autoridade e pela conformidade, eu, com um complexo de Groucho Marx do tamanho da Torre Eiffel. (Esse homem diz que se preocupa comigo e gosta de mim? Deve haver algo muito, muito errado com ele).

Sua doença, todo o choque repentino de seu colapso e a corrida para o hospital e a cirurgia tiveram uma compensação. Tudo isso nos deu uma chance de ter estabilidade e uma compulsão pela verdade, algo que estar quase partindo dessa para melhor tende a promover. Deixamos de jogar jogos perigosos e destrutivos com nosso relacionamento, a que as pessoas perturbadas são propensas, e começamos a ser honestos.

Durante esse tempo tranquilo de sua recuperação, com Brian

em um quarto particular, aproveitamos o fato de estarmos juntos, com todas os nossos compromissos colocados de lado. Nós nos deitávamos juntos na cama (estritamente proibido no hospital, mas o pessoal era muito compreensivo conosco), conversávamos, víamos televisão, ouvíamos música, ou ficávamos calados. Brian ainda dormia muito. Para ser honesta, não pensávamos muito no futuro. Apenas desfrutávamos daquele tempo: uma espécie de tempo longe da realidade mais difícil com que teríamos que lidar quando ele deixasse o hospital. De certa forma, vivíamos em um casulo.

Ou, talvez, em uma bolha.

Porque, no mundo fora do hospital, algo muito obscuro crescia. Não havia sinais disso, não havia nuvens escuras metafóricas no céu, não havia areia descendo por uma parede de represa prestes a explodir. O que veio, veio de um céu limpo.

Em um mundo onde as vítimas de estupro eram fotografadas e seu suplício eram descrito em detalhes nos jornais para o público, onde revistas estudantis publicavam desenhos animados para entreter seus leitores, onde o assassinato de certas classes de mulheres era tão comum que mal notávamos, onde os homens não hesitavam em incomodar as mulheres em seus negócios, o estranho foi que uma série de assassinatos sangrentos de mulheres nos pegou de surpresa.

Para mim e para Brian, aquele tempo foi suficiente. Era feito de dias bons, dias muito bons e feriados, e, na época, era tudo de que precisávamos.

Até eu conhecer aquele estranho.

Estamos no final de maio, quase no início do verão. Deve ser bem depois das nove da noite, porque estou a caminho de casa depois de visitar um pub, após sair do hospital para tomar uma bebida com amigos, e as luzes estão se apagando. Tomei cuidado com minha aparência — sempre me visto para compensar Brian pelo fato de estar enclausurado, e para competir com o glamoroso e escassamente vestido grupo de dança Pan's People, que se apresenta em um programa musical, *Top of the Pops*. Estou com minha saia preferida, com babados ao redor da bainha. Em minha cintura, uso um cinto largo, brilhante e vermelho, e visto também uma blusa de cor creme. Meu cabelo bate nos ombros e meus brincos estão balançando. Estou com botas marrons que passam de meus joelhos.

Estou feliz. No início do dia, uma das cirurgiãs mais experientes, a sra. Platts, veio ver Brian, acompanhada de seu grupo. Ela é respeitável tanto por sua capacidade como por estar em uma posição de liderança em uma profissão dominada por homens. Ela não se casou, e eu me pergunto, ao caminhar, se ela teve que sacrificar a vida familiar, ou se isso não é algo que ela quisesse ou de que precisasse. Não consigo imaginar como deve ter sido difícil, e ela me assusta um pouco, porque acho que eu não conseguiria fazer o mesmo.

Embora ela pareça intimidante, também é gentil. Nos primeiros dias da doença de Brian, quando ele estava por um fio, ela tocou em meu ombro e sorriu para mim. "Ele é um lutador", disse.

Nessa tarde, ela entrou no quarto, seguida por outros médicos e terapeutas, todos de jaleco branco. Eles se reuniram ao redor da cama e ficaram ali, olhando para Brian, com seus rostos solenes. Brian levantou os olhos do livro que lia e estudou o grupo por cima de seus óculos. "Espero", disse ele, "que estejam se perguntando por que convoquei essa reunião".

Houve um momento de silêncio, e então o gelo se quebrou, e todos riram. Conto isso a nossos amigos no bar para lhes assegurar de que o Brian que conheciam está de volta, e, enquanto caminho na direção de casa, essa lembrança me faz rir de novo em voz alta.

Então foi um bom dia e, melhor ainda, estão falando em

colocá-lo em uma ala coletiva, onde ele será apenas mais um paciente em recuperação. Essa passagem dos cuidados intensivos para uma ala de enfermagem comum nos afastará ainda mais do que quase aconteceu e nos levará em direção à segurança. O próximo passo será algo que parecia impossível naquela noite de inverno, semanas antes — sua alta do hospital.

Estamos na reta final. Pensar nisso me faz acelerar o passo enquanto caminho para casa.

Meu trajeto de volta me leva por Broomhall, aquela área outrora próspera com grandes e velhas casas de pedra escondidas atrás de jardins cheios de árvores, terraços espaçosos de quatro andares, mas também cortiços parcialmente demolidos, que costumavam abrigar as pessoas que serviam as mansões.

Broomhall pode ter se tornado uma área perigosa, com cantos tranquilos, sombras escuras, cortiços e o lugar onde as prostitutas de rua exercem seu ofício, mas também é um lugar excitante, com bons pubs e festas: um lugar que Brian e eu conhecemos bem.

Ando pelas ruas de Broomhall com confiança. Não tenho medo, ainda não.

Atravesso uma viela estreita que passa por um velho convento, depois subo a colina e uma estrada residencial que me leva ao coração de Broomhall, em direção à praça Havelock.

Está tudo calmo nessa noite. Nos fins de semana, Broomhall é um lugar de festa, mas, nos dias de semana, as ruas podem ficar vazias. Nesse início de semana, mesmo as prostitutas de rua são poucas e estão distantes.

Estou pensando no amanhã enquanto caminho, e estou fazendo planos, mas com cautela, porque a arrogância é uma coisa perigosa. Estou pensando no dia em que Brian vai sair do hospital — onde vamos viver e como vamos conseguir.

Absorvida por esses pensamentos, estou a quilômetros de distância.

Então, um homem fala. "Bela noite." Dou um salto. Não ouvi

ninguém me seguindo. Pelo que eu sabia, não havia mais ninguém por perto. Ele deve ter saído de uma das portas.

As pessoas não costumam trocar conversas casuais com estranhos à noite aqui, mas a voz é agradável e o seu dono, tranquilizador, jovem e bonito, com barba e cabelo escuros.

"Sim", concordo. Não quero conversar. Não estou à procura de um encontro, mas não quero ser indelicada. Um comentário agradável sobre uma noite quente no final da primavera não é nada para se ofender.

"Vai por aqui?", pergunta ele.

Agora, estou um pouco mais cautelosa. Se ele está à procura de algum serviço — e, por ali, é muito provável —, não quero que surjam mal-entendidos.

"Sim. Estou indo para casa."

Ele me olha com muita atenção. "Estou procurando uma mulher que fica na praça Havelock", diz ele. "E cobra cinco libras por vez."

"Não sou eu", aviso, e me viro para subir a colina.

"Eu a acompanho. Não é um bom lugar para uma mulher ficar sozinha."

Por causa de pessoas como você, penso, mas não digo. Não quero deixá-lo zangado. De repente, estou ciente de como estou sozinha. Quase não há luz — a iluminação da rua ainda está fraca, e as ruas e calçadas, vazias. Os portões são piscinas profundas de sombra.

Pode haver pessoas nas casas, mas, por ali, elas tendem a se manter longe de problemas. Meu lindo entardecer está se transformando em noite, e esse cara está estragando tudo, andando ao meu lado, aparentemente alheio à minha relutância, conversando sobre o tempo, a área, o quanto gosta da cidade. Seu sotaque é do norte, mas não local. Ele não é de Sheffield.

E, de repente, tudo escapa. De repente, estou com raiva. Conto-lhe sobre Brian e como ele estava doente, e como ainda está doente, e sobre como passo as minhas noites, todas as noites, semana após semana, sentada junto à sua cama, com medo de ele morrer, e sobre como agora, com as coisas um pouco melhores, a última coisa de que preciso, realmente, é de alguém que pense que sou prostituta e ande comigo quando lhe pedi para ir embora.

Ele não diz nada. Continua a andar, assobiando entre os dentes. Estamos chegando à esquina da Broomhall Street, à rua que me levará ao topo da colina e à minha casa. Eu me viro para ela, e ele caminha comigo. Então, acho que ele deve ter escutado e entendido, deve ter mudado de ideia, porque, de repente, para atrás de mim.

Instintivamente, olho para trás e não entendo o que estou vendo.

Ele está de pé num ângulo estranho, muito próximo, com uma mão ligeiramente levantada, a outra para baixo, pressionando as costas. Ele parece — eu luto para encontrar a imagem — um tenista prestes a sacar, prestes a baixar sua raquete para bater na bola.

Está tudo calmo. As luzes de rua estão meio escondidas pelas árvores. Em ambos os lados, as casas parecem vazias. Não há ninguém à vista. Nossos olhares se encontram, mas sua expressão está impassível. Ele não diz nada. É como se o tempo tivesse parado e estivéssemos congelados. Quero fugir, mas agora tenho medo de que, se me virar, quebre o feitiço e o tempo comece a passar novamente.

Não quero que isso aconteça. Não quero que aconteça o que vai acontecer quando o tempo recomeçar.

Parecem minutos, mas só podem ter sido segundos até alguém virar a esquina e passar rapidamente pelo local onde estávamos congelados.

Saio correndo, subindo a colina atrás dessa pessoa, alcançando-a, passando por ela, e continuando. Eu quero que esse homem fique entre mim e o estranho. Depois, quando estou longe o suficiente para me sentir segura, olho para trás.

O estranho desapareceu. A rua está vazia.

Dez minutos depois, estou em casa, a babá vai embora e arrumo tudo, movendo-me silenciosamente para não acordar meu filho.

Vivemos num quarto com uma cozinha compartilhada. É apertado, não muito bonito, mas é um teto. Meu bom humor desapareceu.

Tiro o encontro com o estranho da minha cabeça e começo a me preparar para o dia seguinte.

Arranjei umas fitas cassete de música novas. Ouvir sempre os mesmos artistas está nos enlouquecendo. E um livro — algo satírico, surreal. Flann O'Brien e J. P. Donleavy são os autores de que Brian gosta, mas ele não consegue se concentrar por muito tempo. Talvez alguns contos, alguns artigos, algum comentário, algo engraçado. ***Espero que estejam se perguntando por que convoquei essa reunião.***

De repente, meu humor ressurge e me surpreendo rindo de novo.

Seis anos depois, e eu não andava mais por Broomhall sozinha à noite. Nenhuma de nós saía sozinha se pudesse. Treze mulheres tinham sido massacradas por um homem que a imprensa tinha apelidado de "O estripador de Yorkshire". As fotografias das mulheres que ele matou adornaram as primeiras páginas dos jornais, mas o que dominava essas imagens era o rosto desconhecido, o rosto do assassino.

A atitude oficial foi de horror, mas a realidade era diferente. As mulheres que haviam morrido — a maioria delas — não eram vítimas inocentes ao olhar público: eram mulheres de moral questionável, o tipo que vai a pubs e bebe um copo, ou, mais significativamente, eram prostitutas. A polícia acreditava que o assassino era um homem em uma missão de matar tais mulheres. Não parecia passar pela cabeça da equipe somente de homens encarregada da investigação que as prostitutas eram alvos mais vulneráveis e mais fáceis para um homem que odiava tanto as mulheres.

Esses homens, esses oficiais da polícia, achavam que sabiam o que era melhor. Pensavam que sabiam melhor do que as mulheres que sobreviveram aos ataques do assassino, que lhes deram descrições precisas tanto do seu rosto como de sua voz, que produziram colagens de partes de rostos que eram muito parecidas com as do homem que tinha cometido os crimes. As mulheres deram à polícia informações que poderiam tê-lo parado, mas os homens no comando sabiam mais, e seguiram o próprio e fatal caminho.

Os ataques e os assassinatos começaram em julho de 1975, algumas semanas depois do meu encontro com o estranho. As três primeiras mulheres, que foram selvagemente atacadas quando voltavam para casa à noite, não eram prostitutas. Em cada caso, o homem se aproximou delas com comentários amigáveis e casuais, e caminhou com elas durante algum tempo antes de atacar. Em cada caso, ele foi interrompido e fugiu, deixando-as com ferimentos terríveis. Ele levou a cabo a sua primeira morte em agosto, quando ninguém o interrompeu.

Das treze mulheres que foram mortas — as treze que conhecemos — por esse homem com uma missão autoproclamada, menos da metade era prostituta, mas a imagem dele permanece como um assassino de prostitutas, um "limpador de ruas", e nunca foi alterada. A herança disso é que muitas das mulheres mortas são lembradas por isso. Embora fossem mães, trabalhadoras, mulheres de família, amigas, parceiras, tivessem seus direitos, serão para sempre vítimas do estripador, tendo suas evidências ignoradas, suas histórias não contadas.

Mulheres foram assassinadas no norte da Inglaterra, em Leeds, Halifax, Bradford e Manchester. A narrativa policial transformou a investigação em uma busca na qual o estripador desafiou a um policial, que aceitou o desafio, e as mulheres mortas se tornaram fichas descartadas enquanto os dois jogavam.

Havia sussurros de atos mais terríveis do que aqueles de que nos falavam, de rituais secretos e assassinatos bárbaros, horríveis, que eram mantidos em segredo para que a polícia conhecesse o culpado quando o pegassem. Era quase como se despedaçar o crânio de uma mulher e esfaqueá-la repetidamente até a morte fosse muito comum, e não o epítome da barbárie e do horror.

As mulheres foram mandadas de volta às ruas enquanto os homens cantavam "There's only one Yorkshire Ripper" ao som de "Guantanamera", nos jogos de futebol.

E elas começaram a ficar zangadas. O "limpador de ruas" nos levou às ruas.

Bem no Ano-Novo de 1981, o policiamento de rotina em Sheffield levou a uma prisão. Aconteceu não muito longe de onde eu morava, talvez a dez minutos a pé do lugar onde havia encontrado o estranho. A mulher no carro com o assassino, sua próxima vítima, era alguém que eu conhecia — não muito bem, mas tínhamos nos encontrado e tido uma conversa casual. Eu sabia o nome dela, Olivia, e ela sabia o meu. Ela trabalhava como prostituta e disse à polícia que tinha sido apanhada por um homem enquanto ele passava pela Broomhall Street, ao virar a esquina na praça Havelock.

Quando vi a fotografia do homem preso, um homem de West Yorkshire chamado Peter Sutcliffe, tive uma epifania. Aquele era o estranho da praça.

E eu estava lá novamente, mas não de pé na praça, olhando para a cara inexpressiva do homem que tinha falado comigo. Estava de volta ao hospital, rindo com a srta. Platts e seu bando enquanto Brian colocava seus óculos de volta e parecia satisfeito consigo mesmo. Eu estava ouvindo os Dubliners cantarem "Whisky in the Jar". Estava fazendo comentários sarcásticos sobre as Pan's People. Estava de volta ao tempo bom.

Foi Peter Sutcliffe, nos primeiros dias de sua vida como assassino que se aproximou de mim naquela noite? Sabemos, por seus relatos, que ele estava familiarizado com as ruas de Broomhall, que às vezes ia ao pub Hanover, não muito longe da praça onde encontrei o desconhecido. Sabemos que ele costumava andar pelos distritos de luz vermelha, e que tinha atacado pelo menos uma prostituta muito antes do início dos chamados assassinatos do Estripador. Quando me lembro daquela noite, um rosto perturbadoramente familiar olha para mim através da luz da noite, mas também sei que a memória nos engana e, como tudo nessa vida, não se pode confiar nela.

Somente não sei, e acho que não importa. Talvez eu tenha tido sorte naquela noite, um pouco de sorte que eu nem sabia que tinha.

O tempo de sorte estava chegando ao fim.

Na primavera de 1975, uma semana após meu encontro com o estranho, Brian contraiu uma infecção. Ele morreu no dia 14 de junho, de insuficiência renal aguda e septicemia. Olhando para trás, deveríamos ter sabido. Ele tinha uma ferida aberta que não cicatrizaria. Era uma questão de tempo até que pegasse algo. Aquele tempo calmo no hospital foi um interlúdio maravilhoso, mas nunca foi mais do que isso. Os médicos e as enfermeiras foram otimistas, mas, como me disseram após a morte de Brian, os cirurgiões jamais tiveram muita esperança.

Teria sido melhor, disse uma das enfermeiras, se ele não tivesse sobrevivido à primeira cirurgia, porque isso significava que ele passou por muito mais dor e sofrimento antes de morrer. Eu podia entender o que ela queria dizer, mas, se ele tivesse morrido naquele momento, nunca teríamos tido aquele tempo bom no hospital. E ambos demos valor a isso.

É fácil para mim dizer que valeu a pena, mas valeu.

Brian Patrick Keenan, 9 de outubro de 1946 - 14 de junho de 1975, enterrado em Thetford, Norfolk.

O Monstro de KiČevo

Mitzi Szereto

"O povo de KiČevo vive com medo depois de mais um corpo esquartejado ter sido encontrado na cidade. O cadáver está em estado semelhante a outro, descoberto a vinte quilômetros de KiČevo, no ano passado, e há a possibilidade de esses assassinatos monstruosos serem obra de um assassino em série."
— Vlado Taneski, de Nova Makedonija, 19 de maio de 2008

A Macedônia, que é apenas ligeiramente maior que o estado americano de Vermont, é um dos países mais pobres da Europa. Quase um terço dos seus cerca de dois milhões de cidadãos vive na pobreza. A corrupção do governo, as tensões políticas e étnicas e o desemprego são fatores que contribuem para isso. Um estudo recente da UNICEF mostra que as taxas de pobreza estão mesmo aumentando, particularmente entre famílias com crianças, sendo que os pequenos agricultores são os mais atingidos. Como muitos países da região, a Macedônia tem lutado com a transição do comunismo para o capitalismo.

O país tem uma longa história de invasões, incluindo do Império Otomano, da Sérvia, da Itália e da Albânia. No fim da Segunda Guerra Mundial, a Macedônia tornou-se parte da Iugoslávia comunista, e assim permaneceu até 1991. Com a dissolução da Iugoslávia, formou-se a República da Macedônia. No entanto, ainda mais mudanças estavam por vir para essa pequena nação sem saída para o mar. Após uma disputa de 27 anos com seu vizinho do sul, a Grécia, sobre história e identidade nacional, o parlamento macedônio mudou oficialmente o nome do país, em 2019, para a República da Macedônia do Norte.

Situada em um pitoresco vale formado pelas encostas do sudeste do monte Bistra, a pequena cidade provinciana de Kičevo fica a cerca de cem quilômetros a sudoeste da capital, Skopje, e a menos de duas horas e meia de carro da fronteira com a Albânia. O grupo étnico dos macedônios constituem a maior parte da população da cidade, com mais de 27 mil habitantes, seguidos de albaneses, turcos e romanos. Cerca de 60% dos residentes são cristãos ortodoxos, sendo os muçulmanos o segundo maior grupo religioso. O passado comunista do Kičevo ainda pode ser visto em seus blocos de apartamentos escassos, murais desbotados e velhos carros batidos, todos justapostos a uma Kičevo que quer avançar para o futuro. Essa humilde cidade dos Balcãs não é um lugar de que a maioria das pessoas provavelmente já tenha ouvido falar, quanto mais desejado visitar. Não está listada como um destino "obrigatório" nos guias turísticos. As pessoas geralmente contornam Kičevo a caminho de algum outro lugar — um lugar melhor —, como Skopje, as estâncias do lago Ohrid ou Sveta Bogorodica Precista (Santa Mãe de Deus), o mosteiro ortodoxo cristão, aninhado no alto das montanhas.

No entanto, Kičevo pode reivindicar algum status. Não somente foi a primeira cidade macedônia a ser libertada após a Segunda

Guerra Mundial, como também serve de sede para o município de mesmo nome. Produziu até alguns santos, um punhado de jogadores de futebol profissionais e um cantor que representou a nação no Eurovision Song Contest. Kičevo também produziu um assassino em série.

Mitra Simjanoska, 64 anos. Encontrada morta em 2005.
Ljubica Ličoska, 56 anos. Encontrada morta em 2007.
Živana Temelkoska, 65 anos. Encontrada morta em 2008.

Três mulheres que tinham vivido em Kičevo a vida inteira, mas que alguém decidiu que já tinham vivido tempo suficiente.

Mitra Simjanoska desapareceu em 16 de novembro de 2004. Seu corpo nu foi encontrado dentro de um saco de nylon, no canteiro de obras de um complexo esportivo. Ela foi colocada dentro de um buraco profundo, com as pernas amarradas por um cabo telefônico, depois coberta de pedras e resíduos. Simjanoska foi espancada e estuprada com objetos desconhecidos, e estrangulada com o mesmo fio telefônico usado para amarrar suas pernas. Quando seu corpo foi descoberto, ela já estava desaparecida havia quase dois meses.

Ljubica Ličoska desapareceu em 10 de novembro de 2007. Seu corpo nu, também dentro de um saco de nylon, foi despejado em uma ravina, perto de uma estação de serviço em um desfiladeiro fora de Kičevo. Um caminhoneiro, que tinha parado por acaso, reparou numa mão saindo do lixo. Ličoska foi espancada e estuprada com objetos desconhecidos e estrangulada com o mesmo fio telefônico usado para amarrar suas pernas. Ela foi encontrada quase três meses depois de ter desaparecido. Vivia na mesma parte da cidade que Mitra Simjanoska.

Živana Temelkoska desapareceu em 7 de maio de 2008. Seu corpo mutilado, nu, mas com um roupão, foi enfiado dentro de um saco de nylon, depois deixado em uma lixeira perto do campo de futebol da cidade. Ela tinha treze feridas no crânio e várias costelas quebradas. Foi espancada e estuprada com objetos desconhecidos e estrangulada com o mesmo fio telefônico usado para amarrar suas pernas. Temelkoska vivia na mesma área que as outras duas mulheres assassinadas. Ela foi encontrada alguns dias depois de desaparecer.

E também houve Gorica Pavleska, de 78 anos, que desapareceu em 30 de maio de 2003. Até hoje, ela nunca foi encontrada.

Essas quatro mulheres tinham algo de significativo em comum: todas trabalhavam com limpeza.

Em 2008, Vlado Taneski estava no auge do jogo. De etnia macedônia e tendo vivido toda a sua vida em Kičevo, ele amava sua casa. Tinha escrito muitos poemas sobre o campo, alguns dos quais eram bons o suficiente para serem publicados. O fato de ele também ter escrito romances possivelmente indicava aspirações literárias que iam além de relatar as notícias de Kičevo. Taneski era jornalista desde os vinte e poucos anos. Até tinha recebido prêmios. Era um repórter da velha guarda, que preferia escrever na máquina de escrever, seu coração e sua alma estavam solidamente estabelecidos no passado, nos dias antes de o capitalismo substituir o comunismo. Durante seus anos de formação, ele foi chefe da organização juvenil comunista de Kičevo, frequentando mais tarde uma escola política, onde aprendeu os princípios da Liga Comunista do Marechal Tito.

Ele também serviu no exército iugoslavo.

A carreira de Taneski como jornalista começou como redator na Rádio Kičevo. Depois disso, tornou-se repórter do jornal nacional

Nova Makedonija (Nova Macedônia) — um cargo que ocupou com alegria durante dezoito anos, trabalhando até ser repentinamente dispensado em 2003, depois que o jornal mudou de mãos.

Infelizmente, 2003 foi um ano muito ruim para Vlado Taneski. Ele não só perdeu o emprego, como seus pais morreram. Com a morte veio a perda de suas pensões, que tinham ajudado a manter a casa. Quando sua esposa Vesna aceitou uma promoção no Ministério da Educação, o que a obrigou a se mudar para a capital e levar seus dois filhos com ela, Taneski se sentiu abandonado. Pela primeira vez na vida, estava por conta própria.

O ano de 2003 foi também um ano muito ruim para a idosa que trabalhava com limpeza Gorica Pavleska. Foi no ano em que ela desapareceu.

Taneski decidiu dar a volta por cima tornando-se repórter freelancer. Logo estava ocupado, escrevendo artigos para o *Utrinski Vesnik* (*Morning Herald*) e para a revista semanal de notícias *Vreme* (*Time*). Até escreveu artigos para o jornal que o tinha empregado por quase duas décadas antes de despedi-lo. As coisas pareciam estar de volta ao normal. Taneski fazia o que amava e era requisitado. As pessoas de Kičevo confiavam nele para mantê-las informadas sobre o que acontecia na cidade. Seus editores em Skopje o consideravam o repórter da área, o homem que tinha contatos.

O jornalismo era a vida de Vlado Taneski. Ele não se acovardou com as notícias nem se afastou do desconfortável ou do desagradável. Acreditava na verdade e no direito do público de saber, mesmo que isso o colocasse em risco diante de algumas das pessoas sobre as quais escreveu, particularmente funcionários corruptos, que não estavam satisfeitos por terem suas infrações expostas. A Macedônia era um país com muita corrupção, e Kičevo não era diferente.

Foi Taneski quem ligou os três assassinatos horríveis na sua cidade natal. Ele já havia relatado o assassinato de Mitra Simjanoska, em 2005, e o julgamento subsequente, que resultou na condenação de dois homens (Ante Risteski e Igor Mirčeski) a prisão perpétua pelo crime, assim como o assassinato de um homem idoso, chamado Radoslav Bozhinoski. Taneski também relatou o desaparecimento de Gorica Pavleska, em 2003. Essas mulheres eram suas vizinhas. Ele viu seus familiares na rua e nas lojas locais. Ele fez uma proposta convincente a seus editores em Skopje. Quem melhor para cobrir os assassinatos do que ele?

Os assassinos em série eram, e ainda são, raros na Macedônia. O fato de a pequena cidade de Ohrid, a cerca de uma hora de carro de Kičevo, ter sido aterrorizada por um assassino em série de 1999 a 2008 foi difícil, embora as vítimas fossem negociantes de rua de moeda estrangeira, especificamente perseguidas. A polícia tinha uma confissão completa do assassino — um homem com uma extensa ficha criminal. Os assassinatos de Ohrid não tinham nada em comum com os de Kičevo.

Vlado Taneski estava agora no rastro de um assassino em série em sua cidade natal. As vítimas eram todas mulheres mais velhas, que tinham sofrido mortes brutais. Suas mãos e olhos marcados pelo trabalho eram familiares para Taneski. A mãe dele, Gorica, trabalhava na limpeza do hospital local. Ela até conhecia as mulheres assassinadas. O que tornou as mortes ainda mais pungentes foi que essas mulheres se pareciam com a falecida mãe de Taneski.

Um assassino em série em Kičevo. Essa foi uma grande mudança no ritmo habitual de trabalho de Taneski cobrindo eventos locais, notícias escolares, pequenos crimes e corrupção na política. Foi o grande momento para a pequena e humilde Kičevo, e Vlado Taneski estava determinado a ser o repórter da história.

Trabalhando perto da polícia, Taneski perseguiu todas as pistas. Entrevistou os familiares das vítimas, visitando-os em suas casas, onde lhe serviam chá e bolo enquanto ele recolhia qualquer informação que pudesse obter de parentes enlutados. Todos confiavam nele. Ele era um vizinho e um respeitado jornalista. Em seus artigos, forneceu o máximo de detalhes possíveis sobre o serial killer da cidade, apelidado por ele de Monstro de Kičevo. Como nenhum dos outros repórteres que cobriam os assassinatos tinha conhecimento de algumas das informações de seus relatórios, Taneski tinha uma vantagem. Sua reputação de jornalista estava subindo como uma flecha. Ele deu o furo de uma vida. Contribuía com informações sobre os assassinatos para vários jornais. Parecia ter crédito em todos os lugares.

O povo de Kičevo estava aterrorizado, e com razão, com os olhos colados em cada palavra que Taneski escrevia, enquanto esperava e rezava para que o assassino fosse apanhado antes que a mãe de outra pessoa se tornasse a próxima vítima. Taneski parecia pensar assim também, e não teve dúvidas quando criticou a polícia na imprensa, declarando que ela poderia estar fazendo um trabalho melhor para encontrar o assassino. Foi a meticulosidade e atenção aos detalhes de Taneski que levou os editores a darem destaque a seus artigos e fez do repórter local de Kičevo o favorito dos leitores. Foi também o que levou a polícia até sua porta.

As reportagens de Taneski continham uma série de fatos não relacionados aos assassinatos, incluindo detalhes que não foram tornados públicos. Como ele conseguia aquelas informações? Seria plausível supor que ele tivesse uma fonte interna — talvez alguém no departamento de polícia lhe vazasse informações. Os bons jornalistas têm sempre fontes internas. Ou a informação era fornecida pelo próprio assassino?

A polícia em Skopje compilou um perfil do Monstro de Kičevo. Possivelmente, era bem preparado fisicamente e era mais jovem, com inteligência acima da média, e sofria de alguma forma de frustração sexual profundamente enraizada, que tinha evoluído para uma patologia de sadomasoquismo. Além disso, devia ser conhecido de suas vítimas devido à facilidade com que foram raptadas e ao fato de as três mulheres viverem na mesma área.

Em 2008, cerca de oito mil homens viviam em Kičevo. No entanto, muitos eram muito velhos ou muito novos para se encaixarem no perfil. Depois de eliminar os suspeitos menos prováveis, a polícia realizou entrevistas com quase duzentos cinquenta homens, reduzindo-os a um punhado, o que incluiu um taxista, vizinhos das vítimas e o jornalista de Kičevo, que estava escrevendo sobre os crimes. Finalmente, poderiam comparar o DNA desses homens com as amostras de sêmen retiradas das vítimas de homicídio.

Vlado Taneski se destacou dos outros, como se segurasse um sinal proclamando sua culpa. Estava a par de detalhes sobre os assassinatos que não tinham sido liberados. Sabia o tipo do cabo telefônico que o assassino havia usado como "assinatura" para estrangular as mulheres, e que esse cabo fora usado para amarrar as vítimas. Ele até relatou que Ljubica Ličoska tinha sido raptada a caminho do supermercado por dois homens que afirmaram que o filho dela tinha se ferido em um acidente, embora ninguém pudesse confirmar a história. Mais uma vez, parecia que a única fonte de informação privilegiada de Taneski era ele mesmo. Além disso, a semelhança física das vítimas com sua mãe falecida, a idade, o emprego e o nível educacional deveriam ser mais do que coincidência. A polícia e seus colegas da unidade de crimes violentos da capital estavam convencidos de que haviam encontrado seu homem.

Na tarde de sexta-feira, 20 de junho de 2008, Vlado Taneski foi preso.

Seguiu-se um anúncio oficial do Ministro do Interior em Skopje: tinham um suspeito. Nesse mesmo dia, os editores de Taneski tentaram freneticamente falar com seu repórter principal em Kičevo, mas Taneski não estava em lugar algum.

Foi feita uma busca na casa de Taneski, bem como na casa de veraneio que outrora havia pertencido a seus pais (muitas vezes ele aproveitou sua localização isolada para escrever). Lá, a polícia descobriu uma coleção de material pornográfico pesado, assim como cordas e cabos. Encontraram notas detalhadas sobre os assassinatos, que Taneski tinha usado para seus artigos. Também foram encontrados sapatos e outras peças de roupa feminina. Na melhor das hipóteses, tudo podia ser prova circunstancial, mas, quando três laboratórios independentes confirmaram que o DNA de Taneski correspondia ao sêmen encontrado no corpo de Živana Temelkoska, não havia mais qualquer dúvida.

Vlado Taneski foi acusado de assassinato.

Durante o interrogatório da polícia, Taneski disse pouco, embora em nenhum momento tenha solicitado um advogado ou admitido a culpa. A ele, foi designado um defensor público.

No dia seguinte à sua prisão, Taneski foi transportado para uma prisão na cidade de Tetovo, onde seria detido com um mandado de prisão de trinta dias enquanto prosseguiam as investigações. Até aquele momento, a polícia estava convencida de que Taneski não só tinha assassinado Živana Temelkoska, Mitra Simjanoska e Ljubica Ličoska, mas que também era responsável pelo desaparecimento (e provável assassinato) de Gorica Pavleska, em 2003. Eles acreditavam que ele tinha prendido as mulheres em sua casa de veraneio, torturando-as e estuprando-as, antes de matá-las. Também acreditavam que ele poderia ter vestido suas vítimas com as roupas de sua mãe como parte de algum ritual edipiano.

Taneski chegou à prisão com boa saúde. Devido à superlotação, ele foi forçado a partilhar uma cela com três outros homens. Ele não mostrou sinais de depressão e não deu outros motivos de preocupação aos agentes prisionais. Será que ele sabia que sua inocência seria provada?

"Ele comeu todas suas refeições e agiu normalmente", disse o diretor da prisão de Tetovo, Nuriman Tefiki, aos repórteres. "O que aconteceu depois continua a ser um mistério."

Nas primeiras horas da manhã de segunda-feira, nem mesmo

três dias depois de sua prisão, um de seus companheiros de cela encontrou Taneski de joelhos no banheiro da cela, com a cabeça submersa dentro de um balde de água. (Devido à falta d'água, tinham sido fornecidos baldes para a higiene dos prisioneiros). Tentativas de reanimá-lo falharam, e ele foi declarado morto. Os agentes prisionais e a polícia concluíram que tinha sido suicídio. "Ele colocou a cabeça num balde cheio de água", disse o porta-voz da polícia Ivo Kotevski aos repórteres. "Não sabemos como nenhum de seus companheiros de cela ou guardas notou. Ele terminou como num filme de terror."

Taneski tinha 56 anos.

Vlado Taneski não tinha nenhuma semelhança com o Monstro de Kičevo, sobre o qual tinha escrito. O Monstro de Kičevo era um homem violento, um homem brutal, um homem doente e perturbado, que gostava de infligir dor às suas vítimas antes de lhes tirar a vida. Porém, Taneski era um homem calmo, que gostava de uma vida tranquila. Quando não estava trabalhando, gostava de ficar em casa. Ele era um membro respeitado da comunidade. Tinha uma carreira de sucesso, uma família. Os Taneski eram admirados. Vesna, sua esposa de 31 anos, foi a primeira advogada em Kičevo. Zvonko, seu filho mais velho, foi um dos principais acadêmicos, poeta e escritor da Eslováquia. Igor, o seu filho mais novo, serviu como médico no exército macedônio. Como pode um homem com tanto orgulho ter cometido tais atrocidades? Taneski não se encaixava na imagem do assassino em série de Kičevo. Ele era apenas um homem de família de meia-idade. Alguns poderiam até dizer que era bonito, com suas características eslavas, alto, forte.

Então, como poderia um homem sem qualquer precedente (ou qualquer comportamento que fosse conhecido) transformar-se subitamente num assassino em série violento? "Eles podem começar a matar em qualquer idade, embora tipicamente sejam muito mais jovens do que Taneski", diz o psicólogo e criminologista dr. Candice Skrapec, professor de criminologia da Universidade Estadual da Califórnia, Fresno. "Mas será possível que alguém que tenha levado uma vida não violenta se torne violento caso desenvolva, por exemplo, um tumor em regiões específicas do cérebro, ou que apresente sintomas de psicose mais tarde na vida?"

Isso poderia explicar o que aconteceu a Taneski?

"Só porque não sabemos de nenhum delito violento anterior, não significa que nenhum tenha ocorrido", diz o dr. David Keatley, consultor de casos não resolvidos, estudioso de perfis criminais e professor sênior de criminologia na Murdoch University School of Law, em Perth, Austrália. "Muitos/mais assassinos em série têm um evento 'instantâneo' que é um antecedente próximo a sua série de assassinatos".

"Eu nunca acreditaria que ele fosse capaz de fazer algo assim", disse Ljupco Popovski, editor de Taneski na *Utrinski Vesnik*, a *The Associated Press*. De fato, a avaliação de Popovski parecia ser partilhada por quase todos. Descrito por colegas e sua esposa como calmo, discreto e de maneiras suaves, Taneski seria a última pessoa que alguém teria imaginado capaz de matar, de cometer assassinatos particularmente tão cruéis e horripilantes como aqueles que foram perpetrados contra as figuras maternas de Mitra Simjanoska, Ljubica Ličoska e Živana Temelkoska. No entanto, a relação de Taneski com a própria mãe havia sido conturbada, e piorou após o suicídio por enforcamento, em 2003, de seu pai, Trajče, um serrador e veterano da Segunda Guerra Mundial. (Trajče tirou sua vida na casa onde se acredita que Taneski tenha torturado, violentado e assassinado suas vítimas). A mãe de Taneski, Gorica, morreu nesse mesmo ano, de uma overdose de comprimidos para dormir. Segundo membros da família e outros que os conheciam, os pais de Taneski eram indivíduos autoritários e que não fizeram falta depois de mortos. Dadas as circunstâncias, a vida na casa de Taneski não deve ter sido fácil. Seu irmão mais velho foi deserdado e banido quando saiu de casa. A irmã de Taneski partiu logo em seguida, deixando-o sozinho com a mãe e o pai — uma situação que continuou por muito tempo até sua idade adulta. Numa entrevista a uma estação de televisão local, Vesna Taneski disse sobre seu marido: "Ele era sempre calmo e gentil. A única vez que o vi ficar agressivo foi quando vivíamos com os pais dele."

A difícil relação de Taneski com sua mãe, assim como o tipo específico de vítima-alvo, tem uma semelhança com outro assassino em série. "Um caso passou pela minha cabeça ao ouvir sobre Taneski — o de Edmund Kemper, um famoso assassino em série que teve problemas com a mãe e matou várias mulheres como 'simulação' para matar a sua mãe", diz o dr. David Keatley. "É um caso muito complicado, mas a premissa é que ele estava matando mulheres como substitutas para sua mãe, até que, finalmente, ele a matou. Agora, eu me pergunto se Taneski, que tinha problemas com sua mãe, sentiu que ela poderia ser responsável pelo suicídio de seu pai — aumentando assim a tensão. Então, quando sua mãe morreu, ele de alguma forma perdeu a chance de matá-la, o que o levou a atacar mulheres que pareciam semelhantes e que tinham empregos semelhantes? Nesse sentido, é quase igual a Kemper".

As três mulheres assassinadas conheciam Taneski desde sua infância. Nenhuma delas tinha motivos para ter medo ou desconfiar dele. Lubjica Ličoska, que vivia a uma curta caminhada de distância, tinha até limpado a casa do repórter. Poderia ter havido algo "alheio" em Taneski, que todos negligenciaram até ser tarde demais? Teria ele conseguido manter um lado mais sinistro de si mesmo escondido durante todos aqueles anos?

No entanto, alguns na vizinhança sentiram algo desconcertante sobre o seu vizinho jornalista. Zoran Temelkoski (o filho de Živana) lembrou de Taneski como sendo "secreto e misterioso". A vizinha Cvetanka Ličoska (irmã de Ljubica) teve uma opinião semelhante, descrevendo Taneski como "um tipo muito estranho". Tanto Zoran como Cvetanka tinham sido entrevistados por Taneski em suas casas sobre as mulheres.

Embora a natureza hedionda dos crimes que imputaram a Taneski seja suficientemente grave, a natureza calculada dos raptos é igualmente perturbadora. Antes de desaparecer, Živana Temelkoska aparentemente tinha recebido um telefonema alertando-a de que seu filho tinha sofrido um acidente. A reportagem foi transmitida na mesma estação de rádio para a qual Taneski tinha trabalhado e para a qual continuou a vender histórias. Vizinhos afirmaram ter visto Temelkoska correndo de sua casa, sem dúvida a caminho de encontrar seu filho "ferido". No entanto, o filho dela chegou em casa sem ferimentos, mais tarde naquele dia. Zoran Temelkoski acreditava que a história da rádio era uma armadilha cuidadosamente planejada por Taneski. "O fato de não haver testemunhas de um acidente, de ninguém ter visto algo — isso foi um truque sorrateiro", disse ele à televisão britânica. No dia seguinte, a repórter principal de Kičevo apareceu na casa dos Temelkoski para entrevistar os familiares sobre a mulher desaparecida.

"No fim, houve muitas coisas que apontaram para ele como suspeito e nos levaram a prestar queixa por dois dos assassinatos", disse o porta-voz da polícia, Ivo Kotevski, em uma declaração oficial. "Estávamos perto de acusá-lo de um terceiro assassinato e esperávamos que ele nos desse detalhes de uma quarta mulher que desapareceu em 2003, porque acreditávamos que ele também estivesse envolvido nesse caso". No entanto, a investigação dos assassinatos de Mitra Simjanoska, Ljubica Ličoska e Živana Temelkoska está oficialmente encerrada, uma vez que a lei penal macedônia não permite a acusação de uma pessoa falecida. Ainda há dúvidas quanto à culpa ou à inocência de Vlado Taneski. A prova verdadeiramente condenatória contra ele foi o fato de seu DNA ser compatível com os vestígios de sêmen encontrados no corpo de Živana Temelkoska. Também houve coincidências de DNA no caso das outras duas vítimas, embora, por alguma razão, isso nunca tenha sido oficializado ou divulgado publicamente. Para turvar ainda mais as águas, uma camisa encontrada perto do corpo de Temelkoska continha vestígios de sangue, que um exame forense revelou não ser da vítima. No entanto, de acordo com os registos militares de Taneski, o seu tipo sanguíneo também não correspondia à amostra retirada da roupa. Então, de quem era o sangue?

A Macedônia não é conhecida por ter um imaculado sistema de justiça criminal. Ante Risteski e Igor Mirčeski já tinham sido condenados à prisão perpétua em 2005 por um dos assassinatos que se acredita ter sido cometido por Taneski — o de Mitra Simjanoska —, assim como pela tortura e pelo assassinato de Radoslav Bozhinoski. Os homens admitiram ter invadido a casa de Bozhinoski e tê-lo assassinado. O homem idoso tinha sido espancado, torturado e estuprado (com objetos desconhecidos), no que foi descrito como um ataque frenético, aparentemente impulsionado por drogas e álcool. No entanto, Risteski e Mirčeski negaram com firmeza qualquer envolvimento no assassinato de Simjanoska. Mesmo assim, foram condenados por ambos os assassinatos com base em confissões que Risteski alegou, mais tarde, terem sido fruto de tortura policial. O caso foi dado como encerrado.

Somente depois dos assassinatos de Ljubica Licosksa e Živana Temelkoska, veio à luz que tinha havido uma correlação com o caso Simjanoska. Essas duas mulheres foram raptadas e assassinadas enquanto Risteski e Mirčeski estavam em uma cela de prisão. Mais tarde, foi estabelecido que a análise de DNA que teria absolvido ambos do assassinato de Simjanoska foi suprimida. Não foi dada qualquer explicação sobre como ou por que isso ocorreu, ou quem foi o responsável.

Será que as autoridades se precipitaram? Taneski já era culpado aos olhos de todos. Até o procedimento para recolher provas durante a busca às suas duas casas foi suspeito. Restam dúvidas sobre como essas investigações de homicídio foram conduzidas e quais informações pertinentes não foram reveladas.

Por que Taneski incluiria em suas reportagens os detalhes dos assassinatos que acabariam por identificá-lo como o culpado? "Escrever essas histórias poderia ser interpretado como deter o poder sobre mais pessoas", argumenta o dr. David Keatley. "Uma vida de rejeição e subordinação, e ele finalmente tem poder sob a forma de mais conhecimento". Ele pode dar a informação que mais ninguém pode. Isso também poderia funcionar como um troféu pelas mortes — porque ele conseguiria revivê-las vividamente por meio da escrita, e depois manter a versão impressa".

No momento de sua prisão, os colegas de jornalismo de Taneski acharam difícil imaginar que o homem que haviam conhecido e com quem haviam trabalhado pudesse ser o Monstro de Kičevo. A mulher se recusou a acreditar. Descrevendo seu casamento como "ideal", ela manteve a crença de que o marido não era o responsável pelos assassinatos. "Ele olhou-me diretamente nos olhos e disse: "Eu não fiz nada nem matei ninguém. Um dia, tudo virá à luz'. Essas foram suas últimas palavras para mim", disse Vesna Taneski a uma jornalista britânica. Ela descartou muitas das provas do caso, tais como as peças de roupa feminina encontradas na casa de veraneio — a polícia supôs que pertenciam às vítimas. Ela também rejeitou alegações de que ela e Taneski estavam separados. Apesar de ter se mudado para Skopje a fim de trabalhar, ela voltava para Kičevo para passar os fins de semana com o marido quando ele não estava viajando. Suas memórias de Vlado Taneski são as de um marido e pai amoroso.

No entanto, não pode ser descartado o fato de que o desaparecimento de Gorica Pavleska, em 2003, e a demissão e a morte dos pais de Taneski, deixado por conta própria, ocorreram na mesma época. O dr. Keatley diz:

> "Muitos assassinos em série podem mostrar um alto nível de autocontrole, durante muitas semanas, meses ou anos — especialmente se suas necessidades forem satisfeitas de outras formas. Dessa maneira, o fato de a esposa de Taneski ter se mudado pode ter sido outro desses fatores em sequência que o levaram a matar. Muitos estudiosos se referem a uma 'receita' de fatores que levam ao assassinato em série; mas vou um passo além e sugiro que não são apenas os 'ingredientes' — os fatores-chave que estão nas histórias de vida de muitos assassinos em série —, mas é a sequência de eventos que importa mais. A sequência pode ser o que prevê quando, como e quem eles matam. Se queremos usar a analogia de um 'caldeirão fervendo' ou uma 'receita', então precisamos lembrar que a ordem dos ingredientes também é importante."

Quanto a Taneski cometer suicídio se afogando em um balde de água, isso abre espaço para ainda mais perguntas. Embora a autópsia tenha mostrado que seus pulmões estavam cheios de água, indicando assim a morte por afogamento, a cena do crime tinha sido comprometida ao ponto de qualquer potencial evidência que pudesse haver ajudado no inquérito ter sido arruinada.

Taneski também foi uma vítima de assassinato? Os três homens que compartilhavam a cela com ele não tinham motivo para matá-lo. Eles não eram criminosos violentos nem ficariam muito tempo na prisão por seus crimes — e assassinar Taneski os teria colocado em grande risco de aumentar suas penas. Poderia alguém com autoridade ter estado por trás da morte "conveniente" de Taneski? Apesar de considerar todo o tempo e trabalho que tinham sido dedicados ao caso, e o desejo da recém-democrática Macedônia de mostrar que seu sistema judicial tinha um alto nível, o que se poderia ganhar com a morte de Taneski?

Suicídio, então?

"A maioria dos assassinos em série tem psicopatia — um distúrbio de personalidade não comumente associado ao suicídio", alega o dr. Candice Skrapec. "Se não tivesse um histórico de comportamento antissocial, impulsivo, etc., ele não teria psicopatia.

Mas podia ter tido um distúrbio mental mais grave que teve um início tardio."

Alega-se que foi encontrada paroxetina no corpo de Taneski. Vendida livremente na Macedônia, a droga tem sido usada para tratar depressão e outros distúrbios mentais. Taneski pode ter se automedicado com a droga, em vez de enfrentar o estigma de procurar ajuda profissional. O ingrediente principal da paroxetina, fonte de grande controvérsia em outros países, é agora considerado perigoso, pois é capaz de estimular e aumentar as tendências suicidas. O histórico familiar de suicídio de Taneski, combinado ao estresse sofrido sob as acusações de assassinato que pairavam sobre sua cabeça, provavelmente o colocaram em alto risco por ter uma reação negativa à droga.

"Não cometi esses homicídios". Essas foram as palavras escritas numa nota encontrada debaixo do travesseiro do beliche da cela de Taneski. Foi constatado que a nota tinha sido escrita por ele.

Se Taneski fosse verdadeiramente inocente, como ele alegou, certamente gostaria de prová-lo em um tribunal de justiça. No entanto, talvez ele já soubesse o resultado se fosse a julgamento e decidiu salvar a si e à sua família de mais miséria e vergonha.

Vlado Taneski não pode falar do túmulo quanto à sua culpa ou inocência. No entanto, as autoridades macedônias continuam confiantes de que ele era o "Monstro de Kičevo".

Ligando os pontos

Marcie Rendon

Havia quase seis mil nativas americanas desaparecidas e/ou assassinadas na América do Norte até 2016, de acordo com uma estimativa do Centro Nacional de Informação Criminal. Os números são espantosos quando se considera que o grupo étnico representa apenas cerca de 1% de toda a população. Alguns desses crimes são os chamados assassinatos e desaparecimentos aleatórios, enquanto outros são relacionados ao tráfico de mulheres. A questão na mente das indígenas de Minneapolis é sempre: quantas dessas desaparecidas e assassinadas são obra de outro assassino em série que mira as mulheres indígenas americanas?

As nativas americanas passaram os anos de 1986 e 1987 vivendo aterrorizadas, quando a polícia de Minneapolis fez um anúncio público de que um assassino em série tinha essas mulheres como alvo. Durante um ano, três delas foram encontradas mortas e deixadas em posições grotescas depois de terem sido estupradas.

Billy Glaze, um branco andarilho também conhecido como Jesse Sitting Crow, foi condenado por todos os três assassinatos após sua prisão, em agosto de 1987. Em 2009, o Projeto Innocence realizou testes de DNA em provas encontradas nos locais dos crimes. O DNA de Glaze não correspondeu ao encontrado em nenhuma das cenas de crime. O DNA correspondeu ao de um nativo do Minnesota, um estuprador condenado, que atendia pelas iniciais JAS. Em 3 de julho de 2018, um artigo no *City Pages* detalhou as descobertas das tentativas do Projeto Innocence de limpar o nome de Billy Glaze. Diagnosticado com câncer de pulmão em estágio quatro, ele morreu na prisão, em 2015, sem que seu nome fosse limpo ou outra pessoa acusada.

Quem matou as mulheres em 1986 e 1987 deixou seus corpos em um parque, em um terreno baldio e, depois, na linha férrea, a um quarteirão de onde eu morava na época.

Eu era uma mãe solteira com três filhas pequenas que tinham menos de dez anos. Lembro-me de acordar uma manhã de primavera com vozes que vinham do lado de fora. Da janela de meu apartamento no andar térreo, nos dias 28 e 17, pude ver grupos de pessoas caminhando para o viaduto por cima dos trilhos. Peguei minha chave de casa, tranquei minhas filhas que ainda dormiam no apartamento, e caminhei para me juntar ao grupo sobre a passagem superior, a alguns quarteirões de distância.

Encostei-me à parede e olhei para baixo. Do nosso ponto de vista, eu podia ver um corpo coberto nos trilhos abaixo. Um grupo de policiais estava ao redor. Lembro-me de que o corpo estava coberto, mas, em vez de estar deitado, como se vê na televisão, parecia levantado. Não me lembro de quanto tempo ficamos ali, olhando para baixo, antes de mais policiais chegarem e isolarem o viaduto, tirando-nos de lá e nos dizendo para voltarmos para casa.

Os trilhos da ferrovia corriam paralelamente entre o final do bloco da rua 28 e o início da 29, em uma vala artificial profunda, que corria de leste a oeste no bairro Phillips. Phillips também era conhecido como a "reserva na cidade". É para onde as famílias indígenas americanas tinham sido transferidas durante o programa de realocação do governo, um programa de assimilação para nos deslocar da reserva para várias cidades dos Estados Unidos. Phillips era o lar do Centro Indígena Americano de Minneapolis, do Indian Movement, do Indian Health Board, do Minnesota Indian Women's Resource Center e dos primeiros projetos habitacionais controlados pelos indígenas, Little Earth.

No extremo sul do bairro, situa-se a avenida Franklin. O infame Corral Bar e o Art's Bar ficavam nessa avenida. A fronteira norte do bairro é delimitada pela Lake Street, que era conhecida por ser frequentada por homens e mulheres que utilizavam as passagens superiores da ferrovia como locais de negócios noturnos. A leste está a avenida Hiawatha, que corre de norte a sul, assim como a avenida Chicago, a oeste. Um bloco quadrado de dez ruas. É a segunda seção mais carente da cidade de Minneapolis, com estatísticas de saúde e pobreza que competem com os países do terceiro mundo.

Eu me mudei para Phillips em 1978, para encontrar um emprego. A comunidade indígena dentro daqueles dez quarteirões era uma pequena comunidade — parecia que todos se conheciam ou conheciam alguém que conhecia alguém. Nesse tempo, frequentei o Corral e o Art's durante os anos em que bebi, mas, em 1986, já estava sóbria havia dez anos.

Quando a primeira mulher, Kathleen Bullman, foi encontrada morta, no verão de 1986, e ouvi falar da violência do crime, fiquei assustada, mas pensei, com toda a razão: "Não estou nos bares, bebendo. Estou a salvo."

Quando a segunda mulher, Angeline Whitebird Sweet, foi morta na primavera de 1987, a comunidade indígena americana foi avisada pela polícia de Minneapolis sobre um assassino em série que tinha como alvo mulheres indígenas.

O Movimento Indígena Americano (AIM, na sigla em inglês) reiniciou então a Patrulha AIM. Tal como os Anjos da Guarda, a Patrulha AIM estava ativa, em meados da década de 1970, para escoltar nossos homens e mulheres em segurança até suas casas, a partir dos bares da avenida Franklin. Homens e mulheres eram alvos tanto da polícia excessivamente agressiva como de bandidos que procuravam por pessoas vulneráveis nas ruas, à noite.

Eileen Hudon viveu entre a rua 18 e a Clinton Avenue em 1986, no perímetro onde os assassinatos ocorriam. Ela própria foi raptada, estuprada e mantida em cativeiro por um estranho durante esse tempo. Ela relatou o incidente.

> "Estava preocupada com minha filha, não tanto por mim. A comunidade inteira estava aterrorizada. Eu estava em uma equipe de boliche que se encontrava sábado à noite, e meu irmão me deixou no meu quarteirão. Ao colocar a chave na porta, senti a arma na parte de trás do pescoço e parei, eu conseguia ouvir meus filhos rindo. Eu não queria que acontecesse nada com eles. Fui violentada e espancada com o cabo de uma arma. Essa pessoa me levou para perto do Harriet Tubman Center para mulheres espancadas. Isso aconteceu durante aquela época dos assassinatos em série."

Hudon foi capaz de descrevê-lo para a polícia como "um cara afro-americano de aspecto nerd e meio religioso" dirigindo um sedan marrom. Ela olhou para fotos durante um dia inteiro, traumatizada com cada página que olhava. O homem nunca foi apanhado ou acusado pelo que fez.

Depois de ter sido estuprada, Hudon juntou-se à Patrulha AIM. Ela se lembra de Billy Glaze como um homem branco que queria se encaixar no grupo.

> "Ele parecia sempre um pouco confuso", disse ela. "Era como se estivesse à procura de alguém com quem falar, e os indígenas o ignoravam. Ele queria algum tipo de atenção dos nativos, e ninguém lhe dava atenção. Lembro-me

> de me perguntar por que é que ele estava conosco. Ele estava na Patrulha, estava lá. Ele ligou para o AIM depois de ser preso e disse: 'Eu não fiz isso. É melhor descobrir quem fez.'"

Hudon continuou:

> "Ele era um idiota de quase um metro e oitenta. Quando descobri que estava sendo acusado, não acreditei. Conheci Angela Green [a terceira mulher que Glaze foi acusado de matar] quando ela tinha treze anos e foi atacada por oito garotas. Ela espancou todas elas. Eu estava trabalhando na escola e corri para ajudar. Ela não precisava de mim... Ela conhecia a vizinhança. Entendia a vizinhança. Achei que eram necessárias duas pessoas para fazer aquilo com ela. Não havia como o magricela do Glaze ter sido capaz de raptá-la. Ela o teria machucado".

Hudon ficou assustada com outro homem, um de Oklahoma, que frequentava o Art's Bar. Era um indígena que se sentava no bar e só olhava para mulheres indígenas.

> "O que era tão aterrador era que nós, como mulheres nativas, suspeitávamos de nossos homens. Todo aquele incidente, aquele tempo do assassino em série, eles, homens em geral, aprenderam sobre nossa vulnerabilidade como nativas. Trabalhei uma noite por semana como advogada. Sempre que eu estava de serviço, recebia relatos de mulheres agredidas por taxistas. Os homens já sabiam da nossa vulnerabilidade, mas as mortes ampliaram a visibilidade da nossa vulnerabilidade."

TS era uma mulher de dezenove anos que, na época, tinha se mudado para a cidade, vinda de uma reserva do extremo norte. Ela mudou-se para achar um emprego, mas começou a beber. Depois de perder a primeira entrevista, foi festejar, ficando com parentes. Uma prima dois anos mais velha lhe disse que ela deveria ter sempre dinheiro para o táxi na meia, para voltar de maneira segura para casa, caso se separassem. Essa prima contou a ela sobre um cara cujo nome começava com M. "Ele costumava ir ao Corral, e ela me disse: 'Nunca vá com ele, a comunidade acha que ele pode ser o assassino.' E assim, de certa forma, me senti segura porque pensei que estaria segura se me mantivesse afastada".

TS continuou sua história: "Uma noite me separei da minha prima, mas não tinha um telefone por perto, nem telefones públicos — e não existia celular. Eu estava andando e vi um cara branco. Fui para um daqueles prédios de apartamentos porque eu estava com medo, e ele me seguiu e disse: 'Você não mora aqui, não é? Não deveria estar aqui'".

"Ele disse: 'Eu passo com você pelo parque, mas depois disso está por conta própria.'" Assim que o homem atravessou o parque a pé e entrou em um táxi, ela entrou no banco da frente, pois não estava familiarizada com táxis.

> "Não havia como abaixar a janela nem como abrir a porta. Ele não me deixou sair. E me deu a carona. Tirou a calça e me fez tocar nele. Eu comecei a falar com ele. Eu lhe disse que precisava voltar ou todos os meus irmãos e tios estariam lá fora à minha procura. Eu estava na casa do meu namorado, perto do Conselho de Saúde Indígena. Eu lhe disse para encostar ali e me deixar sair para falar com eles que eu estava bem. Disse que a janela de banheiro com a luz acesa era minha mãe me esperando. Ele me deixou sair. Corri para a porta, e a mãe do meu namorado me deixou entrar e ficar lá até meu pai me buscar."

Como esse incidente aconteceu num táxi amarelo, TS determinou que seu próximo táxi seria um vermelho e branco. O homem ficou dando voltas no quarteirão, não a deixou sair até que ela lhe desse um número de telefone.

> "Então na última vez, chamei um táxi azul e branco. Não sei o que minha mente de dezenove anos estava pensando. Eu estava no Art's Bar com minha prima e nos separamos. Tinham me dito para não andar na avenida Franklin e

> para nunca usar a rua lateral que levava diretamente ao apartamento, porque era muito perigosa. Eu tinha dinheiro, mas a minha calça era muito apertada. Não consegui meter minha mão no bolso para pegar. O taxista pensou que eu estava tentando fugir. Ele ficou muito zangado e me levou para o campo onde o segundo corpo foi encontrado. Eu estava tão bêbada. Pensei, ***Ah, meu Deus,*** é ***agora***. Achei mesmo que ele era o assassino em série quando me levou para aquele campo."

Felizmente, uma policial estava lá e pagou a corrida ao taxista, depois de eu explicar que era difícil tirar o dinheiro do bolso.

> "Tive de pagar o táxi e ir para casa dali. Corri com a chave em uma mão, e outra coisa na outra mão, assustada por estar naquele campo. Ninguém disse para nunca ir aos bares. Só que deveríamos ficar sempre juntas. Nossa segurança era o dinheiro na meia para pagar o táxi na volta para a casa. Algumas coisas traumatizantes aconteceram."

TS disse que as pessoas à sua volta pensavam que o assassino em série era um indígena nativo, baixinho com bigode, e o mostraram para ela. Ela disse que aquele homem estava sempre sozinho no Corral Bar. Ele ficava no bar, não na mesa de bilhar onde ela e as primas ficavam. Ela nunca se sentiu insegura por estar no bar, porque havia sempre pessoas por perto.

Glenda L. trabalhou como garçonete no Corral. Ela se lembra de o AIM dar apitos para que as mulheres carregassem o tempo todo, e de ter que verificar se seu namorado estava esperando do lado de fora do bar todas as noites para levá-la para casa. Ela também não está convencida de que Billy Glaze era o assassino. Ela disse:

> "Havia um cara, todo mundo sabe quando um branco aparece. Esse cara entrava, ficava no canto do bar e sempre pedia uma Tequila Sunrise e a bebia durante toda a noite. Eu o vigiava, tentando determinar se ele estava olhando ou seguindo alguma mulher. Ela disse que a polícia tinha dito que não havia

> pegadas no local do crime, e lembrou que o homem usava sapato Minnetonka sem meias. Pensei comigo, *Ele é um dos assassinos?* Fiquei nervosa. Soube mais tarde que ele tinha sido morto num tiroteio com a polícia e que alguém que estava na prisão com ele disse que ele era o assassino. Eu não sei. Não me lembro de ver Billy Glaze no Corral. Os policiais não me perguntaram. Pergunto sempre se aquele tipo era um dos assassinos, mas Billy Glaze que foi preso por isso. Os policiais queriam alguém. A comunidade inteira estava assustada."

Eu também estava assustada. Lembro-me de conversar sobre as mortes depois das reuniões dos Alcoólicos Anônimos. Em 1985, refugiados do sudeste asiático estavam se mudando para Phillips. Com seus cabelos pretos na cintura, era difícil distingui-los de nós quando estavam de costas. Nós nos perguntamos como o assassino havia determinado quais mulheres eram as nativas se ele as perseguia à noite. Tinha de ser alguém que nos conhecesse.

Durante a primavera de 1987, todos vivíamos com medo. Sem carros, a maioria de nós estava acostumada a andar pelo bairro, dia ou noite. Isso mudou. Eu me tornei hipervigilante e me perguntava sobre cada homem, sobre cada barulho suspeito lá fora. Um amigo me emprestou um grande pastor alemão para ficar no apartamento, e o cão latia para qualquer um que se aproximasse do quintal. Uma noite, o cão estava deitado na sala de estar e, de repente, se levantou. Em vez de correr para a janela, ele cambaleou, mas continuou, rosnando profundamente. Ainda cambaleando, ele correu para a parede e caiu no chão. Ele começou a respirar muito rápido, com a língua pendurada. Eu me sentei no chão ao lado dele e lhe dei goles de água. Ele tinha sido drogado ou envenenado.

Após o assassinato de Angela Green, a terceira mulher morta, cujo corpo eu vi coberto nos trilhos da ferrovia a poucos quarteirões de meu apartamento, o terror se intensificou. Fiz um acordo com a minha amiga Janet. Ela me ligava tarde da noite, e eu colocava meu telefone junto ao travesseiro e adormecia com ela do outro lado.

E então, em 31 de agosto de 1987, recebemos a notícia da prisão de Billy Glaze, e a comunidade recebeu da polícia a garantia de que o assassino tinha sido pego. E, na verdade, não houve mais assassinatos de natureza semelhante depois. Continuaram a ocorrer estupros e assassinatos, mas nenhum deles com a mesma violência e degradação dos assassinatos de Bullhead, Sweet ou Green.

Avançamos para 2009, quando o Projeto Innocence começou a defender a inocência de Billy Glaze e os exames de DNA o apoiaram, e, até hoje, há a estimativa de seis mil mulheres nativas desaparecidas e/ou assassinadas em todo o continente. O terror continua.

Uma mulher que trabalha desde a época como defensora das nativas disse, sobre aquele tempo:

> "Eu era uma defensora das SA que trabalhava no Southside Minneapolis quando isso aconteceu. Os dias estavam cheios de terror, noites sem dormir, horror, tristeza, medo, desconfiança, ansiedade, depois raiva, raiva. Eu queria chicoteá-lo. Não vai ganhar, seu desgraçado. Eu estava zangada com a mídia por dizer que o assassino em série tinha como alvo mulheres que saíam de bares. Exames demonstraram que umas delas nem tinha ingerido álcool. Ele violentou e assassinou mulheres indígenas porque eram indígenas e mulheres. Fiz campanha na rua, afixei panfletos, dei dicas de autodefesa em toda a Zona Sul, trabalhei com a Patrulha AIM. Uma coisa me passou pela cabeça: *Quem é esse monstro? Ele é alguém que conheço? Ele está na Patrulha? Não estou cem por cento convencida de que tenha sido Billy Glaze.*"

Glenda, que também questiona se Glaze era o assassino, é hoje conselheira de dependentes químicos. Ela disse:

> "Como indígenas, voltando às atrocidades dos colégios internos, somos ensinados a guardar segredos. Os segredos que guardamos, sobre as pessoas das nossas famílias e comunidades, mantém-nos num lugar de vulnerabilidade."

Em 2009, Eileen Hudon iniciou o Conselho Ogichidaquay (Mulheres Guerreiras) para abordar o silêncio em torno da violência sexual na comunidade indígena e as questões legais relativas ao povo indígena desaparecido. Ela perguntou: "O que significam as principais estratégias para as comunidades nativas? Há muitas pessoas de bom coração, mas elas não conseguem ver, mesmo que queiram. Recentemente, em Wind River, Wyoming, os abusos estavam acontecendo em um acampamento de homens, nos campos de petróleo. No Canadá, é a Estrada das Lágrimas, onde eles encontram os corpos das nossas mulheres. Nos anos 1970, era a autoestrada 66, que cortava Oklahoma. Há algum número de mulheres desaparecidas em Minneapolis nesse momento.

"Uma mãe cuja filha estava desaparecida nunca desistiu e acabou encontrando seu corpo enterrado em Chicago, num cemitério de pobres. A cidade a havia identificado como uma mulher branca. Ainda somos invisíveis para eles... Em março, um suspeito de assassinato em série tinha como alvo mulheres nativas, no sul de Minneapolis. Ele foi apanhado recentemente porque um grupo de mulheres traficadas formou uma equipe de investigação informal, encontrando-o e entregando todas as informações à polícia. Há muito trabalho para fazer".

TS, que agora trabalha na área correcional, concordou.

"Nesse tempo recente de violência contra nossas mulheres, aprendi muito sobre como elas estão. Começamos um grupo de mulheres. Eu disse: 'Podemos começar algo, fazer à nossa maneira.' O que não estava previsto era que as mulheres achassem que não conseguiríamos. Que precisávamos de uma mulher branca ou de um homem para fazer por nós. Precisamos de mulheres nativas. Não precisamos de um homem para nos dizer o que fazer, e não precisamos de uma mulher branca. Agora, com toda a violência que enfrentamos, é como ser um médico no campo de batalha tentando ajudar os feridos enquanto leva um tiro e os feridos recusam tratamento."

Todas as mulheres entrevistadas viviam no bairro de Phillips, em 1986 e 1987. Frequentavam os bares e andavam com homens que suspeitavam serem o assassino em série. Nenhuma delas pensou que fosse Billy Glaze. O Projeto Innocence não acha que tenha sido ele. Muitas mulheres nativas estão desaparecidas ou sendo assassinadas, e sabemos que não pode ser obra de um só homem. Ainda anda por aí apenas um assassino em série que tem como alvo mulheres nativas ou dez? Não sabemos. Mas as mulheres que trabalham com vítimas de agressão sexual muitas vezes também sofreram um trauma.

TS deseja que se faça mais para resolver esses casos. Ela disse: "A coisa que realmente me incomoda é que é como uma epidemia. Há muitas mulheres desaparecidas, mas nunca há ninguém ligando os pontos."

O primeiro dos criminosos

Martin Edwards

"Quando um médico erra", disse uma vez Sherlock Holmes ao dr. Watson, "ele é o primeiro dos criminosos. Ele tem coragem, e tem conhecimento". Holmes falava de um dos grandes vilões da ficção inglesa, o dr. Grimesby Roylott, o assassino cujas atividades nefastas são relatadas no conto magistral "The Adventure of the Speckled Band".

Para ilustrar seu ponto de vista, Holmes citou alguns exemplos da Grã-Bretanha vitoriana. Um deles foi William Palmer, o médico de Staffordshire, conhecido como "o envenenador de Rugeley", que foi enforcado por assassinar três pessoas, mas que, segundo alguns relatos, chegou a matar até quinze. O outro era Edward William Pritchard, enforcado em Glasgow por envenenar tanto a esposa como a sogra. Entre os assassinos mais notórios da Grã-Bretanha, encontram-se outros médicos, o dr. Thomas Neill

Cream, um assassino em série enforcado em 1892; o dr. Hawley Harvey Crippen, o médico homeopata nascido nos Estados Unidos, cuja fuga da justiça e sua posterior execução em 1910 pelo assassinato da esposa causaram uma comoção internacional; e o dr. Buck Ruxton, o médico da família Lancaster, enforcado em 1936.

O criador de Holmes, Sir Arthur Conan Doyle, era médico. Ele entendeu muito bem a ameaça que um representante desonesto da medicina pode representar. Nem Doyle nem o sábio residente do número de 221b da Baker Street, Sherlock Holmes, poderia ter contemplado a extraordinária escala dos crimes cometidos pelo dr. Harold Frederick Shipman, na segunda metade do século XX.

Em 31 de janeiro de 2000, Shipman foi considerado culpado pelo assassinato de quinze pacientes sob seus cuidados e da falsificação do testamento de um deles. Ele foi enviado para a prisão perpétua, e o ministro do Interior confirmou, em 2002, que ele nunca deveria ser libertado. Porém, após uma investigação exaustiva, a primeira parte do relatório oficial sobre a carreira criminal de Shipman concluiu que ele havia matado nada menos que 215 pessoas. Esse número foi posteriormente revisado para uma estimativa de 250 assassinatos, cometidos entre 1971 e 1998 — destes, duzentas e dezoito vítimas foram identificadas. Mais informações podem vir à tona no futuro, mas parece provável que o número definitivo nunca será conhecido, e pode muito bem ser ainda maior do que a estimativa.

Em 1998, Shipman era visto, nas palavras de outra médica da cidade, a dra. Linda Reynolds, como "o melhor médico em Hyde". Ele era bem estabelecido e amplamente respeitado na comunidade local, que era muito unida. Um cidadão modelo, ou assim parecia.

Hyde é, pelo menos na superfície, um cenário improvável para horríveis atividades criminosas. Uma pequena cidade na periferia da grande Manchester, fica perto dos limites de Yorkshire, Lancashire, Derbyshire e Cheshire. Até a reorganização do governo local, em 1974, Hyde estava, de fato, dentro de Cheshire — passando então a fazer parte do recém-criado bairro metropolitano de Tameside. Hyde cresceu durante a Revolução Industrial, e, em algum momento, havia quarenta fábricas de algodão em funcionamento, assim como uma mina de carvão. As antigas indústrias foram extintas, e o que resta é um lugar despretensioso, nem próspero, nem desolado. Não há nenhuma razão óbvia para que tal cidade se torne o lar de pessoas capazes de matanças macabras e terríveis. No entanto, os "Assassinos Mouros", Ian Brady e Myra Hindley, viviam numa propriedade em Hattersley, perto de Hyde, e Dale Cregan, que em 2012 matou quatro pessoas, incluindo dois policiais, e tentou outros três assassinatos, cresceu nas proximidades e entregou-se à Delegacia de Polícia de Hyde. As atividades criminosas de Shipman eram ainda mais surpreendentes e foram conduzidas em uma escala quase inimaginável.

Em março de 1998, algumas pessoas em Hyde ficaram preocupadas com o fato de alguns pacientes de Shipman morrerem em circunstâncias curiosamente semelhantes. A dra. Reynolds, que trabalhou em uma cirurgia, discutiu os rumores com seus colegas e decidiu alertar um médico-legista do sul de Manchester, John Pollard. Ele encaminhou o assunto para a polícia, e foi feita uma investigação. Lamentavelmente, a conclusão foi de que não existiam provas que fundamentassem as preocupações levantadas. Shipman permaneceu livre para matar. E foi isso que ele fez.

Em 24 de junho de 1998, Kathleen Grundy morreu com 81 anos. Ela tinha uma reputação considerável em Hyde: era proeminente na política local, e seu marido havia sido prefeito. Ela ainda estava em forma, alerta e ativa, e sua morte foi um choque considerável para aqueles que a conheciam. Uma paciente leal de Shipman, ela acatou sua vontade de fazer consultas em domicílio, em vez de insistir pela cirurgia. Dois amigos a encontraram no sofá, completamente vestida, como se tivesse adormecido. Shipman foi chamado e, após um exame rápido, disse que ela havia sofrido uma parada cardíaca. A causa da morte que ele registrou na certidão de óbito de Kathleen foi "velhice".

A filha de Grundy, Angela Woodruff, era uma advogada que sempre tinha cuidado dos assuntos da mãe. Tinha em sua posse um testamento no qual a sra. Grundy deixou a maior parte de sua propriedade (avaliada em 386 mil libras esterlinas) para a família. Ela ficou, portanto, chocada ao ouvir de outro escritório de advocacia que a sra. Grundy havia escrito a eles apenas dois dias antes da morte, fazendo um novo testamento que deixava toda a sua fortuna para Shipman, e nada para a família. Outra carta também tinha sido enviada para o escritório por alguém chamado Smith, que afirmava ser um amigo que tinha datilografado o testamento para ela. Smith não existia, e as testemunhas no testamento foram enganadas por Shipman.

Angela Woodruff chamou a polícia. Suas investigações levaram à decisão de exumar o corpo da sra. Grundy, e o exame forense dos restos mortais revelou grandes quantidades de morfina. Quando questionado, Shipman alegou que sua respeitável paciente era uma viciada em drogas. O exame de seus registros médicos revelou que Shipman tinha inventado uma série de informações destinadas a embasar sua alegação. Em seu consultório, havia uma máquina de escrever da mesma marca usada para escrever o testamento, que era uma falsificação óbvia. Também se descobriu que ele tinha antecedentes criminais, embora datados mais de vinte anos antes. Ele foi preso em 7 de setembro de 1998, sob suspeita do assassinato de Grundy e por tentativa de fraude. As investigações policiais sobre outras mortes que ele havia atestado levaram à identificação de quinze casos, e ele foi acusado de assassinar esses pacientes em um julgamento que começou no Preston Crown Court, em 5 de outubro de 1999.

Harold Frederick Shipman nasceu em Nottingham, em 14 de janeiro de 1946, em uma família de classe trabalhadora — era um dos oito filhos. Quando tinha dezessete anos, a mãe morreu. A doença dela o colocou em contato com a medicina, e ele a viu injetando morfina. Sua morte parece tê-lo inspirado a se tornar médico e, provavelmente, teve também um impacto psicológico que contribuiu para que ele se tornasse um assassino em série.

Shipman não era um acadêmico de alto nível. Sua educação parece tê-lo imbuído de um senso de superioridade pessoal. Ele falhou na primeira tentativa de entrar na Faculdade de Medicina da Universidade de Leeds, mas um ano depois, conseguiu. Em Leeds, conheceu Primrose Oxtoby, de dezessete anos. Eles se casaram em 5 de outubro de 1966, com ela grávida de seis meses. Após a especialização, trabalhou na Pontefract General Infirmary. Em 1974, ingressou no Abraham Ormerod Medical Centre, na cidade de Todmorden, em West Yorkshire.

No ano seguinte, seus sócios descobriram que ele havia obtido ilegalmente drogas controladas para uso próprio. Em fevereiro de 1976, ele se declarou culpado no Tribunal dos Magistrados de Halifax, de três acusações de obtenção de petidina, três acusações de posse ilegal de petidina e duas outras acusações de forjar uma prescrição. Nada menos que 74 delitos semelhantes foram levados em consideração, e ele foi condenado a pagar multa e indenização. No entanto, o Conselho Médico Geral, que é responsável por manter o registro dos médicos e promover a saúde pública, decidiu não tomar nenhuma medida disciplinar contra ele. Nem o Home Office impôs qualquer proibição aos seus futuros negócios com drogas controladas.

Como resultado, ele tinha a liberdade de continuar a prática como médico, sem restrições ou supervisão. Em outubro de 1977, Shipman começou a trabalhar na clínica de Donnybrook, em Hyde. Ele permaneceu lá até 1992, quando deixou a sociedade e se tornou médico autônomo, mudando-se para a Market Street, número 21, onde permaneceu até sua prisão.

Uma questão-chave na investigação dos crimes de Shipman foi, e continua a ser, a realidade inescapável de que apenas em alguns casos havia provas físicas disponíveis para mostrar se ele matou o paciente em questão. Além das quinze acusações pelas quais foi julgado, em três dos casos a polícia encontrou vestígios de morfina nos tecidos do corpo. Porém, Shipman se declarou inocente. Então, como a culpa pode ser provada?

Em um julgamento criminal, o júri geralmente não está autorizado a tirar uma conclusão de culpa com base nas provas de crimes semelhantes anteriores do réu. A exceção crucial a esse princípio é que o júri pode levar em conta a conduta passada se a semelhança entre a conduta passada e a alegação presente for tão grande ou tão marcante que seja contra o bom senso não fazê-lo. No caso de Shipman, a prova do "fato semelhante" não somente foi crucial, como avassaladora. O veredito do júri foi unânime.

Após sua condenação, o governo britânico criou um inquérito, o The Shipman Inquiry, que foi encarregado da investigação de quatro questões:

1. A extensão das atividades ilegais de Shipman.
2. A atuação dos órgãos governamentais e de outras organizações envolvidas nos procedimentos e investigações que se seguiram às mortes dos pacientes de Shipman.
3. O desempenho dos órgãos governamentais e outras organizações responsáveis pelo monitoramento da prestação

de cuidados primários e do uso de drogas controladas.
4. Que medidas devem ser tomadas para proteger os pacientes no futuro.

O inquérito foi conduzido por uma distinta advogada, Dame Janet Smith. Naturalmente, suas referências abrangiam mais do que os requisitos estritos de um julgamento criminal. Seu relatório fez recomendações muito importantes para uma melhor proteção pública. Além disso — apesar de todas as dificuldades que enfrentou —, ela procurou lançar luz sobre a condição psicológica de Shipman e tentar entender por que ele agiu como agiu.

Como o número de mortes de Shipman parecia incontestável, Dame Janet decidiu que era essencial considerar as provas disponíveis em relação a cada paciente de Shipman que havia morrido enquanto era tratado por ele. Tendo a culpa de Shipman em quinze casos sido determinada pelo júri, Dame Janet considerou originalmente 887 mortes. Como havia evidências convincentes em 394 casos de que o paciente tinha morrido naturalmente, o foco foi a investigação das circunstâncias das mortes restantes. Dame Janet tomou uma decisão em cada caso, e também em relação a um incidente no qual Shipman agiu ilegalmente, mas que não resultou na morte do paciente.

Ela concluiu que Shipman havia cometido crimes graves ao longo de sua carreira profissional, obtendo, regularmente e por meios ilícitos, drogas controladas. Em agosto de 1974, ele administrou ilegalmente um opioide, provavelmente petidina, em uma paciente, provocando-lhe uma parada respiratória e pondo em risco sua vida. Em Hyde, sua primeira vítima foi Eva Lyons, que morreu em março de 1975. A mulher tinha câncer e estava em estágio terminal. Shipman lhe deu uma overdose e apressou sua morte. Inicialmente, Dame Janet concluiu que, além dos quinze pacientes de cujos assassinatos Shipman foi acusado e condenado, ele matou duzentos outros. Depois de publicar seu primeiro relatório, ela identificou mais três vítimas e concluiu que Shipman tinha começado a matar pessoas ainda antes do que parecia ser o primeiro caso, enquanto ainda trabalhava em Pontefract.

A escala de seus crimes era tal que o estabelecimento da verdade era impossível. Finalmente, depois de acrescentar as mortes suspeitas em Pontefract, Dame Janet concluiu que o número correto era de aproximadamente duzentas e cinquenta.

Havia um modelo para o "típico assassinato de Shipman". Dame Janet descreveu seu método característico em termos simples, mas absolutamente arrepiantes.

> "Shipman visitava um paciente idoso, geralmente um que vivia sozinho. Às vezes a visita era a pedido do paciente, por causa de uma doença qualquer; às vezes Shipman fazia uma visita de rotina, para tirar uma amostra de sangue ou para fornecer prescrições repetidas, por exemplo; às vezes ele fazia uma visita não solicitada. Durante a visita, Shipman matava o paciente. Depois, seu comportamento variava, e ele apresentava diferentes explicações típicas para o que tinha acontecido. Às vezes alegava que tinha encontrado o paciente morto quando chegou. Se lhe perguntassem como tinha conseguido entrar, ele diria que o paciente o esperava e tinha deixado a porta 'encostada'. Às vezes ele ficava no local e telefonava para parentes ou vizinhos e lhes comunicava a morte. Ele dizia que tinha encontrado o paciente perto da morte ou, às vezes, que o paciente tinha morrido subitamente em sua presença. Às vezes deixava o local depois da morte, fechando (e assim trancando) a porta. Então, depois, ele iria à procura de um vizinho que tivesse uma chave, ou a um responsável, se o paciente vivesse em alguma casa de repouso, e juntos iam para o local e 'descobriam' o corpo. Em outras ocasiões, ele deixava o corpo no local e esperava que um parente ou amigo descobrisse a morte."

Ele tinha um *modus operandi* padrão. Segundo Dame Janet:

> "Seu método habitual de matar era por injeção intravenosa de uma dose letal de opiáceo forte". Às vezes, principalmente se o paciente estava doente na cama, ele matava dando uma injeção intramuscular de uma droga semelhante... Não há provas confiáveis de que ele matou, a não ser pela administração de uma droga."

A algumas vítimas, a maioria delas com doenças terminais, ele deu uma injeção intramuscular, que faria efeito e resultaria em morte dentro de uma hora. Parece provável que tenha administrado grandes doses de sedativos, como Largactil, a doentes idosos com função respiratória reduzida. O efeito era induzir a um sono profundo e prolongado, e tornar o paciente vulnerável à morte por broncopneumonia.

Além disso, Dame Janet concluiu que "Shipman deve ter cometido delitos desse tipo praticamente todos os dias. Ele obteve grandes quantidades de petidina e diamorfina [heroína] por meios ilegais e desonestos, por meio de enganos ou falsificação".

Mostrando domínio do discurso de um advogado, Dame Janet disse:

> "É profundamente perturbador que a morte dos pacientes de Shipman não tenha levantado suspeitas por tantos anos... Não até março de 1998, quando uma colega de profissão se sentiu suficientemente preocupada para fazer um relatório para o legista. Infelizmente, o relatório da dra. Linda Reynolds de 24 de março de 1998 levou a nada. Se não fosse a falsificação grosseiramente incompetente do testamento da sra. Grundy, seus crimes continuariam a passar despercebidos."

Como Shipman foi capaz de se safar de múltiplos assassinatos por tanto tempo? A resposta é que as salvaguardas legais superficialmente sensatas provaram ser lamentavelmente prejudiciais. A maioria de suas vítimas foi cremada, e as regras exigiam um segundo médico para confirmar a causa da morte, enquanto a documentação da cremação tinha de ser verificada por um terceiro médico no crematório. O sistema não fez ninguém suspeitar das atitudes de Shipman.

Uma característica deprimente do caso é que os pacientes de Shipman morreram de repente e em casa, sem qualquer histórico de doença terminal ou potencialmente fatal. A lei exige que tais mortes sejam relatadas ao médico legista, mas Shipman conseguiu evitar o encaminhamento em quase todos os casos, exceto em alguns poucos. Muito simplesmente, ele afirmou ter diagnosticado a causa da morte e que podia provar. Tal era a força de sua reputação na comunidade que ele foi capaz de convencer os parentes de que não havia necessidade de um exame *post mortem*.

Após suas condenações em 1976, Shipman declarou a intenção de nunca mais transportar drogas controladas. Pode-se compreender bem o desejo das autoridades de reabilitar um jovem médico, mas, na prática, o perdão e a oportunidade de redenção aliados a uma regulamentação fraca criaram as condições que permitiram o assassinato em escala industrial por um homem que tendia a trair a confiança. Shipman não era obrigado a manter um registro de drogas controladas, e conseguiu, por vários meios, obter e estocar grandes quantidades dessas drogas. Na verdade, os chamados "controles" eram totalmente inúteis. Em 1996, Shipman usou o nome de um paciente moribundo para prescrever e obter doze gramas de diamorfina em uma única ocasião. Só isso seria o suficiente para matar cerca de 360 pessoas.

O perfil etário de suas vítimas era significativo. A mais velha, Ann Cooper, tinha 93 anos quando foi morta. A maioria era idosa, embora ele tenha matado algumas pessoas mais jovens. Havia uma tendência, mesmo no caso de pessoas mais velhas geralmente saudáveis, a considerar que elas tinham "tido uma boa vida", e que na sua idade a morte não era improvável. O caso levanta questões sobre as atitudes da sociedade em relação às pessoas mais velhas que vão muito além do âmbito dos crimes de Shipman.

O gênero das vítimas foi igualmente digno de nota. Em seu primeiro relatório, Dame Janet observou que 171 das vítimas identificadas naquele momento eram mulheres e 44 homens. Dado que as mulheres geralmente vivem mais tempo que os homens e que a vítima típica de Shipman era uma pessoa idosa que vivia sozinha, Dame Janet pensou que não era surpreendente que a maioria das suas potenciais vítimas fosse de mulheres. Ele era oportunista e matou homens e pessoas mais jovens quando a ocasião surgiu. E, como disse Dame Janet: "Embora a maioria das mortes pelas quais Shipman foi responsável tenha ocorrido enquanto ele trabalhava sozinho, é claro que, mesmo trabalhando em grupo, ele foi capaz de matar sem ser descoberto durante muitos anos". Da mesma forma, ela concluiu, mais tarde, que ele havia conseguido cometer assassinatos enquanto trabalhava em um hospital.

Mais de uma década depois de Dame Janet ter feito extensas recomendações de reforma, elas ainda não foram totalmente implementadas. A partir de abril de 2019, um novo sistema liderado por médicos examinadores começou a ser implantado nos hospitais da Inglaterra e do País de Gales. O sistema não estatutário introduzirá um novo nível de escrutínio ao qual todas as mortes estarão sujeitas ao escrutínio de um médico legista ou à investigação policial. Agora, resta saber como o novo regime vai funcionar na prática.

Por que Shipman se tornou um assassino em série? Dame Janet não foi obrigada a responder à pergunta, e Shipman recusou-se a cooperar. Ela não invadiu a privacidade da mulher ou dos filhos de Shipman. No entanto, seu relatório contém muito material útil sobre o assunto, pois ela procurou identificar questões que poderiam afetar as mudanças no regime que regulamenta a forma como os médicos atuam. Ela até contratou uma equipe de peritos psiquiátricos para aconselhá-la.

As mortes não foram motivadas por ganhos financeiros. Poucos dos seus pacientes lhe deixaram algum dinheiro, embora às vezes ele pedisse alguma coisa pertencente a uma das vítimas. Em 1985, por exemplo, ele perguntou à família de Margaret Conway se podia ficar com seu papagaio para dar à sua tia, mas eles recusaram. Dame Janet observou que havia "muitas suspeitas de que Shipman roubava dinheiro e itens das casas das vítimas", mas sentiu que isso não constituía um motivo para assassinato. Aparentemente, ele matou simplesmente porque podia.

O caso de Grundy representou uma absurda exceção a essa regra geral. Dame Janet disse:

> "Shipman não poderia racionalmente ter pensado que escaparia com os bens da sra. Grundy. Toda a sua ação foi extremamente incompetente. A descoberta era inevitável. Não estou convencida de que Shipman tenha decidido matar a sra. Grundy porque queria o dinheiro dela... Os seus processos de pensamento devem ter sido muito mais complexos do que isso."

Shipman não mexeu nos corpos de suas vítimas. Dame Janet observou que:

> "Ele pode, em certas ocasiões, tê-los 'arrumado', por exemplo, colocando um livro ou jornal no joelho da vítima para criar a impressão de que ela estava lendo pouco antes da morte... Não parece ter havido qualquer motivação manifestamente sádica ou erótica para seus crimes... Se alguém define o motivo

> como uma explicação racional ou consciente para a decisão de cometer um crime, acho que os crimes de Shipman foram sem motivo."

Shipman tinha uma boa reputação em Hyde, e seus pacientes sentiam que ele sempre tinha tempo para eles. No entanto, havia algo sinistro na forma como cultivava uma imagem carinhosa; gostava de ser considerado como "um médico de família antiquado" e não escondia a crença de que os pacientes idosos deviam poder morrer em casa "com dignidade", e não num hospital. Como disse Dame Janet: "A sua reputação em relação a esses assuntos foi um 'álibi' útil para as mortes."

Ele era trabalhador, mas tinha poucos amigos, nenhum entre seus associados profissionais. Seus pacientes apreciavam sua maneira de atender, e muitos o consideravam um amigo — isso não o impediu de matá-los. Dame Janet citou um exemplo pungente no caso de Mavis Picape. Depois que seu marido, Kenneth, morreu de ataque cardíaco.

> "Shipman foi curiosamente rápido sobre a morte do sr. Picape, mas mostrou grande preocupação com a viúva". Ele perguntou por ela de uma forma muito simpática e disse ao filho que, se houvesse alguma coisa que ele pudesse fazer, se ela precisasse de algum tipo de ajuda, não limitada a assuntos médicos, ele 'estaria sempre disponível para ela'. Ele a matou três semanas depois de ela ter telefonado, irritada porque as crianças estavam batendo na porta dela e fugindo."

Shipman era grosseiro a ponto de ser rude, mas os pacientes raramente pareciam ficar ofendidos. Como disse Dame Janet:

> "Quando o sr. Stephen Dickson perguntou a Shipman, em 28 de fevereiro de 1998, quanto tempo seu sogro, o sr. Harold Eddleston, que tinha câncer, provavelmente iria viver, Shipman respondeu: 'Eu não lhe compraria ovos de Páscoa'. O sr. Dickson não se ofendeu porque achava que esse tipo de comentário era típico de Shipman. Shipman matou o sr. Eddleston quatro dias depois."

Uma característica marcante de seu comportamento ficou clara quando as famílias dos pacientes descobriram que "sua atitude geralmente bondosa e simpática desaparecia quando o parente morria". Eles, naturalmente, ficavam muito aflitos. Ele era desdenhoso e, às vezes, dizia as coisas mais inapropriadas e dolorosas.

Ele poderia ser agressivo, vaidoso, arrogante e desprezível para com aqueles que considerava intelectualmente inferiores. Gostava de desafiar oficiais e humilhar subordinados que achava não terem um bom desempenho. Sua característica definidora era o desvio. Dame Janet o considerava "um mentiroso talentoso e inventivo. Ele poderia mentir espontaneamente para sair de uma situação difícil, o que fez em inúmeras ocasiões".

Na década de 1970, Shipman tornou-se viciado em petidina. Ele deu a desculpa de que estava deprimido e infeliz com seu trabalho e suas relações com os parceiros. Seus sócios não tinham conhecimento de quaisquer sinais de depressão e não achavam que ele tivesse alguma dificuldade. Na opinião de Dame Janet, era "provável que o que quer que causasse o vício de Shipman em petidina também levaria a outras formas de comportamento viciante. É possível que ele fosse viciado em matar".

Os psiquiatras pensavam que sua arrogância e superconfiança eram uma máscara para a baixa autoestima, e que ele estava com raiva, profundamente infeliz e cronicamente deprimido, com uma necessidade profunda de controlar pessoas e eventos. Mas isso em si não explica por que ele se tornou um assassino em série. Uma possibilidade notada por Dame Janet foi que ele "poderia ter desenvolvido medo da morte e necessidade de controlá-la". Talvez tenha tido um interesse mórbido pela morte ou experimentado um "gosto" de excitação nos encontros próximos com ela. Possivelmente, a morte de outras pessoas lhe deu uma sensação de alívio pessoal.

Dame Janet concluiu que:

"depois de uma morte, quando os parentes estavam reunidos, ele gostava de agir como 'mestre de cerimônias'. Queria ser o centro das atenções e assumia o controle. Ele se apresentava como omnisciente. Dava instruções sobre a remoção do corpo. Dava sua explicação para a morte, dizendo muitas vezes que, embora pudesse ter sido uma surpresa para os parentes, não tinha sido surpresa para ele. Podia acrescentar comentários como 'ela estava cheia de câncer'... Os parentes ficavam, muitas vezes, gratos a ele e satisfeitos por ter estado presente no momento da morte... [ele] parecia pensar que sabia quando um paciente deveria morrer. Disse muitas vezes que era 'melhor' que o paciente morresse naquele momento... pode ser que tenha se convencido de que o que tinha feito era, de alguma forma, justificável. O fato de a maioria das mortes prematuras ser de pessoas próximas à morte ou muito doentes dá apoio a essa visão."

As primeiras vítimas eram aquelas cujas mortes apresentavam o menor perigo de serem descobertas. Dame Janet disse:

"Ele poderia ter se convencido de que estava fazendo um favor a seus pacientes e a seus parentes. Os psiquiatras dizem que essas explicações aparentemente lógicas para as mortes prematuras não são inconsistentes com a teoria de que Shipman matou em resposta a uma necessidade dentro de si... Shipman parece ter estado particularmente disposto a matar os enlutados... [e havia] alguns pacientes que acho que Shipman considerava como um incômodo."

Embora as mortes tenham se tornado gradualmente mais frequentes, o ritmo era interrompido de vez em quando, provavelmente devido a seu medo de ser descoberto e ao desejo de autopreservação. Em uma passagem memorável, Dame Janet disse: "Quando retomou a matança, ele o fez gradualmente, às vezes começando com um paciente terminal. Era como se ele estivesse entrando na piscina no lado raso para ver se ainda conseguia nadar." A taxa de mortes de Shipman aumentou de forma constante, atingindo o pico em 1997 e no início de 1998. Talvez isso apoie a teoria de que ele tinha se viciado em homicídios. Nessa altura, ele também já estava mais confiante, sobretudo na própria habilidade em dar explicações para se livrar de problemas. Dame Janet pensou que:

> "ao forjar o testamento da sra. Grundy e matá-la, Shipman levantou uma bandeira que chamou a atenção para o que vinha fazendo. Não mais em contato com a realidade, acho que ele poderia, então, ter concebido um plano de fantasia, pelo qual ele poderia obter o dinheiro da sra. Grundy, fugir e deixar de ser médico. As mortes cessariam. Esse plano, racionalmente considerado, estava destinado a falhar, mas iria oferecer-lhe um futuro de fantasia e uma forma de se impedir de matar."

No entanto, ele não confessou e continuou a afirmar que tudo o que tinha feito fora dar um tratamento adequado a seus pacientes. Dame Janet concluiu:

> "Pode ser que ele tenha se convencido de que é inocente. Os psiquiatras dizem que tal grau de autoengano, que envolve a compartimentação de ideias e a dissociação de processos de pensamento, não é raro após a prática de crimes muito graves. É um mecanismo mental pelo qual o criminoso se defende da ansiedade avassaladora que a realidade causaria... Pode ser que ele saiba o que fez e que foi errado, mas escolhe, possivelmente como forma de autoproteção, uma negação completa. Duvido que alguma vez saibamos."

Shipman enforcou-se na cela na prisão de Wakefield, no dia 13 de janeiro de 2004, um dia antes do seu aniversário de 58 anos. Longe de oferecer uma explicação para seus crimes, foi para a sepultura ainda em negação sobre o que fizera. Como Dame Janet disse:

> "A afirmação nua e crua de que Shipman já matou mais de duzentos pacientes não reflete totalmente a enormidade de seus crimes. Como médico de clínica geral, a ele eram confiados implicitamente os pacientes e suas famílias. Ele traiu a confiança destes de uma forma e em uma extensão que acredito ser

inigualável na história. Estamos todos acostumados a ouvir falar de mortes violentas, tanto na mídia como na ficção. De certa forma, a morte 'não violenta' de Shipman parece quase mais incrível do que as mortes violentas de que ouvimos falar. A forma como ele era capaz de matar, enfrentar os parentes e partir sem suspeitas seria encarada como fantasiosa se descrita em uma obra de ficção."

Para voltar à ficção e à frase contundente de Sherlock Holmes, Shipman tinha a coragem e o conhecimento. Tanto quanto sabemos, nenhum outro assassino na Grã-Bretanha matou tantas pessoas. Ele é, de fato, o primeiro dos criminosos.

A Besta de BC

Mike Browne

A depravação de Clifford Olson horrorizou os canadenses uma década e meia antes de Paul Bernardo e vinte anos antes de Robert Pickton. Durante um período de nove meses, de novembro de 1980 a julho de 1981, esse homem, que se intitulava "A Besta de BC", raptou, violentou e assassinou onze homens e mulheres, com idades entre nove e dezoito anos.

Clifford Robert Olson Júnior nasceu em 1 de janeiro de 1940, por volta das dez da noite, no hospital St. Paul's, no centro de Vancouver. A mãe de Clifford trabalhava numa fábrica de conservas, e o pai serviu nas Forças Armadas Canadenses, durante a Segunda Guerra Mundial. Eles não eram casados quando Clifford nasceu, e não oficializaram a união até seus três anos. Como o pai estava no Exército e longe a maior parte do tempo, Clifford não recebia muita disciplina.

Olson afirmou que uma de suas primeiras memórias era de quando tinha 4 anos, de seu tio de quinze anos brincando com ele e sua irmã. O trio se despia, e o tio deitava-se em cima de cada criança, que estava de bruços. Depois lhes dava moedas para ficarem de boca fechada. Clifford disse que mais tarde fez a mesma brincadeira com outras crianças, interpretando o papel de "tio". Ele começou a mentir cedo para escapar de problemas ou para ser bem visto. Dizia que tinha sido o primeiro bebê do ano em que nasceu, muito celebrado. Isso era mentira — nasceram outros seis antes dele.

Na escola, Clifford era desafiador e rude, e mentia para os professores. Aos dez anos, começou a atirar facas em garotinhas e forçá-las a entrar nos arbustos para que ele pudesse olhar para elas e apalpá-las. Muitas vezes, matou aulas e roubou. Olson começou a praticar boxe e ficou bastante em forma e forte para sua pequena estatura. Ele começou a vender jornais no hipódromo de Lansdowne Park, onde conheceu todos os tipos de pessoas interessantes. Farto de lhe dizerem o que fazer, deixou a escola em 1956, e começou a trabalhar mais tempo no hipódromo.

Então, sua carreira como criminoso começou de verdade.

Entre 1957 e 1981, Clifford Olson foi preso 94 vezes por diversos crimes, como fraude, assalto à mão armada, agressão sexual, crimes com armas de fogo, fuga e roubo. Quando tinha 41 anos, havia passado apenas quatro anos de sua vida adulta como um homem livre.

Ao sair da prisão em 1980, Clifford conheceu Joan Hale, que deu à luz um filho seu, Clifford Olson III.

Na tarde de 17 de novembro de 1980, Christine Weller, doze anos, de cabelos escuros e olhos azuis, estava andando de bicicleta com um amigo, ao longo do que então se chamava King George Highway.

Christine odiava Surrey. Ela sempre fugia de casa, especialmente quando seus pais bebiam e brigavam (eles estavam separados na época). Christine, seu pai e sua avó moravam temporariamente no hotel barato de beira de estrada Bonanza. Richard, o pai, tinha prometido que eles se mudariam para um apartamento em breve.

Christine estava caminhando com o pai até Surrey Inn, onde ele queria tomar uns copos para celebrar os 47 anos de idade. Richard perguntou onde ela havia conseguido a bicicleta, e ela disse que seu amigo Clive tinha lhe emprestado. Ele disse a Christine para "ter cuidado com aquele rapaz". Quando chegaram ao Surrey Inn, Richard Weller beijou sua filha e disse que tentaria não demorar, e que era para ela voltar direto para casa. "Claro, pai", disse Christine, e começou a andar de bicicleta em círculos.

Era perto das seis da noite, e Christine estava a caminho de casa quando um homem a chamou da janela aberta de um carro. Ele estava estacionado no terreno do Hospital Veterinário de Surrey, do outro lado da rua do condomínio Surrey Village. "Ei!", gritou ele. "Sabe onde fica a central de empregos por aqui para contratar crianças?"

Christine dirigiu-se ao homem e, após uma breve conversa, deixou a bicicleta de Clive encostada à parede do hospital de animais e entrou no banco da frente do carro. Ela foi vista mais tarde, no mesmo carro, por volta das dez da noite, por um segurança do condomínio Surrey Village. Parecia estar bêbada ou drogada. O motorista, um residente do complexo de apartamentos, disse: "Está tudo bem. Ela é minha sobrinha." O guarda acreditou e foi embora. O homem foi embora com a menina bêbada. A história somente faria sentido muito mais tarde.

Quando Christine não voltou para casa naquela noite, a avó e o pai presumiram que estivesse com amigos. Sua família deu queixa de uma possível fuga às autoridades, no dia 19 de novembro, dois dias depois.

Havia relatos de que Christine tinha sido vista nos arredores de Surrey, mas nada conclusivo. Embora o pai de Clive tivesse interpretado mal o desaparecimento da menina e da bicicleta do filho, a polícia disse que estavam tratando o caso como "baixa prioridade". Afinal de contas, ela já tinha histórico de fugas de casa.

No dia de Natal de 1980, estava sol e calor na Baixa Mainland. Ao largo da River Road, na mata perto do rio Fraser, o corpo de Christine Weller foi descoberto por um homem que foi dar uma volta.

Ela estava nua e tinha sido drogada (pelo menos com álcool), agredida sexualmente, estrangulada e esfaqueada. Foi determinado que ela poderia estar lá desde o dia em que desapareceu ou muito pouco tempo depois. A imprensa anunciou que Christine tinha sido encontrada. A polícia pediu ajuda ao público para encontrar a bicicleta vermelha de dez marchas de Clive, e deu a descrição de Christine. A bicicleta foi encontrada no sábado seguinte, na mata atrás do Hospital Veterinário de Surrey.

No memorial de Christine, no Burquitlam Mortuary, o reverendo disse que a ira de Deus estava esperando por aquele assassino. A polícia ficou perplexa ao tentar ligar o caso a outras mortes de crianças que tinham ocorrido anteriormente. Eles não faziam ideia do inferno que estava prestes a começar.

Um homem que morava do outro lado da rua do Hospital Veterinário de Surrey ficou obcecado com o caso de Christine e falava sobre suas "teorias" sempre que podia. Os amigos pensavam que ele era um louco fanfarrão. A namorada disse-lhe muitas vezes para se calar e parar de falar sobre aquilo, mas ele continuou. Embora fosse bem conhecido da polícia, não o interrogaram sobre Christine. O homem era Clifford Robert Olson.

Em 16 de abril de 1981, Colleen Marian Daignault, de treze anos, um metro e meio e 45 quilos, estava desfrutando do dia quente da primavera em seu skate. Ela estava morando com a avó, em Surrey, enquanto os pais se separavam. Colleen, que tinha passado a noite com uma amiga em Delta, a dois ônibus de distância, prometeu à avó que estaria em casa às quatro naquela tarde. Enquanto esperava num ponto de ônibus em North Delta, um carro parou e o motorista perguntou: "Sabe onde fica a agência de emprego? Estou tentando contratar crianças a dez dólares por hora para lavar janelas." Colleen entrou no carro, e ele andou.

Colleen também foi dada como fugitiva e era, mais uma vez, um caso de baixa prioridade para a polícia, que estava sobrecarregada com trezentos casos de pessoas desaparecidas mensalmente. A família esperava o melhor, mas sabia que algo estava errado — aquilo não era do feitio da garota. Coleen nunca mais foi vista com vida.

Em 21 de abril de 1981, Daryn Todd Johnsrude, de dezesseis anos, estava aproveitando o feriado da Páscoa. Ele saiu de Saskatchewan para visitar sua mãe e seu novo marido, em Coquitlam. Daryn tinha um metro e sessenta, pesava quarenta quilos e tinha cabelo desgrenhado, na altura dos ombros. Ele estava na cidade havia dois dias, e não era familiarizado com a área. O plano dele era conhecer o lugar e voltar permanentemente no verão, depois de terminar a escola em Regina. Daryn era um pouco rebelde e tendia a andar com pessoas de quem seus pais não gostavam. A caminho da loja para comprar um maço de cigarros — algo que os pais não gostavam que ele fizesse —, um carro encostou perto do garoto. Daryn e o motorista começaram a conversar. O homem lhe ofereceu um emprego de dez dólares por hora e uma garrafa de cerveja. Daryn entrou no carro, que deu partida logo em seguida.

A mãe e o padrasto de Daryn ficaram preocupados quando ele não apareceu à noite. Ele tinha saído às onze e meia da manhã. Onde poderia estar? Ele não conhecia ninguém na cidade, e estava lá fazia pouco tempo.

Em 2 de maio de 1981, perto da pequena comunidade de Deroche, cerca de quinze quilômetros a leste de Mission, dois homens corriam com seus cães pela floresta. Um dos cães ficou agitado ao longo de uma trilha perto do rio. Ao verificarem do que se tratava, os homens encontraram o corpo nu de um jovem homem caído sobre um toco.

Após alguns dias e alguma confusão entre a polícia e a família de Daryn, foi feita uma identificação positiva. Daryn Johnsrude tinha sido encontrado. Havia sido espancado até a morte com o que parecia ser um martelo, depois de ter sido drogado e violentado sexualmente. Devido à variação de idade e sexo, a polícia ainda não tinha feito qualquer ligação entre os dois assassinatos e o desaparecimento de Colleen Daignault. Clifford Olson sabia que havia uma ligação, mas tinha outras coisas para cuidar. Em 15 de maio de 1981, estava decidido a se casar com a mãe de seu filho recém-nascido.

Em 19 de maio de 1981, apenas quatro dias após o casamento, o monstro andava atrás de sua próxima vítima. Sandra Lynn Wolfsteiner, de dezesseis anos, uma morena bonita com olhos de avelã, vivia com sua irmã, em Langley. Não tendo carro, Sandra pegava carona quando o transporte público não era uma opção viável. Nesse dia, ela ia visitar o namorado, Keith, em Surrey. Queria aparecer na oficina em que ele trabalhava para levá-lo para almoçar na autoestrada Fraser. Primeiro, ela parou para ver a mãe de Keith. Depois de uma breve visita, ela se dirigiu à rodovia por volta das onze e meia para pegar carona até a oficina mecânica. A mãe de Keith viu Sandra entrar num carro cinza prateado, de duas portas, de tamanho médio, com um motorista.

Sandra, ou "Sandy" para os amigos, estava atrasada para o almoço com Keith. Preocupado, ele ligou para sua casa, mas ela não estava lá. A mãe disse que Sandy tinha saído de casa antes do meio-dia — ela havia entrado em um carro. Keith chamou a polícia e disseram que teria de esperar 48 horas para fazer uma denúncia de desaparecimento. Com o passar dos dias, a polícia suspeitava de que, se algo tivesse acontecido a Sandy, Keith estaria envolvido. Ele aceitou passar por um teste de polígrafo.

Sandy entrou na lista de pessoas desaparecidas.

Na manhã de 21 de junho de 1981, Ada Anita Court, de treze anos, acabava de sair do trabalho de babá em um apartamento alugado por seu irmão e sua cunhada. Ela adorava crianças, e as crianças a adoravam — alguns até as chamavam de "bebês da Ada". Ada ia pegar um ônibus para casa, em Burnaby, onde planejava visitar o namorado, mas desapareceu no caminho. O que ninguém percebeu foi que ela fora apanhada pelo filho do zelador do prédio em uma picape preta.

Clifford Olson.

Depois que Olson convenceu Ada a entrar no carro de um estranho, ele aliciou a jovem com cerveja e a promessa de trabalho.

Por volta das oito daquela noite, um homem de White Rock, que chamaremos de Jim, saiu para um passeio de carro perto do lago

Weaver, na região de Agassiz, um parque popular e uma área de piquenique. Ao passar por uma esquina, ele viu um homem debruçado em cima de algo, ao lado de uma picape preta. Quando Jim se aproximou, viu o homem se dobrando sobre uma menina com uma camisola colorida. Ela não se mexia. Jim saiu do carro e perguntou se poderia ajudar. O homem de cabelo curto e encaracolado, com a menina aos pés, simplesmente olhou para Jim, sem responder.

Pensando que algo estava errado, Jim voltou para o carro e foi embora. O outro homem entrou na picape e o perseguiu por um tempo, mas Jim, que conhecia as estradas por causa da exploração madeireira, conseguiu se livrar de seu perseguidor. Embora apavorado, Jim não relatou seu encontro à polícia, apenas percebendo o que tinha visto meses depois, quando a notícia apareceu na TV.

Quem sabe o que poderia ter acontecido se ele tivesse falado logo com a polícia? Talvez julho de 1981 não tivesse sido tão sangrento. Olson matou mais seis crianças e adolescentes num período de apenas trinta dias.

Quando os detetives começaram a investigar o desaparecimento de Ada Court, a ligação de Clifford Olson com a propriedade e seu passado criminal, especificamente o de agressão sexual, finalmente chamou-lhes a atenção.

Em 2 de julho de 1981, Olson atacou novamente. Dessa vez, foi sua vítima mais nova.

Simon Partington, de nove anos, morava no bairro de Cedar Hills, em Surrey. Vestido com uma camiseta azul e jeans, o menino loiro, de aspecto angelical e olhos azuis, mal tinha alcançado um metro e trinta e pesava cerca de trinta quilos. Depois de ter comido uma grande tigela de cereais, pegou seu novo livro do Snoopy, colocou-o no cesto da bicicleta e foi até a casa de um amigo, a poucos quarteirões de distância, na rua 128, número 9555.

Simon nunca chegou. Em poucas horas, foi dado como desaparecido. Ele não tinha seguido sua rota de sempre naquela tarde.

Uma busca intensa com duzentos voluntários foi feita em Surrey à procura do menino. Como Simon tinha apenas nove anos, foi difícil afirmar que tinha fugido. Suspeitava-se de que havia algo errado. Ele tinha desaparecido a quarteirões de onde Christine Weller desaparecera, em novembro do ano anterior. A polícia, a mídia e o público começaram a se perguntar se aqueles casos poderiam estar relacionados. Poderia haver um assassino em série, em Surrey?

A busca foi reduzida ao fim de seis dias. Não havia sinal de Simon. Ele tinha desaparecido.

Olson, indiferente à cobertura da imprensa e ao interesse do público pelos desaparecimentos, estava novamente à caça apenas um dia após o desaparecimento de Simon. Ele abordou duas meninas, Sandra Docker, de dezesseis anos, e sua amiga, Rose Smythe, em um salão de jogos no Lougheed Mall, na North Road, em Burnaby, perguntando-lhes se elas aceitariam trabalhar limpando tapetes.

As garotas entraram no Ford Pinto prateado do homem, e deram a volta no quarteirão até a Cameron Street, para um prédio com placas de construção. Olson disse que era ali que elas iam trabalhar. Estava montando sua armadilha.

O trio fez planos para se encontrar na segunda-feira seguinte, 6 de julho de 1981, e as meninas beberam cerveja com o homem no carro, antes de ele as levar de volta ao shopping.

Em 6 de julho, como combinado, Olson pegou as duas no Lougheed Mall. Eles ficaram rodando enquanto Olson tentava pensar em como levar duas meninas ao mesmo tempo. Ele tinha que escolher uma, e Sandra parecia ser a mais fácil. Ele disse a elas que só tinha trabalho suficiente para Sandra, e deixou Rose no centro comercial. Sandra estava um pouco preocupada em ficar sozinha com um homem estranho, mas foi mesmo assim. Eles andaram por Lower Mainland, e, em determinado ponto, Olson pegou uísque e deu um pouco para Sandra.

Em Surrey, Olson trocou o Ford Pinto por um Ford Granada verde em uma locadora. Enquanto bebia o uísque, seu comportamento piorou. Sandra não queria mais beber. Ela estava se sentindo mal e bastante bêbada, mas Olson a forçou violentamente. Pensando que a jovem estava bêbada o suficiente, ele dirigiu para um local isolado em Surrey. "Este é o meu mais novo local de trabalho", disse ele, rastejando para o banco de trás para violentar sexualmente Sandra Docker. Ela lutou, e Olson ficou frustrado e broxou. Bêbado, disse: "Você está despedida". Ele levou Sandra de volta para o centro comercial e a expulsou do carro.

Sandra então fez sinal para um veículo da Real Polícia Montada do Canadá que se aproximava. "O motorista daquele carro verde acabou de tentar me estuprar", disse ela ao guarda Smith.

Ela se sentou no veículo da polícia enquanto Smith transmitia: "Burnaby, todos os carros, Ford Granada verde, BC placa JBH 616, partindo de Lougheed Mall. Prosseguindo para leste na Cameron. Um ocupante do sexo masculino, caucasiano, quarenta anos, cabelo castanho. Procurado por agressão sexual. Acabou de acontecer". A polícia perseguiu e capturou Clifford Olson.

Olson falou longamente na sala de interrogatório, mas apenas para negar o crime ou dizer que a garota tinha aceitado a proposta desde o início. Ele lembrou à polícia que tinha ajudado a condenar um abusador de crianças. Como ele tinha sido o traidor na prisão, sentiu que eles lhe deviam uma.

A credibilidade de Sandra foi questionada. Como não havia outras testemunhas, e ela estava bêbada no momento do alegado ataque, Olson foi libertado.

Em 9 de julho de 1981, um dia depois de ter escapado de ser acusado de tentativa de estupro, Olson saiu à caça de novo. Dessa vez, estava com um rapaz de dezoito anos no carro. Ele faria isso muitas vezes — era mais fácil atrair pessoas mais jovens com uma boa isca. O nome do passageiro era Randy Ludlow.

Mais tarde, Ludlow deu o seu relato do que aconteceu naquela noite.

Olson tinha visto uma menina bonita sair de uma cabine telefônica, na Columbia Street, em frente ao Hospital Royal Columbian. Parecia que ele a conhecia porque, quando ele acenou, ela sorriu e se aproximou do carro.

Seu nome era Judy Kozma, tinha catorze anos e era caixa de meio período no McDonald's.

Judy estava a caminho de uma entrevista de emprego na Wendy's, em Richmond.

Olson lhe ofereceu uma carona. O trio bebeu cerveja no caminho. Chegando muito cedo para a entrevista de Judy, eles pararam em uma loja para comprar mais bebidas. Olson deu a Randy um punhado de dinheiro para impressionar Judy. Randy entrou na loja. Quando voltou, Judy estava no lugar do passageiro, rindo e conversando com Olson. Ele lhe oferecia um trabalho: limpar tapetes. Ele disse que ela não precisava dos empregos na Wendy's ou no McDonald's.

Olson e Randy deram mais bebida a Judy. Olson também lhe deu comprimidos "para evitar que se embebedasse demais", mas os sedativos tiveram o efeito oposto. Olson voltou para Coquitlam e deixou Ludlow no Lougheed Mall, dizendo que tinha que levar Judy para a entrevista, e depois foi embora de carro.

Judy nunca mais foi vista.

No dia seguinte, Clifford Olson levou sua esposa e seu jovem filho ao sul da Califórnia para visitar o parque temático da Knott's Berry Farm, permanecendo lá até 21 de julho de 1981.

Em 15 de julho de 1981, a polícia se reuniu em Burnaby para discutir o caso das crianças desaparecidas em Lower Mainland. Vinte e quatro investigadores da polícia do Departamento de Polícia de Vancouver, Departamento de Polícia de New Westminster e membros da Real Polícia Montada de Burnaby, Surrey, Coquitlam, Richmond, Squamish, e da sede de Vancouver da Seção de Crimes Graves participaram. O que a polícia não disse aos repórteres naquele dia foi que um homem tinha saltado para o topo da lista de suspeitos: Clifford Olson.

Clifford Robert Olson Júnior, de Surrey, morava em Coquitlam. Tinha um metro e setenta de altura, pesava quase oitenta quilos e tinha cabelos e olhos castanhos.

Alguns dos policiais que lidaram com ele ao longo dos anos sentiram que havia algo de errado com Clifford. Ele parecia vazio.

A polícia falou sobre o assassinato de Christine Weller, as agressões sexuais em Squamish, Daryn Johnsrude, o recente ataque a Sandra Docker e a proximidade de Olson a todos os locais dos raptos. Todos concordaram que essas coisas somadas — a história recente de Olson, incluindo seu acesso e a proximidade das residências às cena de crime — eram demais para ser ignoradas.

Burnaby ficaria de olho em Olson usando sua unidade de vigilância, Seção Especial "O".

Mas onde ele estava?

Um investigador, fingindo ser um agente de seguros, visitou os pais do Clifford, que disseram que ele e sua família estavam de férias nos Estados Unidos.

Em 23 de julho de 1981, dois dias depois de voltar, Clifford

Olson estava à caça de novo. Tendo assassinado sete crianças e jovens em Lower Mainland, em sete meses e meio, Olson não tinha acabado. Mais quatro jovens da região ainda seriam mortos na semana mais sangrenta que a região já vira.

Raymond King Júnior, quinze anos, saltou de sua bicicleta e dirigiu-se ao Centro de Emprego para Jovens do Canadá, em New Westminster. Ele sonhava em ganhar o próprio dinheiro, talvez o suficiente para ter um carro algum dia. Enquanto acorrentava sua bicicleta atrás do prédio, o garoto de cabelos castanho-claros, com o sorriso impetuoso, foi abordado por Clifford Olson, que usou sua já testada isca de promessa de trabalho, exatamente o que Raymond King procurava.

Raymond entrou no carro de Olson, outro alugado pela Metro Motors, em Port Coquitlam.

Olson seguiu pela Highway Seven em direção a Harrison Mills, oferecendo cerveja e comprimidos para o jovem. Acabaram em uma estrada acidentada, que levava a um acampamento perto de Alpine Link. Ali, Olson agrediu sexualmente Raymond inúmeras vezes, antes de bater com uma barra de sete centímetros no topo da cabeça do rapaz. Clifford arrastou Ray por uma trilha e o atirou do penhasco, jogando pedras em cima do garoto, assegurando que as maiores o atingissem na cabeça e no peito. Raymond King estava morto.

Quando Raymond não voltou para casa, Ray King Sr. sabia que algo estava errado. Raymond era um rapaz feliz e nunca fugiria. Quando sua bicicleta foi encontrada atrás do edifício da Manpower, parecia que o rapaz era outra vítima de crime.

Naquela noite, a polícia falou com Clifford Olson em sua casa de Coquitlam, sem saber o que tinha acabado de fazer. Disseram-lhe que queriam saber se ele os informaria em troca de dinheiro. Olson já tinha sido informante algumas vezes. Dessa vez, alegou que tinha informações sobre roubos e assassinatos. A polícia achou que seria a melhor maneira de justificar a proximidade. Eles não queriam que Olson soubesse que andavam atrás dele.

Olson revelou aos investigadores seus pensamentos sobre o desaparecimento de Simon Partington, de nove anos. De acordo com o livro ***Where Shadows Linger: The Untold Story of the* RCMP*'s Olson Murders Investigation*** (W. Leslie Holmes e Bruce Northorp), Olson falou sobre o que ele "achava" que tinha acontecido a Simon. Disse que podia ser um atropelamento e fuga em que o motorista, assustado com o que tinha feito, havia se livrado do corpo, ou um sequestro, ou que o sequestrador era "um pervertido".

Olson se ofereceu para fazer a própria investigação, mas disse à polícia que ela precisava lhe pagar por seus esforços. A polícia concordou, preparando a armadilha para que o homem suspeito de ser um predador escorregasse. Olson era ganancioso e não conseguia manter a boca fechada.

As recomendações para vigiar Olson estavam atoladas em burocracia. Ele ainda podia rodar à vontade.

Em 25 de julho de 1981, o corpo de Judy Kozma foi encontrado perto do lago Weaver, apenas dois dias após o desaparecimento de Raymond King. Judy, desaparecida desde 9 de julho, foi agredida sexualmente e ferozmente apunhalada no tronco, pescoço e cabeça. Ela foi encontrada perto do local onde Daryn Johnsrude tinha sido achado, em maio.

Enquanto a polícia recuperava os restos mortais de Judy Kozma apenas dois dias após seu último assassinato, Olson estava à caça novamente.

Sua próxima vítima seria Sigrun Arnd, de dezoito anos, uma estudante alemã que passeava por Vancouver com um grupo. Sigrun era de Weinheim, uma pequena cidade do Vale do Reno, perto da fronteira com a Suíça. O pai era dono de uma relojoaria. A menina estava no Canadá porque queria aprender sobre a cultura e conversar com falantes nativos de inglês. Sigrun tinha ido visitar uma prima em Coquitlam, enquanto o restante do seu grupo estava em um cruzeiro de um dia. Sua prima não estava em casa, então ela voltou para Burnaby, onde estava hospedada no Albergue da Juventude. Estava frustrada por ter de fazer várias viagens de ônibus.

Olson viu a menina bonita à espera no ponto, e encostou para conversar com ela. Sigrun era pequena e usava óculos, parecendo ter menos idade que seus dezoito anos. Olson lhe ofereceu uma carona. Quando a jovem entrou no carro, ele a convidou para tomar uma bebida. O descarado Olson levou Sigrun a um bar movimentado, em Coquitlam. Ela parecia feliz por experimentar a verdadeira cultura local enquanto bebia cerveja com Olson e alguns executivos que se juntaram a eles. Depois de algumas cervejas, Clifford se ofereceu para levar Sigrun de volta a Burnaby. No carro, ele deu a ela outra cerveja, sorrindo para si mesmo enquanto a jovem bebia. Ele tinha adulterado a cerveja com três comprimidos de hidrato de cloral, a sua droga favorita, que fazia dormir. Seu destino eram os pântanos de turfa perto de Richmond, onde Olson tinha largado Christine Weller e Simon Partington, que ainda seria encontrado.

Quando saíram do carro, Sigrun sentiu-se tonta. Olson deu-lhe um quarto comprimido, dizendo que isso a animaria. Os dois caminharam em direção ao rio, Clifford na retaguarda. Perto dos trilhos do trem, quando Olson tinha certeza de que estavam sozinhos, ele pegou um martelo pesado de dentro do casaco e golpeou a parte de trás do crânio de Sigrun. Ela desmaiou. Ele a despiu rapidamente, e, enquanto tirava a camisa, um apito de trem soou. Enquanto o trem passava devagar, o maquinista viu o que acreditava ser um casal fazendo sexo consensual ao ar livre. O maquinista e Olson fizeram contato visual. Olson acenou e sorriu para o homem. Semanas mais tarde, o funcionário da ferrovia tomou conhecimento do que tinha visto e o denunciou à polícia.

Uma vez que o trem estava fora de vista, Olson terminou sua brutal agressão sexual. Antes de espancar Sigrun até a morte com mais golpes de martelo, ele lhe perguntou se ela acreditava em Deus. Então implorou que ela rezasse enquanto lhe esmagava o crânio. Olson a largou numa vala cheia de água parada, cobrindo-a com paus e folhas.

O dia de 27 de julho de 1981 foi o dia em que a vigilância deveria começar de verdade. Porém, Olson levantou-se cedo e estava à espreita antes de a polícia se instalar.

Quando a amante de animais Terri Lyn Carson, de quinze anos, saiu de casa naquela manhã, pretendia se candidatar a um trabalho de meio período em uma pet shop local, chamada Fin'n'Feathers. Em um cruzamento na área de Guildford, Olson a avistou, com seu pouco mais de um metro e meio de altura e 45 quilos, na parada do ônibus. Ele encostou e fez o habitual, oferecendo a ela uma carona e a possibilidade de emprego. No carro, Terri celebrou sua oferta com uma cerveja que Olson lhe deu. Ele tinha colocado comprimidos de hidrato de cloral na bebida.

Eles foram para o leste, em direção à cidade de Hope, a cerca de duas horas de distância. Lá, Clifford usou os cheques de viagem que tinha roubado de Sigrun, assinando-os como "Robert Johnson". O caixa do banco não reparou na falsificação grosseira.

No caminho de volta, Clifford pegou uma estrada de terra perto de Agassiz. Ali, violentou brutalmente Terri Lyn, acertando sua cabeça com uma chave de fenda com tanta força que quebrou a ferramenta. Ainda viva, Terry Lyn foi arrastada para uma vala, onde Olson a jogou de cara na água e a observou se afogar. Ele a deixou lá.

Naquela tarde, a polícia montou a vigilância da residência de Clifford Olson, embora já fosse tarde demais para Terri Lyn Carson, sua décima vítima. A polícia viu Olson encostar seu carro, recém-lavado. Ele entrou na casa, tomou banho e foi para a cama.

A mãe de Terri Lyn telefonou quando a filha não voltou para casa. Nenhum dos amigos de Terri Lyn a viram, apesar de terem feito planos de se encontrar. Ela não tinha aparecido para a entrevista de emprego na loja de animais. A mãe chamou a polícia.

A polícia voltou a tratar o caso como uma fuga. Terri Lyn tinha quinze anos, vivia em Surrey e vinha de um lar desfeito. Talvez não quisessem acreditar que Olson pudesse cometer outro homicídio mesmo debaixo dos seus narizes, mas ele cometeu.

A polícia acreditava que Clifford sabia que estava sendo seguido. Ele rodava por toda a cidade e despistava os policiais várias vezes, apenas para aparecer minutos depois, e repetir tudo. Frustrada, a equipe de vigilância desistiu, decidindo se reunir e pensar em táticas melhores. Na verdade, Olson não estava fugindo. Ele só estava fazendo o de sempre.

Na terça-feira, 28 de julho de 1981, a polícia se encontrou com Olson no estacionamento do Motel Caribou. O detetive Dennis Tarr lhe disse que ele poderia ganhar até cem mil dólares por informações sobre os assassinatos de crianças.

Clifford mordeu a isca.

"Escolha um número de um a dez", disse Olson a Tarr.

"Nove", disse Tarr.

"Digo uma coisa", falou um sorridente Olson. "Eu lhe darei uma carta e, nessa carta, haverá nove números, cada um correspondendo a um local. O que você encontrar lá ficará por sua conta".

Tarr pressionou Clifford para obter mais informações sobre o que eles encontrariam. Clifford disse que não queria testemunhar e ser visto como um traidor, que tinha uma família com que se preocupar. A reunião terminou, e Tarr pensou "Bem, consegui", pois os dois planejavam se encontrar dentro de mais dois dias.

Na quarta-feira, 29 de julho de 1981, Clifford Olson foi preso e detido depois que ele e dois outros homens pegaram duas adolescentes e as embebedaram. Os policiais interviram antes que algo mais sério acontecesse. Olson foi libertado às três e meia da manhã sem nenhuma acusação e livre para se encontrar com seu advogado.

Porém, mais uma jovem estava para morrer.

Louise Chartrand, de dezessete anos, descrita como jovem e pequena para a sua idade, pegou carona para Maple Ridge, onde trabalhava no Dino's Place, na Lougheed Highway. Como chegou cedo, ela parou numa loja de esquina para comprar um maço de cigarros e matar o tempo antes do seu turno.

Um carro parou onde Louise estava sentada, fumando. Abaixando o vidro, Clifford Olson chamou a atenção dela com a dupla emprego/contratar pessoal. Ela entrou no carro.

Clifford deu a ela álcool e comprimidos, e seguiu em direção a Whistler, presumivelmente longe dos olhos curiosos da polícia. Foram para um poço de cascalho perto da rodovia Whistler, onde ele a estuprou e sodomizou por horas. Olson esmagou a parte de trás da cabeça da menina com seu martelo, depois cobriu a moribunda com areia e cascalho. Ele limpou as mãos com o uísque que tinham compartilhado, entrou no carro e saiu.

Olson lavou o carro em uma garagem, chegando em casa às seis e quinze da manhã. Ele tomou um banho e disse à esposa, Joan, para fazer as malas. Eles iam para Alberta. Os policiais estavam tentando incriminá-lo.

Olson tinha cometido quatro assassinatos brutais em sete dias. O que o levou a matar em tal ritmo? Talvez tenha sido o estresse de estar sob os holofotes. Talvez soubesse que seu tempo era curto? "Descobrimos que uma pessoa com parafilias tem mais probabilidade de cometer esse tipo de atividades quando está sob muito estresse", diz Roy Hazelwood, em seu livro ***The Evil That Men Do:*** FBI ***Profiler Roy Hazelwood's Journey intothe Minds of Sexual Predators***.

Enquanto as irmãs de Louise falavam com a polícia sobre seu desaparecimento, Clifford ia para Calgary com a família a tiracolo. Enquanto estava lá, ele tentou atrair outra menina que vivia perto. Já a tinha machucado antes, por isso ela recusou.

Em 5 de agosto de 1981, o corpo de outro jovem foi encontrado, em uma ravina perto do lago Weaver. Era Raymond King, desaparecido desde 23 de julho de 1981.

Olson voltou para casa, em Coquitlam, naquela semana, agora sob vigilância 24 horas por dia. Ele era difícil de seguir, pois nunca dirigia o mesmo carro por muito tempo, trocando sempre. A polícia o viu cometer crimes contra a propriedade. Embora o grupo de trabalho precisasse de informações sobre assassinatos, eles também estavam aprendendo muito sobre Clifford Olson.

Em 12 de agosto de 1981, ele pegou a balsa para Victoria, na Ilha de Vancouver. Depois de arrombar duas casas lá, dirigiu para o norte em direção a Nanaimo, onde pegou duas garotas pedindo carona. A equipe de vigilância ficou preocupada com a segurança delas. Quando Clifford parou num lugar isolado e saiu do carro, a polícia o cercou.

Eles não podiam arriscar mais pôr as meninas em perigo.

Clifford só tinha parado para mijar.

Independentemente disso, quando viu a polícia, ele fugiu. Após uma rápida perseguição, foi detido e algemado. Olson estava indignado, alegando que não tinha feito nada de mau. Ao revistá-lo, a polícia encontrou o caderno dele. Nele, estava anotado o nome Judy Kozma. Isso finalmente o ligou a uma das vítimas de homicídio.

Olson foi acusado de dois arrombamentos e de corrupção de menores. Ele foi levado para Burnaby, e é atrás das grades que o restante da história de Clifford Olson se desenrola.

Ele não estava nem perto de poder fazer mal às pessoas.

Em agosto de 1981, Clifford estava na prisão, e os policiais falavam com ele o máximo que podiam. Tinham entrevistado muitas pessoas em Surrey, Coquitlam e Burnaby, e foram relatados vários casos de outras crianças sendo abordadas por Clifford, em 1980 e 1981. Ele até molestou uma menina de sete anos no dia de seu casamento.

A polícia precisava que Clifford falasse para mantê-lo atrás das grades pelos homicídios. O que aconteceu foi o que alguns canadenses apontam como um dos acordos mais controversos já feitos com um criminoso. Essa transação, foi definitivamente, um pacto com o diabo.

Olson somente falava por uma coisa: dinheiro.

Ele queria dinheiro para cuidar do seu jovem filho e de sua esposa, pois sabia que nunca mais sairia da prisão. Queria cem mil dólares, dez mil por cada corpo, e ele daria um de graça.

A polícia aceitou a oferta de Olson e fechou o negócio de "dinheiro em troca de corpos", assegurando que o dinheiro iria para a família dele. Mais tarde, revelado um telefonema de Clifford para a esposa em que ele dizia, "Querida, você vai ficar rica", os cem mil dólares foram colocados num fundo fiduciário, e dez mil dólares seriam liberados a cada corpo que provasse cada um dos assassinatos dos jovens desaparecidos.

Olson começou a falar, amando cada momento em que sentia que tinha o controle. Gostou de despejar aquelas informações horríveis em cima dos policiais. Ele se sentiu vitorioso.

O corpo de Simon Partington foi encontrado onde Olson dissera que estava, junto ao rio Fraser, em Richmond, onde Christine Weller tinha sido encontrada.

O corpo de Louise Chartrand foi descoberto e retirado da cova rasa onde Olson a havia enterrado, perto de Whistler.

Ada Court e os restos do esqueleto de Terri Lyn Carson foram encontrados perto do lago Weaver.

A polícia tirou fotos de um Clifford sorridente mostrando-lhes onde estavam os restos mortais. Ele falava fria e detalhadamente sobre cada crime, embelezando à medida que avançava.

Depois de algumas buscas, a ossada de Sandra Wolfsteiner foi encontrada fora da estrada, perto de Chilliwack.

O último corpo encontrado, em 17 de setembro de 1981, foi o de Colleen Daignault, na floresta ao sul de Surrey.

A polícia ainda não tinha identificado oficialmente Clifford Olson como o homem que tinham sob custódia, embora ele tenha sido mencionado pelo nome em artigos anteriores sobre as crianças desaparecidas e assassinadas, em Lower Mainlaind. Quando a imprensa o nomeou como suspeito, ninguém ficou surpreso.

O acordo entre Olson e a polícia foi mantido em segredo durante algum tempo, mas, como a maioria dos segredos, acabou vindo a público. Muitas pessoas ficaram furiosas, alguns pensaram que o preço era justo — as mães poderiam dar a seus filhos um enterro adequado.

Clifford Olson era experiente em processos judiciais, embora tivesse de se manter afastado de outros prisioneiros. Molestadores e assassinos de crianças, conhecidos como "skinners", não são vistos com carinho. Outros prisioneiros, quando encontravam Olson, atiravam-lhe coisas rotineiramente, incluindo cigarros acesos.

Em janeiro de 1982, Olson se declarou culpado de onze

acusações de homicídio e foi condenado a onze penas de prisão perpétua simultâneas. Durante o restante dos seus anos, Olson, um criminoso perigoso e que oferecia grande risco de fuga, passou seu tempo em unidades de segurança máxima.

Durante a sentença, o juiz HC McKay disse: "Eu não tenho palavras para descrever adequadamente a enormidade de seus crimes ou para descrever o desgosto e angústia que você causou". Ele acrescentou: "Minha opinião é que você nunca deve receber liberdade condicional pelo restante de seus dias. Seria imprudente deixá-lo em liberdade".

Houve outros assassinatos ainda não resolvidos que ocorreram durante os breves períodos de liberdade de Olson, ao longo dos anos. Algumas pessoas acreditavam que também tinham sido crimes cometidos por ele, embora ele nunca os tivesse admitido.

Olson enviou cartas a algumas famílias das vítimas, detalhando seus crimes e zombando delas de sua cela. Ele também importunou funcionários do governo e repórteres por telefone e correio, até que seu acesso foi restringido. Cada vez que ele tentava a liberdade condicional, as famílias se encolhiam ao pensar em ter que lidar com o monstro cara a cara novamente. Um dos psiquiatras que o entrevistou ao longo dos anos foi Stanley Semrau. No seu livro ***Murderous Minds on Trial: Terrible Tales from a Forensic Psychologist's Casebook***, Semrau fala sobre a aplicação do PCL-r, ou teste psicopático, a Olson. "De uma pontuação máxima de quarenta, trinta é considerado o limite para a designação formal como psicopata. Clifford Olson marcou 38, a pontuação mais alta que já dei, colocando-o no percentual 99,7 entre os reclusos masculinos da prisão".

A "Faith Hope Clause" do Código Penal do Canadá afirma que um infrator, por mais perigoso que seja, pode requerer a liberdade condicional depois de cumprir quinze anos de prisão perpétua. Olson, representando a si próprio, fez o requerimento, mas o pedido foi negado. Na verdade, o ultraje ao sistema por Olson e a dor que ele havia causado às famílias levaram à criação do Projeto de Lei federal S-6, que revoga a Faith Hope Clause do Código Penal. Criminosos que cometem múltiplos assassinatos já não são elegíveis para liberdade condicional antecipada. Nenhuma outra família será sujeita a esse tipo de apelo.

Em sua cela, Olson tinha TV a cabo, livros, revistas e um pequeno rádio com toca-fitas. Alguns diziam que o dinheiro para aquelas coisas tinha vindo de "fãs" de todo o mundo. Talvez sua capacidade de pagar luxos também se devesse ao fato de ter passado a receber sua aposentadoria de 1.170 dólares quando completou 65 anos, em 1995. Isso foi divulgado pela mídia em 2010, e houve um alvoroço diante da possibilidade de que aquele monstro também fosse elegível para o Suplemento de Renda Garantida (SRG), destinado aos canadenses de baixa renda que chegam aos setenta anos, idade que Clifford tinha acabado de completar. Após petições e muita indignação pública, os pagamentos foram interrompidos, em junho de 2010.

Em setembro de 2011, o Corrections Canada informou que Olson estava no hospital, sofrendo de um câncer terminal. Ele morreu em 30 de setembro de 2011.

Trudy Court, irmã de Ada Court, disse que, quando soube que ele estava morto, chorou "lágrimas de felicidade, porque se fez justiça para as crianças. O nosso sistema de justiça não tinha feito isso por elas, mas a vida, sim. Ele já se foi".

O Estrangulador do Apagão da Austrália

Anthony Ferguson

Quando se pensa nos assassinos em série australianos, muitos leitores são atraídos pelo mito de Mick Taylor, o vietnamita psicopata veterano de guerra, que ficou famoso pelos filmes de *Wolf Creek*. Pensamentos sobre assassinatos na Austrália são capazes de conjurar imagens dos vastos campos nos quais os viajantes desavisados podem desaparecer. No entanto, a mitologia está longe da realidade quando se trata de assassinos em série australianos. Mick Taylor é um monstro fictício, baseado vagamente nos assassinatos do "Backpacker", perpetrados por Ivan Milat, no início dos anos 1990, e no desaparecimento do viajante britânico Peter Falconio, em 2001.

A verdade é que a maioria dos assassinos em série australianos atuam em ambientes urbanos, uma característica que têm em comum com seus colegas internacionais. Talvez as pressões da vida urbana, do trabalho e dos relacionamentos levem esses indivíduos, já instáveis, para além do limite. Também é notável que vários assassinos em série australianos sejam imigrantes, e não nascidos na Austrália. Isso não quer dizer que a Austrália não crie os próprios psicopatas, mas sim enfatiza que muitos migrantes perturbados psicologicamente foram atrás de um novo começo, e levaram com eles fantasmas dos quais não puderam escapar.

Os assassinos em série australianos nascidos no exterior incluem o homossexual inglês William MacDonald, o "Mutilador" (que gostava de cortar os pênis de suas vítimas e dormir com eles); o inglês John Wayne Glover, o "Granny Killer", e o protagonista desta história, o soldado americano Eddie Leonski, o Estrangulador do Apagão.

Durante a Segunda Guerra Mundial, a Austrália viveu uma série de assassinatos em série, que foram estimulados por circunstâncias que proporcionaram as oportunidades. Considere os ingredientes: uma sociedade atirada em um conflito global e com medo de um inimigo feroz; uma infinidade de mulheres solitárias e famintas de amor deixadas para trás por seus homens, que foram lutar no estrangeiro; um acampamento militar cheio de jovens soldados americanos com dinheiro e saudade de casa; a imposição governamental de um "apagão" (o desligamento da iluminação pública após o anoitecer para dissuadir os bombardeios); a emoção do sexo em público ilícito em becos escuros com estranhos exóticos; um choque de duas culturas díspares — uma de vanguarda e outra de moral vitoriana; enormes quantidades de álcool; e um introvertido, encorajado pela bebida, exibindo truques, andando pelo bar — um jovem psicopata bonito e assassino em série que ama tanto o som das vozes das mulheres que só quer arrancá-las de suas gargantas.

Os primeiros meses de 1942 foram tempos traumáticos para a Austrália. O conflito global tinha começado havia mais de dois anos, e não mostrava sinais de abrandamento. Um grande número de jovens tinha sido enviado para as costas estrangeiras para combater os nazistas e os japoneses, que estavam avançando pela região Ásia-Pacífico. Os australianos viviam com um medo mortal de invasão. A professora Kate Darian-Smith, da Universidade de Melbourne, destaca, em seu livro *On the Home Front: Melbourne in Wartime 1939-1945*:

> "A moral civil mergulhou em uma baixa sem precedentes [após desastres militares] [...] A Austrália era uma nação que vivia com medo em 1942 [...] A separação das famílias, o apagão noturno, as simulações de ataques aéreos e a constante incerteza sobre o futuro contribuíram para sentimentos de estresse e emoções exacerbadas."

Quando Cingapura caiu e Darwin foi bombardeado sucessivamente, parecia que o inimigo estava à nossa porta.

Com o tradicional protetor da Austrália, a Grã-Bretanha, ocupado em várias frentes e aparentemente ambivalente ao destino da sua antiga colônia, o governo australiano tomou a decisão importante e abrangente de procurar ajuda em outro lugar. O primeiro-ministro John Curtin ordenou ao seu ministro em Washington, R. G. Casey, que conseguisse uma audiência urgente com o presidente Franklin D. Roosevelt. O resultado da reunião foi um acordo significativo, que permitiria que um número substancial de soldados americanos embarcasse para a Austrália, pronto para a guerra. Toda a operação deveria ter sido um segredo, mas, na chegada dos soldados a Melbourne, em 2 de fevereiro de 1942, uma enorme multidão apareceu para aplaudir. Entre eles, o soldado Edward Leonski, recém-saído de Nova York, um indivíduo que deixaria sua marca na sociedade australiana de uma forma que ninguém esqueceria.

Cerca de quinze mil soldados americanos chegaram à capital vitoriana, em fevereiro de 1942. A maioria das tropas foi para o grande acampamento de tendas montado no norte de Melbourne, no Royal Park, rebatizado como Camp Pell em homenagem a um piloto americano falecido. Os militares americanos logo fizeram sentir a sua presença. Levaram com eles um jeito de Hollywood — com seus uniformes elegantes, maneiras educadas e melhor remuneração, logo impressionaram as mulheres locais. Isso levou a uma tensão social, claro, e os jornais do dia traziam relatos ocasionais de brigas coletivas nas ruas entre as tropas australianas e americanas. Assim, surgiu um comentário infame cunhado por militares britânicos sobre as tropas americanas na Inglaterra, que na Austrália eles "eram pagos em excesso, faziam muito sexo, e lá não".

À medida que a guerra se aproximava das costas australianas, o governo sentiu a necessidade do apagão noturno, uma versão menos rigorosa do apagão imposto a Londres. Houve um pouco de choque cultural, mas, mesmo assim, foi eficaz. Todas as janelas eram cobertas depois de escurecer, as luzes das ruas e dos carros eram diminuídas, e era imposto um limite de velocidade de cinquenta quilômetros por hora.

As mudanças não tiveram nenhum efeito adverso sobre os soldados. O apagão serviu apenas para ajudá-los no seu passatempo favorito de cortejar as mulheres locais. Pode dizer-se que alguns deles abusaram da hospitalidade. Em um curto período de tempo, o tecido social de Melbourne mudou irremediavelmente. Tradicionalmente conhecida como uma cidade tranquila e respeitável, Melbourne rapidamente se transformou em um covil de bares sem licença e casas de prostituição. A população local seguiu a sugestão moral dos americanos gastadores, para que se permitisse relaxar, desafiando o clima nacional de medo. As prostitutas de Melbourne nunca faturaram tanto.

O impacto cultural dessa invasão americana em pequena escala não pode ser subestimado. A maioria dos australianos na época se viam como súditos britânicos leais. Eles ficaram chocados quando o primeiro-ministro britânico, Winston Churchill, se recusou a desviar quaisquer tropas ou recursos para ajudar a Austrália. Assim, eles aceitaram de má vontade os impetuosos jovens americanos. Em 1943, havia 250 mil postos de trabalho em Melbourne, Sydney e Brisbane. Ao longo da guerra, cerca de um milhão de militares americanos caminharia nas costas australianas e deixaria uma marca indelével na nossa sociedade. Eles espalharam novas ideias sobre música, comida, linguagem e modos, e, mais importante, forjaram a base de uma aliança política estratégica, que ainda hoje está em vigor.

O apagão ("brownout", em inglês), que daria a Leonski seu pseudônimo de assassino em série, ficou em vigor até o fim da guerra, em agosto de 1945. O impacto social foi significativo. Interrompeu atividades, modificou os horários de compras e provocou um aumento notável de acidentes de trânsito e de todo tipo de crimes. As autoridades estavam preocupadas que isso encorajasse comportamentos imorais, como sexo em público, que é ilícito. O que, claro, aconteceu. O crime e o sexo foram elementos-chave dos apagões.

Entre os soldados acampados em Camp Pell, o soldado Edward Leonski era um homem de contradições: alto e forte, tinha cara de menino. Seu humor oscilava rapidamente do desespero à alegria. Apesar de seu físico, cantava frequentemente com uma voz de soprano. Um introvertido inquietante, saía da casca quando bebia — e fazia isso com frequência. Era um alcoólatra com uma história familiar de vício e loucura. O mais importante: Leonski era emocionalmente imaturo — um menino no corpo de um homem. Aqueles que o conheciam achavam que ele não sabia como se relacionar com outras pessoas, especialmente mulheres. Diz-se que suas primeiras experiências sexuais podem ter sido restritas a prostitutas. Para esconder suas inadequações, ele se gabava, e suas brincadeiras com seus companheiros recrutas muitas vezes terminavam em violência. Quando estava nos bares de Melbourne, sua voz se elevava enquanto bebia, e ele ficou conhecido entre os moradores locais por um truque. Quando bêbado, ele se exibia andando ao longo do bar de cabeça para baixo, apoiando-se nas mãos, atraindo aplausos de outros clientes.

Leonski nasceu em Nova Jersey, em 12 de dezembro de 1917, em uma família pobre de imigrantes russos. Durante a maior parte de sua vida, eles viveram em um prédio de cortiços em Manhattan, um subúrbio da classe trabalhadora, na periferia do prestigiado East Side, em Nova York. Eddie era um rapaz tímido com poucos amigos. Era um bom aluno, e sua principal paixão era a musculação. Ele cresceu para ser uma figura alta e musculosa, com cabelo loiro e olhos azuis.

Embora considerado brilhante, o jovem Leonski rejeitou trabalhos administrativos, escolhendo empregos onde pudesse mostrar sua força. Gostava de exibir seu corpo e era charmoso, atraindo as mulheres. No entanto, aparentemente tinha pouca experiência com o sexo oposto, preferindo mais a companhia de sua mãe, que ele adorava. Esse amor era recíproco. Eddie era o favorito da mãe entre várias crianças, e o amor deles era o único ponto brilhante em uma infância solitária. Consequentemente, o jovem desenvolveu um profundo apego a ela.

Leonski sucumbiu ao hábito familiar de exagerar na bebida já na juventude. A mãe se casou duas vezes enquanto ele era criança, e ambos os padrastos eram bêbados e violentos. Seu pai, John, nasceu na Rússia, e morreu em consequência do alcoolismo, em 1924. O segundo casamento não foi melhor, e Amelia Leonski foi internada duas vezes, em 1928. Nessa época, ela era uma alcoólatra crônica, sofrendo de depressão e de uma possível esquizofrenia. Eddie tinha três irmãos: um foi internado num manicômio, em 1940; outro foi preso, com um longo histórico criminal; e o terceiro foi descrito como indolente. Sua irmã, Helen, era aparentemente a única da família que não sofria do mesmo mal dos Leonski.

Eddie foi recrutado para o Exército americano contra sua vontade, em 17 de fevereiro de 1941. Ele parecia merecedor do serviço militar — comportado, com um bom físico e sem antecedentes criminais. Apenas no início de seu serviço militar é que apareceram as primeiras rachaduras em sua fachada. Ele começou a beber muito novamente, e a mostrar o comportamento errático que o levou à sua queda. Ele se desfazia em lágrimas e era propenso à violência. Em retrospectiva, é possível supor que separá-lo de sua mãe tenha sido um grande golpe para seu frágil estado emocional.

Como muitos indivíduos que se tornam assassinos em série, Leonski deu às autoridades uma indicação precoce de sua verdadeira natureza quando esteve em San Antonio, no Texas, para o treinamento básico. Durante a licença de descanso e recreação de 13 de abril de 1941, ele bebeu e teve uma tentativa fracassada de estrangular uma mulher local. No entanto, ela não apresentou queixa, e o relatório oficial registrou o crime como uma simples agressão, e não como uma tentativa de assassinato. Leonski passou um curto período numa prisão militar.

Nessa altura, seu comportamento já era conhecido em todo o batalhão. Muitos de seus colegas confessariam mais tarde que tinham medo dele. Eddie bebeu muito e chorou na noite anterior ao desembarque das tropas na Austrália, tendo que ser forçado a entrar no navio. Também era de conhecimento geral que Leonski visitava regularmente o distrito da luz vermelha, em San Antonio. Sua mente perturbada provavelmente desenvolveu um complexo de Madonna-prostituta (Freud). As mulheres que ele encontrou em bordéis e bares nunca alcançavam o ideal romântico que sua mãe representava. Em vez disso, foram insultadas como objetos de luxúria.

De acordo com suas confissões posteriores, em março de 1942, Leonski atacou duas mulheres australianas — o que somente se tornou público depois dos assassinatos posteriores. No primeiro caso, ele tentou estrangular uma jovem mulher em seu apartamento. Felizmente, ela escapou e alertou um vizinho. Enquanto Leonski fugia, deixou para trás uma prova convincente — uma roupa do Exército americano, marcado com as iniciais EJL. No entanto, a mulher só denunciou o ataque muito mais tarde, quando leu sobre Estrangulador do Apagão na imprensa.

Mais tarde no mesmo mês, Leonski se aproximou de outra mulher, numa parada de bonde elétrico. Depois de uma conversa educada, a mulher rejeitou seus avanços e o soldado lhe disse, casualmente: "Estou pensando em asfixiar uma dama — e talvez seja você." Ele quase sufocou a mulher até ela perder a consciência, quando um bonde passou e Leonski fugiu para a escuridão. Tal como a vítima anterior, essa mulher também não denunciou o ataque até depois de os homicídios serem revelados.

Àquela altura, Leonski já tinha voltado a beber muito. Ele estava com saudade de casa e deprimido pela separação forçada da mãe. Sua natureza tímida tornava difícil para ele fazer amigos em circunstâncias normais, mas seu comportamento mostrou um contraste alarmante sob a influência do álcool. Beber aumentava sua autoconfiança. Depois de beber em excesso, ele se tornava falante e agressivo. Ele apalpava as mulheres de forma ofensiva e depois ria, como se fosse uma brincadeira.

O próprio Leonski diria ser como o dr. Jekyll e o sr. Hyde. A bebida o libertava de suas inibições, e ele se tornava outra pessoa.

Por fim, ele se embebedou e desapareceu durante seis dias. Depois, foi levado à força de volta ao campo militar e colocado sob prisão militar contra a vontade. Passou os trinta dias seguintes preso. Quando foi libertado, voltou a beber. A tensão emocional o levava além do limite. Ele cometeu seu primeiro assassinato nas primeiras horas da madrugada de domingo, 3 de maio de 1942. Vagando pelas ruas sozinho, com raiva e ressentimento fervendo por dentro, ele viu uma figura através do chuvisco de inverno, de pé em uma porta. Teve uma conversa desajeitada com Ivy McLeod, de quarenta anos, enquanto ela esperava pelo ônibus noturno. Enquanto conversavam, Leonski conduziu a pequena mulher para um beco entre duas lojas e, de repente, se atirou contra ela, forçando suas mãos fortes em torno de sua garganta. A mulher caiu com o soldado por cima. Num estado frenético depois de sufocá-la até a morte, ele bateu no rosto dela e rasgou sua roupa, mas teve alguns problemas com o cinto. Ao ouvir passos se aproximando, Leonski fugiu.

A testemunha estava a caminho do trabalho como limpador da calçada de um dos muitos pubs de Melbourne. Durante muitos anos, as tabernas australianas estiveram sujeitas ao horário de fechamento antecipado, o que, por sua vez, levou à tradição do "*swill* das seis horas", em que os clientes, vendo a hora de o estabelecimento fechar se aproximando, engoliam o máximo de bebida possível. Isso resultava em quantidades copiosas de vômitos, dentro e fora dos bares. Daí a necessidade da limpeza.

A testemunha viu uma figura encorpada, no que parecia ser um uniforme americano, levantar-se e fugir. Ele não olhou para o rosto, mas percebeu que o homem era forte. A vítima foi deixada com as pernas abertas e a genitália exposta. Tinha hematomas graves no rosto e no pescoço. Era evidente que o assassino tinha atacado num frenesi pós-morte, e pretendia cometer um ato de necrofilia.

Rapidamente, espalharam-se pela cidade rumores de que o assassino teria sido um soldado americano. Isso levou ao aumento das tensões sociais entre os americanos e os locais. Oficialmente, o comando militar dos Estados Unidos tentou, no início, considerar o incidente como uma anomalia. Eles se recusaram a aceitar que um de seus rapazes era um assassino. Não queriam a má publicidade e temiam um incidente internacional.

O segundo assassinato ocorreu na semana de 8 de maio, na escada de uma pensão popular, no número 13 da Spring Street. Na maior parte das vezes, mulheres jovens que se mudavam para Melbourne ficavam lá. A vítima, Pauline Thompson, era uma atraente mulher casada, de 31 anos, com dois filhos. O marido era um agente da polícia, lotado na zona rural de Bendigo, a várias centenas de quilômetros de distância. Ele estava à espera de uma transferência para a cidade. A sra. Thompson era uma cantora de meio-período, que passava muito tempo se apresentando em bares. Na noite em questão, ela tinha combinado de acompanhar um soldado americano a um baile, mas ele já estava atrasado para encontrá-la.

Tornando-se mais confiante depois de escapar do primeiro homicídio, Leonski se aproximou da mulher em um restaurante e começou uma conversa. Ele a convenceu a acompanhá-lo a um bar para tomarem algo mais forte. Testemunhas, mais tarde, reconheceriam Pauline Thompson, mas não o soldado com quem estava. Disseram que ela parecia descontraída e que os dois pareciam um casal. As testemunhas nem sequer conseguiam apontar Leonski em meio a uma fila de suspeitos. Com seus uniformes, sotaques e cortes de cabelo, muitos dos militares americanos pareciam iguais para os locais.

Por volta da meia-noite, a sra. Thompson foi com o soldado de volta para a pensão. Não se sabe se ela o convidou para entrar ou se o rejeitou educadamente. Quando ela virou a chave na porta e ia subir a escada, Leonski a atacou. Ele diria, mais tarde, que ela havia cantado em seu ouvido a noite toda, e isso o tinha deixado louco. Ele só queria aquela voz — ele tinha que tirá-la dela e guardá-la para si.

O corpo da sra. Thompson foi encontrado na entrada do hotel na manhã seguinte. O *modus operandi* foi semelhante. Ela havia sido estrangulada, suas roupas tinham sido rasgadas em uma agressão frenética, as pernas estavam abertas, a genitália, exposta, e havia contusões graves no rosto, que tinha sido espancado. Mais uma vez, não havia provas de agressão sexual.

Uma onda de medo se espalhou pela cidade, e muitas mulheres começaram a pensar duas vezes em se aproximar dos militares americanos. O Estrangulador do Apagão era mais temido que os japoneses. O policiamento se intensificou no entorno dos acampamentos. Foi por volta dessa época que a polícia recebeu uma das muitas denúncias anônimas que sugeriam buscas nos pubs locais para procurar um homem que andava de cabeça para baixo.

As autoridades americanas, por sua vez, estavam em um aperto. Queriam desesperadamente prender o culpado antes que a polícia australiana o apanhasse. Isso porque temiam que a lei australiana não aplicasse a pena de morte que poderia ser aplicada sob a lei militar americana. Eles queriam um culpado, qualquer soldado, e queriam enforcá-lo e fazer com que tudo acabasse.

Um Leonski bêbado, entretanto, tinha contado ao único amigo no acampamento, seu companheiro de tenda, o soldado Anthony Gallo, que era o assassino. Gallo acabaria entregando o amigo, mas, no início, se recusou a acreditar na confissão, na esperança de que o colega estivesse apenas inventando. Gallo diria que Leonski se comparou a um lobisomem ou ao dr. Jekyll e ao sr. Hyde, dizendo que a poção que o transformava num monstro era o álcool. Leonski também se gabou de que Pauline Thompson tinha lhe dito, enquanto faziam amor: "Tem uma bela cara de menino, mas é viciante." Em retrospectiva, foi considerado improvável que Leonski tivesse tido relações sexuais com ela.

O Estrangulador do Apagão fez sua terceira e última vítima em outra fria noite de inverno, no dia 18 de maio. Gladys Hosking, de quarenta anos, partiu para casa no início da noite ao sair de seu trabalho na Universidade de Melbourne, perto do Camp Pell. Ao observá-la através do chuvisco, um simpático soldado se aproximou e pediu para compartilhar seu guarda-chuva. Gladys sabia que os americanos podiam ser um pouco impetuosos, mas o jovem parecia amigável o suficiente, talvez um pouco bêbado.

O soldado a acompanhou até seu alojamento, depois perguntou se ela podia indicar o caminho de volta para o Camp Pell. Atravessando um pouco mais a escuridão, ela começou a dar indicações quando ele a atacou, fechando suas poderosas mãos ao redor do pescoço dela. Mais tarde, Leonski diria: "Ela tinha uma voz adorável. Eu queria aquela voz".

Leonski arrastou o corpo para debaixo da cerca de um parque

isolado. Apanhando-a, ele a carregou, escorregando na lama. Quando ela, de repente, acordou, ele entrou em pânico e, em fúria, rasgou-lhe a roupa e bateu nela. Ele lhe puxou o vestido para cima do rosto e fugiu, deixando-a de cara para baixo, numa piscina de lama amarela grossa.

Ao encontrar um soldado australiano que guardava alguns veículos do Exército, Leonski lhe pediu indicações para voltar ao acampamento. O soldado notou o estado lamacento de seu uniforme. Quando o corpo de Hosking foi descoberto no dia seguinte, estava suficientemente perto do Camp Pell para que a notícia se espalhasse pelo acampamento.

Uma assinatura era evidente nos três assassinatos — todas as mulheres tinham idade suficiente para ser do tipo maternal; todas tinham sido estranguladas; todas haviam tido as roupas rasgadas acima e abaixo da cintura, expondo seus seios e genitália; e todas tinham sido selvagemente espancadas no rosto.

O fato desse assassinato ter ocorrido próximo ao Camp Pell deu mais credibilidade à suspeita de que um militar americano fosse o assassino. Enquanto a polícia olhava para o campo, o soldado Anthony Gallo olhava para eles, com o coração palpitando.

Gallo confrontou Leonski em segredo. Eddie insistiu que não era ele. Apenas tinha se embebedado e contado histórias. Todos os campos americanos de Melbourne foram fechados e colocados sob guarda militar. Os detetives locais estavam cada vez mais estressados. Ainda não tinham uma pista sólida, e abundavam os rumores de que os americanos estavam prestes a ser mobilizados e enviados para a ação. O assassino podia estar prestes a fugir.

Então eles tiveram um alívio. Em 20 de maio, Gallo se apresentou e contou sobre suas suspeitas. Depois, duas mulheres locais se apresentaram para afirmar que tinham sido atacadas por um soldado na segunda semana de maio, entre o segundo e o terceiro assassinato. Uma das vítimas contou como um soldado se aproximou na rua, a seguiu e forçou a entrada em seu apartamento, sendo expulso pelo tio dela. O tio foi chamado e identificou Leonski.

Não era suficiente, mas Leonski estava agora isolado e sujeito a intensos questionamentos. Interrogado sobre as manchas de lama em seu uniforme e na roupa de cama na noite do assassinato de Hosking, e levado para cada cena do crime, o soldado acabou confessando.

A cidade inteira suspirou de alívio, assim como o soldado Gallo.

O posterior julgamento de Eddie Leonski ganhou certa notoriedade e levou a um impasse entre os governos americano e australiano — ambos queriam lidar com Leonski seguindo as próprias leis. Por fim, os americanos ganharam, e as autoridades australianas tiveram de se afastar do procedimento judicial subsequente. Esse aspecto dos assassinatos do Apagão é abordado no filme *Death of a Soldier*, de 1986. Leonski foi o primeiro caso em solo australiano em que uma pessoa foi julgada por um tribunal militar estrangeiro por crimes cometidos contra civis.

Ele foi devidamente acusado de violação do 92º Artigo de Guerra e foi levado ao tribunal marcial, na segunda semana de junho de 1942. A principal questão na verificação da culpa de Leonski foi provar que ele estava são e o papel que o álcool desempenhou na sua tomada de decisões quando cometeu os assassinatos.

O coronel Spencer Eddy foi relutantemente nomeado como advogado de defesa de Leonski. Ele fez o seu melhor para convencer o júri de que a acusação era insana — Leonski era um narcisista e gostava de atenção. Como um adolescente emocionado e cheio de testosterona, ele faria qualquer coisa para chamar a atenção para si mesmo, até mesmo confessar crimes que não cometeu.

Leonski, entretanto, continuou como sempre, agindo como se não tivesse feito nada de mau. Ele fez comentários inapropriados sobre os crimes e os tratou como se fossem uma piada. Eddy suspeitava de que Leonski poderia não ser mentalmente são, pois parecia viver em um mundo de fantasia.

Os antecedentes instáveis da família Leonski foram levados

em consideração e amplamente debatidos por vários psiquiatras australianos e americanos. Eles concordaram que Leonski era egoísta e inseguro, e que demonstrava sua imensa força na mais leve provocação. Mesmo durante o julgamento, ele tentava continuamente intervir, desesperado para ser o centro das atenções. A instabilidade mental e o alcoolismo que apimentavam sua história familiar também foram levados em consideração, assim como as tendências criminosas de um de seus irmãos.

Após uma longa deliberação, os psiquiatras concordaram que o acusado estava são e ciente de suas ações no momento de cada um dos crimes. Apontando para as confissões escritas de Leonski, eles destacaram o cuidado que ele teve em evitar ser descoberto depois de cada crime, apesar de seu aparente nível de embriaguez. Isso, sugeriram, indicava uma mente racional, calculista, que executava assassinatos premeditados. Leonski foi diagnosticado como são, mas emocionalmente instável.

Eddie Leonski foi considerado culpado dos homicídios e condenado à força — uma decisão apoiada pelo presidente Roosevelt, no papel de comandante-em-chefe das Forças Armadas dos Estados Unidos.

Expondo o caso no seu livro ***Private Eddie Leonski: The Brownout Strangler***, o escritor australiano Ivan Chapman descreveu as recordações posteriores do tenente Hugh McHugh, um dos psiquiatras que avaliou o estado mental de Leonski, no julgamento em 1942. Olhando em retrospectiva, McHugh sugeriu que Leonski tinha uma forte relação de amor e ódio com a mãe. As três mulheres que ele estrangulou eram mais velhas que ele, e evidências forenses sugeriram que ele não teve relações sexuais com nenhuma delas. Foi proposto que Leonski tinha dificuldade de resolver seu complexo de Édipo e se ressentia com o Exército por tê-lo separado da mãe.

Outro psiquiatra americano que se interessou pelo caso foi Fredric Wertham. Em ***Fredric Wertham Papers***, Wertham afirmou que deveria ter sido dada maior atenção ao histórico de violência, alcoolismo e insanidade na família de Leonski, e que, no que lhe dizia respeito, ele era louco e não deveria ter sido responsabilizado por seus crimes. Wertham sugeriu que Leonski tinha sido dominado por uma "crise catatímica", que resulta de uma fixação com a mãe e faz com que certos homens frustrados matem a pessoa que amam mais do que tudo. Assim, Leonski estava cometendo um matricídio simbólico. Com a mãe longe, ele precisava encontrar substitutas para matar. Wertham também argumentou que o fascínio de Leonski pela voz das vítimas se referia à voz de sua mãe — no sentido de que uma criança sente que a voz de sua mãe é só dela.

Outra teoria proposta por um psiquiatra australiano anônimo afirmava que Leonski tinha sido influenciado pelo popular filme de 1941, *O médico e o monstro*. Nele, Hyde sufoca uma garota enquanto ela canta para ele, dizendo: "Você tem uma voz maravilhosa. Quero ouvir essa voz. Quero essa voz". Leonski dissera quase exatamente a mesma coisa nas suas confissões, e se referira à história nas conversas com seu amigo Anthony Gallo.

A comissão de revisão do julgamento Leonski suspeitou de um motivo sexual nos assassinatos, mas foi difícil estabelecer um. Não havia evidência de relação sexual com as vítimas e nenhum registro de vestígio de sêmen dentro ou ao redor dos corpos.

É provável, porém, que a raiva que Leonski expressou ao espancar e estrangular suas vítimas tenha sido, de alguma forma, uma expressão de desejo sexual intensamente reprimido. É significativo que, em suas extensas descrições dos crimes, Leonski nunca tenha feito qualquer referência aos espancamentos. Isso tende a sugerir que ele sentiu alguma vergonha por essas ações e preferiu fingir que elas nunca ocorreram. Ele ficou feliz em falar sobre o estrangulamento, até fez piada, mas nunca falou em ter usado seus punhos contra as mulheres, antes ou depois da morte.

Ivan Chapman notou que Leonski fez uma confissão bizarra

a outro de seus oficiais superiores, pouco antes do julgamento. O tenente Ira C. Rothgerber alegou que Leonski lhe disse que matou as três mulheres e cometeu necrofilia com uma ou duas delas. Também descreveu ao tenente suas alucinações sobre a extinção das vozes de suas vítimas. Se isso representa uma indicação genuína de ilusão ou um estratagema inteligente para sugerir insanidade, está aberto a conjecturas.

Leonski foi para a forca na prisão de Pentridge, em Melbourne, em 9 de novembro de 1942. Inicialmente, seu corpo foi enterrado em uma sepultura não identificada, no cemitério de Springvale, e depois removido para um cemitério militar, no Havaí.

Que Eddie Leonski deixou uma profunda marca psicológica na sociedade australiana é atestado pela arte que ele inspirou: o já mencionado longa-metragem ***Death of a Soldier***; o romance ***Leonski: The Brownout Murders***, de Andrew Mallon (1979); e também a série de Albert Tucker, "Images of Model Evil", em que Leonski é imortalizado numa pintura intitulada ***Memory of Leonski*** (1943).

O Homem de Preto e a tela prateada: a vida e os crimes de Peter Moore

Mark Fryers

"O pior homem que já pisou no País de Gales" foi a manchete que anunciava o julgamento de Peter Moore, o chamado "Homem de Preto", que agrediu física e sexualmente inúmeros homens, num reinado de terror que durou mais de vinte anos. Seus crimes culminaram em uma onda de assassinatos no inverno de 1995, que acabou com a vida de quatro homens infelizes o suficiente para cair nas mãos perversas de Moore. Era apropriado para um homem que possuía e dirigia vários cinemas na área agir como uma estrela de cinema em seu julgamento, afirmando que não tinha sido ele quem havia cometido aqueles ultrajes, mas sim um amante-fantasma chamado Jason, graças ao assassino mascarado da franquia *Sexta-feira 13*. Alguns críticos e analistas acreditam que o cinema encerra as características da escopofilia — o prazer de assistir é principalmente o voyeurismo, o prazer sexual obtido ao observar outros que não sabem que são vistos. Porém, Moore, o dono do cinema, não se contentava em apenas assistir, e aqueles a quem ele assistia estavam dolorosamente conscientes de sua presença.

O Homem de Preto

Dos países das Ilhas Britânicas, o País de Gales é possivelmente o menos conhecido internacionalmente. De fato, seus deslumbrantes campos verdes pontuados pelas montanhas e pelos vales cobertos de ardósia, frequentemente envoltos em névoa e chuva suave, oferecem um país igualmente velado de história, folclore e romantismo. Isso é agravado pela herança gaélica e língua nacional única, que acrescenta uma camada adicional de mistério ao local. O País de Gales talvez seja mais reconhecido por sua orgulhosa tradição de rúgbi, canto (Tom Jones, Shirley Bassey), fábulas místicas do Mabinogion e comunidades mineiras retratadas em filmes como ***Tragédia na mina***, com Paul Robeson, e o épico vencedor do Oscar de John Ford, ***Como era verde meu vale***.

O filme sobre a existência de Peter Moore seria a antítese da comunidade retratada na evocação gentil da vida simples da aldeia de Ford, e teria mais semelhança com os filmes ***slasher*** a que ele aludiu em sua tentativa fútil de se livrar da justiça no julgamento.

A criação de Moore encarna várias das patologias dos serial killers, reiteradas infinitamente em filmes, na televisão e em escritos sobre indivíduos mais conhecidos, como Ted Bundy, Jeffrey Dahmer ou Ed Kemper. Ele nasceu no norte do País de Gales, em 1940, e deveria passar o restante de sua vida na mesma área. Contudo, para Peter Moore, a praia era o espaço liminar da morte.

Sua família era estável financeiramente, sendo seu pai um homem de negócios local, que possuía uma loja de ferragens em Kinmel Bay. A família vivia em cima da loja, em um grande edifício apelidado de Darlington House. Como tende a ser feito ao se traçar o perfil de um assassino louco, muito tem sido dito sobre a relação de Moore com a mãe. Edith Moore estava na casa dos quarenta anos quando deu à luz Peter, apesar de estar praticamente resignada a nunca ter filhos. Ela o considerava, portanto, como seu "pequeno milagre", um título que seria difícil de carregar e que tornava difícil fazer algo errado. Parecia que este último caso se aplicava ao pequeno Peter. Ela o amou incondicionalmente a ponto de ele ser conhecido como um "filhinho da mamãe", e ele provavelmente parecia mimado para as outras crianças, que não tinham condições de ter o mesmo estilo de vida. Porém, a sra. Moore também era uma presença dominadora, controlando as rédeas nos bastidores, por assim dizer. A natureza introvertida dele em tenra idade foi, em parte, devida a isso — ela queria mantê-lo como seu filhinho, e ele foi forçado a viver uma existência semelhante à de Peter Pan até que pudesse lutar para se libertar daquele mundo fechado. O rapaz que cresceu era um clone sombrio do rapazinho introvertido.

O assassino "filhinho da mamãe" se tornou uma figura da cultura popular graças, principalmente, a Norman Bates, no influente *Psicose*, de Hitchcock. O filme, no entanto, foi baseado na figura de Ed Gein e de vários outros assassinos conhecidos, incluindo Ed Kemper, que foram levados, pela raiva ou obsessão pela mãe, a cometerem atrocidades contra mulheres. Para Moore, essa dualidade entre a vida e a tela de cinema marcaria sua existência. Como Norman Bates e o próprio Gein, Moore manteve o quarto de sua mãe intacto após sua morte, como se fosse um santuário, enquanto o restante da casa testemunhou seus crimes. Moore guardava um cassetete preto junto à sua cama para o próprio prazer sexual entre uma coleção de animais de pelúcia, o que sugeria que havia pouca distinção entre os dois objetos tão diferentes.

Em contraste, a relação de Moore com seu pai, Ernie, um homem duro e disciplinador, estava longe de ser harmoniosa. A relação de Ernie com o filho foi agitada devido à relação de mãe e filho e às suspeitas do pai de que Moore era homossexual. Moore foi espancado pelo seu pai em numerosas ocasiões. O temperamento azedo de Ernie foi agravado pelo álcool. Clientes antigos da loja de ferragens afirmaram ter notado que ele se consolava com goles regulares de um frasco de uísque durante o horário de trabalho, e que, muitas vezes, no meio do dia, já estava fora de si.

Havia outra razão para a proximidade de Peter com sua mãe: ele começou a perceber que era "diferente" dos outros, que se sentia atraído por meninos de sua escola enquanto eles gostavam de meninas. Como Jeffrey Dahmer, isso possivelmente levou o jovem Moore a se sentir alienado do restante da sociedade. O lado positivo de viver em uma pequena comunidade em uma área pouco povoada é o sentido de comunidade e de pertencimento que isso pode fomentar. A desvantagem é que todos conhecem seus segredos, e, se você é "diferente", isso pode ser difícil e imperdoável. No entanto, deve-se ter em conta que este não é um fator atenuante para os crimes de Moore, e certamente não é uma razão direta ou causal para o sadismo e o assassinato.

Portanto, os perfis são confrontados com um perfil de assassino convincente, que se assemelha a inúmeros outros assassinos famosos, cujos crimes são, pelo menos em parte, explicados por sua educação, especialmente pelas relações pouco saudáveis ou abusivas com pais ou figuras maternas ou paternas. Isso é ainda mais destacado pelo fato de três das suas vítimas serem homens de certa idade, terem ingerido álcool ou serem conhecidos por ingerir álcool com frequência, algo que Moore passou a odiar no seu pai e no geral. Além disso, seu estilo de vida sombrio foi algo que ele escondeu da mãe controladora, cuja morte acelerou o salto de Moore de ataques para homicídios.

A Sétima Arte

O cinema era uma constante na vida de Moore. Ainda jovem, seus pais lhe compraram uma câmera, uma aquisição rara na época, e Moore fazia pequenos filmes de si mesmo e de sua mãe — uma visão romântica que o mostrava correndo em direção à câmera com flores, como um anúncio ou declarando seu amor por ela. Abençoado com a riqueza herdada dos pais, Moore encontrou uma maneira de ser uma parte importante e até respeitada da comunidade. Mais uma vez, conseguiu isso por meio do cinema. Bagillt não tinha um cinema havia muitos anos quando Moore reabriu o Focus Cinema, em 1991, numa antiga capela. É fácil subestimar a importância do cinema para as pequenas cidades da época, antes de a mídia multiplataforma e do streaming via internet. O cinema era um lugar de fuga — um pequeno farol brilhante de calor e excitação no que teriam sido longos e escuros meses de inverno, no norte do País de Gales, quando a indústria turística chegou a um impasse. Os locais se lembram da emoção da chegada do novo cinema, e do primeiro filme exibido lá, o blockbuster de Kevin Costner, ***Robin Hood: o Príncipe dos Ladrões***, de 1991.

Moore passou a controlar três salas de cinema na área — o Empire, em Holyhead, foi seguido pelo Wedgewood, em Denbigh. Portanto, Moore não só era visto como um respeitado homem de negócios local, como também atendia a um anseio de entretenimento na área. Os locais podiam até deixar os filhos no cinema para a matiné de sábado, sabendo que estavam em boas mãos. O homem alto que se vestia com camisas pretas e gravatas pretas até assumia deveres de tio. Ele também era, ao contrário de outros serial killers sádicos, muito respeitoso com as mulheres. Seu vizinho, George Marland, lembrou que "ele tratava as mulheres como gostaria que as mulheres tratassem sua mãe".

No entanto, sob a fachada de servidor comunitário e empresário local, Moore vivia uma vida dupla. O ímpeto para a dor e o assassinato, que eram para superar seus desejos, encontrou uma saída em suas atividades clandestinas e noturnas. Mais uma vez, a imagem em movimento desempenhou seu papel. Moore também vendia vídeos pornográficos: o outro lado do produto de Hollywood exibido em seus cinemas. O diretor de cinema francês

Jean-Luc Godard afirmou, certa vez, que o cinema é a verdade a 24 quadros por segundo. Para Moore, a morte seguia o mesmo ritmo. Sua mãe faleceu cerca de dezenove meses antes dos assassinatos, e ele se jogou cada vez mais no submundo do sadomasoquismo que frequentava, aparentemente, sem sair das rédeas de sua mãe ou procurando uma maneira de esquecer sua morte. A morte foi rapidamente seguida pela de vários animais de estimação — seus dois cachorros, o gato e os peixes em seu lago. Moore ficou convencido de que estava assombrado pela morte — "literalmente parecia começar a me seguir", afirmou ele.

Com mais frequência do que distribuir pornografia, ele se reunia com outros gays, provavelmente tendo que esconder suas atividades, que vizinhos e parentes desaprovariam. Moore parecia aproveitar ao máximo o fato de que tais sessões eram clandestinas, usando-as como um campo de treino para testar o mundo da depravação sádica. Controlava a dor e a humilhação daqueles que tiveram o azar de sucumbir a ele. Algumas dessas sessões foram realizadas em seus cinemas, sugerindo uma vida dupla diante das telas.

Suas atividades se tornaram mais extremas, mas seu apetite por infligir dor permaneceria. Moore, em comum com uma série de notórios assassinos em série das Ilhas Britânicas — o mais famoso sendo Ian Brady —, ficou fascinado com a iconografia do Terceiro Reich. Enquanto o restante da Grã-Bretanha se encantava com o brilho nostálgico reconfortante dos mitos da Segunda Guerra Mundial que celebravam a derrota de um mal insidioso, este mal ainda guardava um atrativo sedutor para outros. Moore vestia um traje de couro preto estilo SS durante suas sessões de sexo sadomasoquista e suas excursões noturnas homicidas. Foi isso que o ajudou a ganhar o apelido de "O Homem de Preto". Sua arma era uma faca de combate comprada especialmente para isso, um sinistro presente de aniversário para si mesmo adquirido em uma loja, em Rhyll. Na época de sua prisão e do julgamento, a imprensa parecia se concentrar no preço pago na faca — 25 libras esterlinas —, como se um preço mais elevado justificasse o uso pretendido.

Não contente com voluntários, Moore avançou para a agressão sexual a vítimas inocentes na área de Conwy — umas cinquenta, segundo reportado na época de sua sentença. Foi mais um trampolim para o derradeiro ultraje — tirar uma vida. Muitas de suas vítimas eram homens a caminho de casa, sozinhos em pubs no fim da noite, um pouco embriagados. Ele os deixava inconscientes e se masturbava ou defecava neles. As regras da masculinidade envergonhavam esses homens heterossexuais, que não denunciavam os crimes, que invariavelmente passavam despercebidos. Um homem sofreu lesões cerebrais tão graves que ficou preso a uma cadeira de rodas e necessitando de cuidados para o restante da vida. Mais uma vez, a trajetória de Moore espelha a de outros assassinos em série, forjados na busca de obter gratificação sexual apenas por meio da imposição da dor a outros.

Contudo, tanto a escuridão como a vergonha envolviam suas atividades, deixando-o anônimo por muito tempo, em um reinado de terror que, presumivelmente, teria saciado seu desejo, embora temporariamente. Devido a isso, a descoberta do corpo de Anthony Davies por policiais, na praia de Pensarn, em 18 de dezembro de 1995, foi inicialmente um mistério.

Assassinatos

Para a maioria, a praia é um lugar de liberdade e relaxamento — um lugar despreocupado e transitório, onde as ansiedades e preocupações da vida cotidiana podem ser esquecidas, pelo menos por um curto período de tempo. Antes dos dias de viagens internacionais baratas, as férias à beira-mar ou um dia de viagem eram uma instituição nacional não oficial na Grã-Bretanha, presente na vida cotidiana. Foi uma prática iniciada pela monarquia no século XVIII, e tinha certa democracia — algo de que gozavam tanto os nobres como os plebeus. De fato, a economia do norte do País de Gales está fortemente baseada nisso, com as praias e os resorts de Llandudno, Rhyl e Colwyn Bay todos voltados para o princípio do prazer, equipados com píeres, calçadões e hotéis para acomodar os oito milhões de turistas que passavam pelo País de Gales a cada ano.

As praias e as áreas costeiras também podem ser ambientes sombrios e implacáveis, especialmente fora de época, e ainda mais no norte do País de Gales, onde os invernos rigorosos diminuem o fluxo turístico e os ventos amargos sopram através dos cais e das persianas que protegem os locais turísticos durante a baixa temporada.

Para o infeliz Anthony Davies, a praia de Pensarn era um lugar duro e imperdoável, e não apenas o lugar onde ele respiraria pela última vez, mas onde ficou sujeito a um ultraje final, *post mortem*. Sua calça estava ao redor dos tornozelos, e suas nádegas tinham sido cortadas. Davies estava cuidando da tia depois de ela ter quebrado a perna. Ele disse à família que ia ver como ela estava, e não foi visto com vida novamente. O carro dele foi encontrado estacionado perto da praia. Seu irmão ajudou a polícia na busca e foi testemunha da infeliz descoberta. Enquanto vasculhavam a praia, a maré subiu, e um policial notou uma forma na água rasa. Além de marcas de luta perto da praia — havia sangue nas pedras. Davies tinha sido apunhalado no peito cinco vezes.

Dizia-se que a praia de Pensarn era um ponto de encontro gay, mas era também um local perigoso para aqueles que se encontravam às margens, literal e figurativamente. Dizia-se que um homem alto e misterioso fazia ataques brutais ali, vestido de preto. Esse "homem de preto" permaneceu à solta por mais de vinte anos, mas o assassinato de Davies significou que aquele caso sombrio tinha sido finalmente trazido à luz. Uma grande coleção de relógios e carteiras foi encontrada, mais tarde, na casa de Moore, bugigangas de suas escapadas sombrias e troféus de seu poder sobre as vítimas.

Dave Morris foi o principal investigador designado para o caso, encarregado de encontrar o responsável pelo crime aparentemente sem motivação, sem arma do crime e em uma área sem ocorrências de assassinato. No entanto, o incidente isolado não seria o primeiro.

O corpo de Henry Roberts, um carregador ferroviário de bagagens aposentado, foi encontrado em frente à sua casa, em 22 de setembro de 1995. Roberts era visto como um recluso excêntrico, um solitário que tinha vivido com a mãe até ela morrer, alguns anos antes. Dizia-se que ele era gay, mas também era visto como inofensivo, sem inimigos conhecidos. Tinha muitas semelhanças com Moore, e eles pareciam partilhar uma paixão menos saborosa — a da parafernália nazista. Uma bandeira nazista pertencente a Roberts foi encontrada na casa de Moore, claramente hasteada como uma das muitas lembranças de seus crimes.

Roberts morava sozinho com o seu cão de estimação, na velha propriedade onde tinha vivido com a mãe. Suas visitas diárias ao pub local eram quase tão regulares como um relógio, e ele era notado por ter sempre muito dinheiro, comendo fora e pegando táxis regularmente. Assim, também se especulou que seu assassinato fosse provocado por roubo, uma hipótese ainda apoiada pelas pilhas de dinheiro descobertas em diferentes partes da casa. A única outra pista que as autoridades tinham era a alegação de que uma van tinha sido vista estacionada na porta de Roberts, nos dias antes de seu corpo ser encontrado.

A suspeita recaiu sobre aqueles que podiam saber que Roberts tinha uma riqueza inexplicável. Nigel Owens, um taxista que transportava Roberts regularmente para locais e restaurantes na cidade vizinha de Holyhead, foi preso como suspeito do assassinato e permaneceu sob custódia por três semanas, até que a polícia relacionou esse homicídio com o de Davies e um outro. Owens deve ter parecido um suspeito menos provável, considerando a forma como Roberts foi encontrado morto. Roberts foi esfaqueado

27 vezes. Tal como Davies, suas nádegas foram cortadas, e a perícia forense descobriu que ele sofreu, já que o golpe final e fatal demorou a ser dado. O renomado professor de psicologia, Louis B. Schlesinger, especulou que isso teria deixado Moore excitado, como um prolongamento do ato que significava que a vida de Roberts estava em seu poder.

As mortes de Roberts e Davies provaram que Moore era um assassino oportunista, que atacava na escuridão e em áreas isoladas, fosse perto de todos, como com Roberts, ou longe da segurança de seus entes queridos, como com Davies. Isso se seguiu às suas atividades anteriores — visando homens que aparentemente ficariam envergonhados ou assustados demais para denunciar a agressão, por medo de serem julgados por suas preferências sexuais.

A última vítima de Moore, Keith Randles, se encaixa nesse perfil apenas pelo fato de ter estado temporariamente à margem. Randles era um agente de trânsito muito popular, que por acaso estava trabalhando fora de casa, num estaleiro de construção à beira da estrada, no final de 1995. Estava temporariamente em uma caravana no local. Uma noite, depois de levar algumas batatas fritas para a caravana na volta do bar, alguém bateu à sua porta. Quando a abriu, foi confrontado pela figura alta de Moore, que o atacou com sua faca de combate. Os detetives dizem que Moore admitiu que Randles tinha implorado pela sua vida em nome dos netos. Ele também perguntou por que ele fazia aquilo. "Diversão", foi a suposta resposta de Moore. Sua abordagem foi tão fria que ele até dirigiu de volta ao local do crime para recuperar sua gravata supostamente perdida na luta. O corpo de Randles foi encontrado pela manhã por seus colegas de trabalho — uma descoberta sombria, acompanhada por sinais claros de luta que apontavam para um encontro demorado e brutal. A polícia foi confrontada com sinais de um *modus operandi* recorrente.

Os sinais talvez estivessem lá para olhares atentos, mas, até que houvesse um corpo, uma pessoa para apresentar uma queixa contra Moore e algum tipo arma, não havia razão para ligar Moore a muita coisa. Um colega de apartamento, um projetista de um de seus cinemas convidado a dividir um quarto com ele, lembra-se, como muitos outros, de como ele era gentil e prestativo. Em retrospectiva, também se lembrou muito do que poderia ser descrito como atividade suspeita que insinuava uma vida dupla. Moore desaparecia à noite, e voltava de madrugada. Ele estava constantemente trocando suas carteiras e relógios, sempre alugando vans e, o mais alarmante de tudo, constantemente lavando-os como se estivesse fugindo de um assaltante imaginário ou removendo os vestígios de um crime hediondo. Moore diversificou seus interesses comerciais vendendo gás aos clientes, muitas vezes a altas horas da noite, o que o obrigava a conduzir até locais remotos (um gesto que foi apreciado pelos clientes). Isso, assim como o fato de que ele viajava entre seus cinemas em Bagillt, Holyhead e Denbigh, ofereceu ao homem de preto um álibi perfeito para seu estilo de vida transitório.

A polícia e os vizinhos também notaram isso por meio de boatos de que havia atividade ilícita e lasciva na Darlington House. Os policiais que investigaram casos de furtos na loja que Moore herdou falaram com o pessoal, e algumas das pessoas que tinham uma relação com Moore ficaram muito calados e pouco dispostos a falar muito, como se tivessem sido intimidados.

Outro indivíduo recordou um encontro aterrador com Moore em um de seus cinemas. Ele era um cliente regular do cinema em Bagillt, pois era mais barato do que em Chester, em virtude de somente exibir filmes que já tinham saído de cartaz (e provavelmente estavam disponíveis em vídeo). Como tal, ele se lembrou de que estava sempre estranhamente vazio quando o visitava com seu pai, durante o dia. Ele se lembrou de Moore como um homem amigável e jovial, que costumava conversar com seu pai antes da exibição, mas um encontro não programado com o homem de preto destacou sua versão sombria. Quando saía do banheiro durante uma das projeções, que somente era acessível por algumas escadas e em um corredor escuro, o garoto viu a silhueta de Moore — ele tinha claramente desocupado a cabine do projetista (era um show de um homem só nessa época, devido à escassez de clientes pagantes). Moore o encarava, inexpressivo, bloqueando o caminho de volta à sala. Depois de alguns momentos assim, o rapaz teve a coragem de empurrá-lo e correu de volta para o seu lugar. O fato de esse cinema ser uma antiga capela fez o Homem de Preto parecer um padre pervertido das trevas. Em outra ocasião, Moore perseguiu descaradamente um jovem cliente de um lado para o outro da sala, aparentemente sem explicação. Talvez Moore estivesse tentando intimidá-lo — aparecendo como o assassino silencioso de ***Sexta-feira*** 13, que tanto venerava. De qualquer forma, esse encontro apontou para o personagem "Jekyll e Hyde" de Moore, com seu prazer em assustar e intimidar as pessoas, e sua propensão a usar a escuridão para lançar um véu sobre seus crimes.

Apreensão

Moore foi detido e levado para interrogatório em Llandudno, onde inicialmente negou qualquer envolvimento nos crimes. Essa prisão aconteceu, em parte, devido à denúncia de uma antiga vítima, que corajosamente contou ter sido levada para a Darlington House e ferozmente agredida. As descrições levaram a polícia de volta ao local do seu tormento. Uma busca na propriedade revelou várias lembranças dos assassinatos de Moore, incluindo a bandeira nazista de Henry Roberts e o gravador de vídeo, aninhado entre suas bugigangas nazistas e os trajes de couro. Um acessório sombrio foi a arma do crime, que tinha vestígios de sangue de vários indivíduos. Também havia salpicos de sangue nas paredes, o que provava seus crimes sexuais.

Sob custódia, Moore, como muitos de perfil semelhante, parecia se divertir com a atenção e a notoriedade. Foi provavelmente isso que o levou a revelar o assassinato de uma quarta vítima, Edward Carthy, que a polícia ainda não tinha descoberto. Ao contrário das outras vítimas, Carthy era um jovem vagabundo de 28 anos, que conheceu Moore em um bar gay, durante uma estadia em Liverpool, que fica perto da fronteira com o norte do País de Gales. Moore se ofereceu para levar Carthy para casa, mas, em vez disso, o levou ao bosque Cerrigydrudion e o esfaqueou até a morte. Ele disse aos detetives que Carthy "caiu num monte [...] Eu o enfiei atrás de algumas árvores". Ele tentou justificar seus crimes de várias formas, dizendo à polícia que tinha "flashes amarelos nos olhos" durante os ataques, ou culpando o misterioso sócio que chamou de "Jason". O juiz, o júri e a acusação concordaram que esta última fantasia era "um produto da imaginação distorcida de Moore".

O julgamento começou no Tribunal de Mold Crown, no outono de 1996. Ao longo de todo o processo, Moore apareceu arrumado com camisas, calças e gravatas pretas de marca, e recebendo atenção. Para o magnata e amante do cinema, esse foi seu momento de fama, e ele agiu como uma celebridade durante todo o tempo. Esse comportamento foi uma afronta para as vítimas que o viram no tribunal e, muitas vezes, encontraram aquele rosto inexpressivo e sem remorsos as encarando de volta. Ele também olhava para as câmeras enquanto entrava e saía do tribunal, com um sorriso sombrio nos lábios. Ele se correspondeu com a imprensa local, discutindo seus planos de negócios depois que saísse da prisão.

Moore até teve a coragem de enviar uma carta a Carthy, alegando inocência. Foi mais uma agressão. Ela tinha apenas catorze anos quando recebeu uma carta do homem que nunca conhecera e que foi responsável pela morte do tio. Ela foi confrontada com a saudação: "Querida Katie".

O promotor, Alex Carlile, aludiu à celebridade imaginária de Moore quando descreveu "o homem de pensamentos sombrios e o mais terrível dos feitos" e informou ao júri que Moore estava planejando mais mortes, incluindo a do seu gerente de banco. A pena capital foi abolida na Grã-Bretanha em 1965, de modo que a justiça para as famílias dependia do fato de "a vida significar prisão perpétua" e de não haver qualquer hipótese de liberdade. O júri deliberou pelo período relativamente curto de duas horas e 35 minutos, antes de um veredito unânime de "culpado". Na sentença de 29 de novembro de 1996, o juiz Maurice Kay o descreveu como "um homem tão perigoso quanto é possível" e que seus crimes eram "matar por matar". Observando que Moore não tinha mostrado o "menor remorso ou arrependimento", condenou-o à prisão perpétua, com a recomendação ao ministro do Interior de que a liberdade condicional nunca fosse considerada. "Lixo!", gritaram alguns familiares das vítimas e, no vernáculo apropriado ao País de Gales, "Espero que morra no inferno, rapaz."

Uma pergunta frequentemente feita sobre os assassinos em série depois de serem apanhados e condenados é: poderia ter havido mais vítimas? Muitas vezes narcisistas, orgulhosos e à procura de atenção, os assassinos dão dicas tentadoras de que têm a chave para outros crimes não resolvidos. É outra forma de manter o poder sobre as vítimas e as autoridades. Os casos são reabertos e investigados, mas geralmente há somente especulação, em especial depois de muitos dos criminosos terem falecido ou sido executados, levando seus segredos sombrios para a sepultura. Peter Moore não é exceção, e vários assassinatos não resolvidos e outros crimes têm sido ligados ao reinado de terror do Homem de Preto.

Os restos mortais de um homem foram descobertos na floresta perto de Cerrigydrudion, em 2015. O detento Moore enviou posteriormente uma carta à polícia, afirmando conhecer a identidade da vítima então não identificada, que foi encontrada perto do local onde o infeliz Edward Carthy foi deixado. No entanto, como as datas não coincidiam com a onda de crimes de Moore, a polícia não acreditou, e o mistério continua.

A sentença de Moore foi a causa de uma autorreflexão para muitos na Grã-Bretanha, dois anos após a descoberta sombria da "Casa do Terror", na Cromwell Street, Gloucester, com os assassinatos cometidos por Fred e Rosemary West por motivos sexuais, e no mesmo ano em que Thomas Hamilton matou dezessete crianças e professores em um massacre em Dunblane, na Escócia. Bernard Levin, em artigo para o *Times*, concluiu que "estamos vivendo em uma época terrível". Levin citou o político Frank Field ao culpar uma classe inferior de jovens desempregados — "novos bárbaros" que crescem para cometer atrocidades indescritíveis. Mas, ao contrário dos rufiões e bandidos que nunca tiveram qualquer vantagem na vida, Moore tinha boas condições. No entanto, a ligação que o autor fez foi que parecia haver uma série de crimes sem motivo óbvio, motivados pela admissão de Moore, durante seu julgamento, de que ele os cometeu por "diversão". É difícil conciliar a vida de Moore com a ideia de que seus crimes não eram, pelo menos em parte, motivados por um prazer sexual perverso. Assim como no caso dos assassinos em série John Wayne Gacy, Jeffrey Dahmer e Dennis Nilsen, as vítimas de Moore eram exclusivamente homens: o fato de suas relações sexuais anteriores terem levado ao aumento de casos de sadismo e ao lento e violento falecimento das vítimas reforça ainda mais essa teoria.

Moore se mantêm ativo na prisão, talvez esperando por outro capítulo ou sequência de sua notoriedade. Ele processou, com sucesso, a perda de ganhos contra um vizinho que vendeu alguns de seus bens após sua primeira operação, e lançou uma oferta para fazer o mesmo contra seu antigo contador. Moore forjou uma amizade com o assassino Harold Shipman enquanto os dois estavam juntos na prisão. Por toda a sua ostentação e falta de remorso, Moore não aceitou a pena de passar o restante da sua vida na prisão, como foi ditado em sua sentença de prisão perpétua, uma decisão posteriormente confirmada pelos sucessivos ministros do Interior. Ao lado de outros condenados, Jeremy

Bamber e Douglas Vinter, Moore procurou anular essa decisão no Tribunal Europeu dos Direitos do Homem (ECHR, na sigla em inglês), em Estrasburgo. Afirmou que tal sentença equivalia a um "tratamento desumano e degradante", algo a que suas vítimas eram submetidas com absoluta certeza. A família de Edward Carthy expressou preocupação e repugnância com aquilo, argumentando que sua libertação iria degradá-los ainda mais como vítimas de seus crimes. As famílias de suas vítimas, portanto, sem dúvida deram um suspiro coletivo de alívio quando o ECHR manteve o veredito do judiciário britânico, em 2013. Moore vai passar o que restante da vida atrás das grades.

Para muitos, as vidas, os crimes e os julgamentos de assassinos são um pouco como um filme — a curiosidade mórbida desvia nossa atenção para o espetáculo dos detalhes dos crimes; o julgamento e a condenação fornecem o final satisfatório; e os detalhes destes, bem como os exames forenses, são infinitamente reproduzidos e revisitados, como sombras tremeluzentes de uma vida mal vivida. No entanto, não há desenlace para as vítimas e suas famílias, e certamente não há final feliz. O escrutínio público e a mídia mantêm vivas as memórias das vítimas, mas elas são para sempre definidas como vítimas trágicas — suas vidas indelevelmente definidas por seu triste encontro com o assassino e destinadas a serem reproduzidas infinitamente como tal. Corretamente, as famílias preferem se lembrar delas vivas, não mortas, como nós também deveríamos.

O FINAL

A vida lentamente voltou à normalidade no norte do País de Gales. Darlington House é agora um próspero negócio de motocicletas, com pouca semelhança com a antiga loja, e parece um local mais tranquilo do que a história sugere. Os cinemas não sobreviveram. Bagillt reabriu por algumas semanas sob nova direção, antes de sucumbir à competição dos multiplexes em Llandudno e em outras cidades, assim como Denbigh, cujas luzes se apagaram permanentemente em 2008.

À medida que os créditos finais rolam, o projetor se apaga e as luzes se acendem para terminar este capítulo infeliz da história do norte do País de Gales. Esperamos que aqueles cujas vidas foram escurecidas pelo Homem de Preto possam finalmente ter uma sensação de encerramento. Esperamos que o roteiro seja mudado na próxima vez, e outro indivíduo com tais inclinações sombrias não tenha permissão para satisfazer seus desejos pervertidos sob a capa da escuridão. Que a luz prevaleça.

Jolly Jane e o diácono

Richard O. Jones

Oramel Abraham Brigham conhecia Jane Toppan desde pequena e foi adotado pela família que ele aceitou com o casamento.

O capitão Abner Toppan e sua esposa Ann fundaram uma pensão em Lowell, Massachusetts, uma cidade industrial conhecida como "Spindle City", assim chamada por sua proliferação de fábricas têxteis. Ann dirigia a pensão quando o capitão Toppan, um homem do mar, estava fora — o que acontecia na maior parte do tempo (ele morreu relativamente jovem, com 45 anos). A única filha dos dois, Elizabeth, casou-se com Oramel Brigham em 1862, quando ambos tinham uns trinta anos. Eles montaram sua casa no edifício georgiano da viúva Toppan, na Third Street.

Brigham era um membro muito respeitado em Lowell. Ele

havia trabalhado para a ferrovia, primeiro como condutor, depois como chefe da estação Middlesex Street, da Boston & Maine. Porém, talvez o mais importante fosse sua posição social: foi diácono na Primeira Igreja Congregacional Trinitária. Ele era tão associado ao cargo que a comunidade se referia a ele como "diácono Brigham". Nas fotos dele nos jornais, parecia orgulhoso e distinto, com costeletas volumosas e uma expressão jovial, que era quase um sorriso.

Dois anos após o casamento da filha e a entrada do diácono Brigham para a família, Ann Toppan levou para a casa a jovem Nora Kelly, uma menina de sete anos que, com uma irmã mais velha, tinha sido abandonada pelo pai no Asilo Feminino de Boston. Embora nunca tenha adotado formalmente a menina, a viúva a rebatizou de Jane Toppan, mas a maioria das pessoas a chamava de "Jennie".

Apesar de uma infância pobre, a jovem Jane era brilhante e ativa, como seus amigos de infância se lembrariam mais tarde. Ela inventava histórias vívidas e impossíveis, insistindo que eram verdadeiras. Uma de suas favoritas, ela contava aos Brigham: um conto sobre ter descoberto irmãs havia muito perdidas, e como herdou de alguma maneira vários milhares de dólares.

Em 1874, Jane fez dezoito anos e recebeu cinquenta dólares da viúva Toppan, conforme estipulado por um acordo. Embora liberada de suas obrigações, ela permaneceu com a família por quase uma década como empregada. Aos 25 anos, Jane expressou o desejo de se tornar enfermeira. O diácono Brigham e outros dignitários de Lowell deram suas cartas de recomendação para a escola de treinamento do Hospital Geral de Massachusetts. Ela foi aceita, mas lhe disseram que teria que esperar um ano, durante o qual ela trabalhou em um hospital em Cambridge, voltando um tempo depois de terminar os estudos. Por fim, ela conseguiu trabalho como enfermeira particular e com uma remuneração muito melhor, tendo recomendações dos médicos mais conhecidos de Cambridge e Boston para cuidar de algumas das famílias mais prestigiadas.

Embora muitos tenham sido ludibriados pelos seus contos, ela era muito apreciada e ganhou o apelido de "Jolly Jane" em Cambridge, Boston, Somerville, e em Cataumet, em Cape Cod, onde tirou férias. As pessoas a descreviam como "agradável", "vivaz", "generosa e calorosa" — e "uma prevaricadora" (mentirosa). Um colega de escola disse que, se Jolly Jane estivesse em uma festa, nenhum outro entretenimento seria necessário. Ninguém suspeitava de que ela fosse viciada em qualquer tipo de droga, embora gostasse de doces. Com isso, com o passar dos anos, sua cintura aumentou.

Pela maioria dos relatos, a "contação de história" de Jane era sua maior falha, pois sua mania assassina ainda não tinha sido revelada. A maior parte do tempo, ela contava histórias fantasiosas. Uma vez ela declarou que estava noiva de um estudante de teologia de Cambridge, depois dizia que havia rompido o noivado para se casar com um milionário residente em Back Bay, que se apaixonara por ela. Porém, ela também despertou a ira de pessoas que considerava amigas, inventando histórias e espalhando-as como fofocas.

Embora vivaz e sociável, o diácono Brigham disse que Jane "se misturou pouco com homens". "Uma vez, ela estava noiva de um jovem da cidade. Ela era uma mulher jovem na época. Ele vivia em Lowell, mas foi para Holyoke, onde se casou com a filha de uma mulher com quem tinha embarcado. A notícia dessa infidelidade foi um golpe para a srta. Toppan. O jovem tinha lhe dado um anel com uma ave gravada. A srta. Toppan sempre teve uma superstição sobre essa joia, que considerávamos muito peculiar. Ela passou a odiar a visão de qualquer pássaro depois disso, acreditando que era um mau presságio".

Jane deixou a casa de Brigham/Toppan na Third Street, em

1885, mas, durante os quinze anos seguintes, mesmo quando se mudou para várias partes de Massachusetts para trabalhar, voltou como visitante e deu as boas-vindas aos convidados. Mesmo após a morte da sra. Toppan, em 1891, sua irmã adotiva Elizabeth prometeu que Jane sempre teria um lugar na casa. Quando em Lowell, Jane ficava em seu antigo quarto e nunca exibia a animosidade contra Elizabeth que queimava dentro dela. As relações com a irmã adotiva sempre foram cordiais, se não amistosas, e nunca parecia haver um conflito sério entre as duas. Porém, mais tarde Jane confessou que ela nutria um ódio de longa data por Elizabeth, considerando-a mimada e privilegiada — sentimentos exacerbados pelo ciúme do fato de Elizabeth ter a única coisa que Jane mais queria na vida: um marido.

Então, nada parecia particularmente fora de ordem quando Jane convidou Elizabeth para ir a Buzzards Bay, no verão de 1899, para passar umas férias relaxantes, na pequena vila de Cataumet, na cidade de Bourne. Jane estava lá de férias havia vários anos, em uma cabana do excêntrico Alden P. Davis e de sua família. Embora em excelente condição física para uma mulher de 68 anos, Elizabeth sofria de um caso leve, mas persistente, de "melancolia", então o diácono Brigham a encorajou a ir. Ela deixou Lowell no dia 25 de agosto, em boa forma, mas, dois dias depois, o diácono recebeu um telegrama de Jane, dizendo que a esposa estava gravemente doente. Ele foi direto para Cape Cod, mas, quando chegou à beira da cama de Elizabeth, ela já estava em coma.

Jane disse a ele que, no dia seguinte à chegada de Elizabeth a Cataumet, as duas aproveitaram um piquenique com carne de vaca fria, na Scotch House Cove. Elas se divertiram muito, mas o esforço provou ser demais para Elizabeth, então ela foi se deitar mais cedo. Ela não respondeu à chamada para o café da manhã no dia seguinte.

O que Jane não disse ao diácono, mas confessou dois anos depois, quando o alcance de seus atos assassinos foi revelado, é que Elizabeth foi sua primeira vítima numa série de assassinatos cometidos por ódio e vingança. Ela gostava de suas vítimas anteriores e era sincera com seu carinho, pelo menos em sua mente. Mas, quando Jane trouxe para sua irmã um copo de água Hunyadi, uma água mineral amarga importada da Hungria, conhecida por seus efeitos digestivos, a bebida tinha morfina e despeito.

"Deixei-a morrer lentamente, com torturas envolventes", confessou Jane. "Segurei-a em meus braços e observei com deleite enquanto ela ofegava."

Embora Elizabeth não tivesse histórico de doença cardíaca, os médicos, baseados nos relatos de Jane em oposição a qualquer exame *post mortem*, determinaram a causa da morte como apoplexia cerebral quando Elizabeth morreu, na manhã de 29 de agosto de 1899.

Brigham se lembraria, mais tarde, que, enquanto ele recolhia os pertences da esposa para levar de volta a Lowell, notou que ela só tinha cinco dólares na carteira, embora — e ele se recordava bem de discutir quanto dinheiro ela levaria — tivesse deixado Lowell com mais de cinquenta dólares. Ele questionou Jane, mas somente conseguiu afastar suas suspeitas, se é que tinha alguma, quando ela lhe disse que era todo o dinheiro que tinha visto a irmã carregar. Então, Jane disse que o desejo de morte de sua mulher, pouco antes de entrar em coma, era que Jane recebesse seu relógio e cordão de ouro como recordação. Isso era a cara de Elizabeth, pensou ele, e de bom grado lhe deu o relógio sem hesitar. Ele nunca viu Jane com o relógio nos dois anos seguintes, mas entre seus pertences, quando foi presa, estava uma pilha de recibos de lojas de penhores. Aparentemente, a cleptomania era outro de seus pecados secretos.

Ao fazer a triste viagem de volta a Lowell, Brigham não estava ciente de que a morte de sua esposa havia sido precedida por pelo menos vinte outras na notória carreira da cunhada adotiva, nem que foi o primeiro passo no plano matrimonial desonesto da enfermeira. Jane Toppan, agora no início dos seus quarenta anos, desejava um marido e estava determinada a conquistar Brigham, embora ele fosse quase trinta anos mais velho.

A segunda fase de seu plano foi concluída naquele inverno, quando Jane foi a Lowell em férias. Pouco depois de sua chegada, a governanta Florence Calkins ficou doente. Jane, sempre útil, cobriu Florence de cuidados amorosos abundantes, assim como os copos frequentes de água Hunyadi, com morfina e atropina. Florence morreu em 15 de janeiro de 1900. Desconhecendo a participação de Jane no homicídio, o dr. William Bass, um dos médicos mais antigos de Lowell, atribuiu sua morte à insuficiência cardíaca. As pessoas de Lowell ficaram maravilhadas com a sorte de uma enfermeira treinada estar visitando a casa de Brigham na época em que Florence adoeceu. Jane disse, mais tarde, que envenenou a srta. Calkins porque a considerava uma rival na atenção do diácono Brigham.

Em abril de 1901, Jane pediu a Brigham um empréstimo de cem dólares para pagar a última parte de uma casa em Cataumet que ela queria comprar para abrir uma pensão. De acordo com Brigham:

> "Alguns meses depois, ela veio até mim muito agitada e me disse que tinha sido fiadora com oitocentos dólares para um comerciante de Boston que vivia em Cambridge, que ele não podia devolver o dinheiro e que ela tinha que pagar. Eu lhe dei o cheque. Descobri, recentemente, ao falar com o comerciante de Boston, que ela nunca o entregou. Eu devia duzentos dólares a Jennie Toppan pelo legado de minha esposa, mas, quando ela me devia 1.400 dólares, pensei em não emprestar mais até ela fazer alguns pagamentos."

Quando um repórter perguntou sobre as finanças da srta.

Toppan, ele respondeu:

> "Bem, se souber o que ela fez com o dinheiro, eu gostaria que me dissesse. Ela tem ganhado 21 dólares ou mais por semana como enfermeira, nos últimos doze anos, mas não sei que o que faz com o dinheiro. Ela me pediu dinheiro emprestado, 1.400 dólares no total, seiscentos para pagar o que ela disse ser o chalé Ferdinand em Cataumet, mas pelo qual ela nunca pagou um centavo, e oitocentos para cobrir um cheque. Somavam 1.400, mas só a srta. Toppan parecia saber. No entanto, nunca a pressionei para pagar. Não faço a menor ideia do que ela poderia ter feito com todo o dinheiro. Ela estava constantemente empenhada na enfermagem desde que saiu do hospital, mas, quando chegou à casa, estava sem nada."

Durante suas visitas e com Elizabeth fora do caminho, Jane abordava o assunto do casamento com o diácono, mas, sempre como um cavalheiro, ele gentilmente mudava de assunto. "Geralmente entendia-se que ela queria [estar casada], mas eu nunca a pedi em casamento nem ela a mim. Suponho que ela queria o dinheiro que a sra. Toppan havia deixado, e, se ela se casasse comigo e eu estivesse fora do caminho, claro que seria dela".

Ao mesmo tempo, Brigham, um senhor de setenta anos, estava se interessando por outro membro da congregação, a solteira srta. Martha Cook, uma mulher mais jovem, de 65 anos. Os murmúrios de uma união pareciam inflamar ainda mais a paixão frustrada de Jane (se é que foi mesmo isso) pelo diácono, e eles tiveram mais de uma cena tempestuosa sobre o assunto.

Para outros em Lowell, talvez parte de um estratagema mal orientado para fazer ciúmes ao diácono, ela falava frequentemente de sua intenção de ir para a Austrália, onde tinha ouvido dizer que as esposas eram escassas. Ela andou por lá se despedindo dos amigos, dizendo que já tinha comprado a passagem e que todos os preparativos para sua partida estavam prontos.

Se ela realmente estava apaixonada pelo marido da falecida irmã adotiva, se queria a segurança de um lar para seus anos de declínio, ou se o plano principal incluía tornar-se viúva em algum momento para receber a propriedade que ela sentia que lhe era devida, apenas Jane saberia. O diácono Brigham ficou tão impressionado com suas expressões de desejo de se casar que foi falar com seu pastor para confidenciar que sentiu que "viveu uma vida de perseguição". Jane se recusou a permitir que seu processo fosse sumariamente arquivado. A certa altura, ela insistiu que ele despedisse a governanta que havia substituído a srta. Calkins e lhe desse o lugar. Brigham recusou.

Ele falaria mais tarde aos repórteres sobre "a melhor das muitas fábulas da srta. Toppan", contada durante a visita de abril. Ela disse a vários amigos que esperava ir à Rússia, pois seria membro da casa do czar e receberia um salário fabuloso. Ela disse que o czar tinha ouvido falar muito da habilidade das enfermeiras treinadas pelos americanos, e desejava contratar uma para o atendimento da czarina.

Ela não foi nem para a Austrália nem para a Rússia, mas para Cambridge, onde conseguiu um emprego como governanta dos Beedle, e depois uma curta e fatídica estadia nos chalés Davis, em Buzzards Bay, antes de regressar a Lowell para sua última visita, no final de agosto.

Jane ficou consternada ao encontrar mais uma mulher na casa de Brigham — e, embora ela não fosse de modo algum uma concorrente ao matrimônio, Jane foi consumida pelo ciúme. A irmã de anos do diácono Brigham, Edna Bannister, de Tunbridge, Vermont, combinava uma visita familiar com uma viagem à Exposição Pan-Americana em Buffalo, Nova York. Ela tinha chegado alguns dias antes de Jane, em 24 de agosto. Embora idosa, era uma mulher forte e vigorosa, mas, dois dias depois, após o almoço, queixou-se de tonturas e se retirou para seu quarto. Jane imediatamente lhe levou um copo de água Hunyadi, e, durante sua breve doença, os cidadãos de Lowell mais uma vez se maravilharam com a sorte de haver uma enfermeira experiente por perto. A mulher idosa entrou em coma na mesma noite. Embora o dr. Bass tenha chegado cedo na manhã seguinte, ele não conseguiu reanimá-la e ela morreu antes do almoço.

O estranho comportamento da srta. Toppan no funeral da sra. Bannister começou a levantar suspeitas do reverendo George F. Kenngott. Ela estava nervosa, e seu luto não parecia sincero. As mortes na família em Cataumet tinham começado a gerar rumores, e o reverendo Kenngott sabia que ela havia atendido os quatro membros da família como enfermeira. A morte súbita da sra. Bannister parecia fazer parte desse grupo, mas ele não disse nada a Brigham.

Foi apenas um dia depois do funeral da sra. Bannister que o detetive geral Jophanus H. Whitney visitou Jane na casa de Brigham com perguntas sobre as mortes na família de Alden P. Davis. Se o diácono ainda não tinha suspeitas de que sua cunhada adotiva fosse uma assassina em série, sua presença nessa primeira conversa entre Jane Toppan e a polícia certamente o teria colocado em alerta.

Quando a enfermeira Toppan voltou a Cambridge, foi trabalhar com Melvin e Eliza Beedle, na Wendell Street, número 31. Ela estava na casa dos Beedle no início do verão de 1901, uma estação brutalmente quente no nordeste, quando recebeu uma visitante inesperada, Mary Davis, conhecida como Mattie, que dirigia um resort, na Buzzards Bay, com o marido, Alden P. Davis. Jane tinha passado as férias lá, nos últimos cinco verões, e lhes devia quinhentos dólares. Com sessenta anos de idade e diabética, Mattie tinha ido cobrar a dívida num estado de fragilidade, entrou em colapso depois do jantar, e morreu durante a noite, apesar da administração copiosa da água de Hunyadi por Jane.

O corpo foi levado de volta a Cataumet para o funeral, ao qual Jane assistiu, permanecendo para assistir ao luto de Alden Davis e de suas filhas casadas, Minnie Gibbs e Genevieve Gordon. Genevieve adoeceu, e Jane ficou ao seu lado até o momento de sua morte, durante as primeiras horas da manhã de 27 de julho. A causa oficial foi registrada como "doença cardíaca" pelo dr. Leonard Latter, mas todos atribuíram o fato à dor e a um coração partido pela perda da mãe.

O "pesar" voltou a atacar duas semanas depois, em 9 de agosto, quando Alden Davis, depois de voltar para casa exausto de uma viagem de negócios a Boston, e de beber um grande copo de água Hunyadi oferecido por sua enfermeira, foi para sua cama e morreu durante a noite. O dr. Latter pôs "hemorragia cerebral" como causa da morte.

Depois, Minnie adoeceu enquanto se preparava para um passeio matinal e, embora Jane estivesse no local com um copo de água Hunyadi, morreu no dia seguinte.

A proximidade das mortes parecia mais do que suspeita ao capitão Paul Gibbs, sogro de Minnie, então ele fez algumas visitas e mexeu alguns pauzinhos — a polícia foi informada e os corpos, exumados. Quando Jane Toppan embarcou em um trem para Lowell, na última semana de agosto, foi seguida pelo detetive estadual John Patterson, que se instalou em um quarto com vista para a casa de Brigham.

Pouco depois do falecimento da sra. Bannister, o detetive

Whitney interrogou Jane Toppan, na sala do diácono Brigham, sobre as mortes de Cataumet. Ela repetiu o que os médicos tinham decidido: que a sra. Davis morreu de exaustão – "tudo contribuiu", disse ela — e que o luto tinha levado o marido e as filhas.

No julgamento da enfermeira Toppan, Whitney testemunhou que Brigham estava presente quando sugeriu que fossem feitas autópsias na família Davis. "Se essas pessoas morressem de causas naturais, seria melhor para todas as partes envolvidas", disse. "Não acha que seria melhor?"

Em vez de lhe responder diretamente, Jane voltou-se para o diácono: "O que acha, sr. Brigham?" O sr. Brigham respondeu que achava que seria melhor fazer as autópsias, que resolveriam o assunto, ao que Jane respondeu: "Não sei se seria assim."

Jane ainda estava sob vigilância, e o detetive Patterson a seguia a cada movimento em Lowell, e a visita de Whitney era para deixá-la atenta, na esperança de que ela desistisse de seus modos assassinos e que não se perdessem mais vidas antes de os resultados dos testes nos corpos exumados. Jane, aparentemente, não entendeu a dica. Embora a sra. Bannister tivesse sido a última pessoa a morrer nas mãos da enfermeira, ela ainda não tinha acabado.

"Voltei da igreja num domingo [15 de setembro], acompanhado por Jane Toppan", disse mais tarde Brigham, "e não jantei muito. Sofri de dores de cabeça durante a tarde."

No dia seguinte, o reverendo George F. Kenngott ficou surpreso ao receber uma carta da enfermeira Toppan, informando-o de que o sr. Brigham tinha ficado muito doente de repente. Com sua conversa anterior com o diácono sobre o desejo de Jane de se casar e agora a misteriosa morte de uma família que estava sob seus cuidados em sua mente, Kenngott foi correndo para a casa e questionou de perto o homem doente e a srta. Toppan.

Ao voltar para casa, ele enviou um mensageiro para o dr.

Lathrop: "Vá falar com Jennie Toppan. Ela está tentando envenenar seu paciente." Na manhã seguinte, o clérigo telefonou ao médico para se certificar de que recebera a mensagem. Juntos, garantiram que a srta. Toppan nunca ficasse sozinha com Brigham. Em poucos dias, ele se recuperou o suficiente para fazer uma viagem de cinco dias às Montanhas Brancas por ordem médica, sem a enfermeira Toppan. Era mesmo do que ele precisava.

"Eu não suspeitava de que o sr. Brigham sofresse de envenenamento por arsênio", disse o dr. Lathrop. "Eu não sabia que a srta. Toppan estava sob suspeita quando a assisti, ou teria guardado amostras da água e misturas aromáticas de ruibarbo que encontrei em garrafas. O detetive Whitney lamentou que eu não tenha guardado nenhuma amostra."

"Quando eu estava prostrado pela doença", relatou Brigham, mais tarde, "eu não atribuí isso a nenhuma das ações da srta. Toppan, mas... nunca tinha ficado doente até aquele momento". A minha governanta me contou, quando cheguei, que a srta. Toppan tinha agido muito mal. Ela estava tão nervosa que não conseguia ficar quieta."

Do retiro na montanha, Brigham disse a Jane que ela teria que sair da casa. Isso foi em 27 de setembro. Dois dias depois, a srta. Toppan fez a primeira de duas tentativas de suicídio.

"Chamei a srta. Toppan para jantar no domingo", disse Brigham, "e ela disse que não se importava com nada. A governanta subiu para ver se havia algum problema. A srta. Toppan disse-lhe que tinha tomado veneno e pediu que lhe mandassem um advogado, como ela desejava, para fazer seu testamento. Chamamos um médico e mais tarde conseguimos uma enfermeira para cuidar dela."

O dr. Lathrop a encontrou num estado extremamente sonolento causado, ele supôs, por alguma forma de ópio. Ele lhe deu uma injeção de apomorfina, e ela reagiu, mas se recusou a lhe dizer o que tinha tomado. Dada sua experiência na administração de morfina, parece certo que Jane nunca quis se matar, mas tomar apenas uma dose suficiente para parecer convincente.

"Por que não me deixou morrer?", gemeu ela. "Estou cansada da vida. Ninguém quer saber de mim. As pessoas falam tanto de mim que estou farta de viver."

Na segunda-feira de manhã, ela estava melhor, então a enfermeira contratada foi buscar o café da manhã. Quando voltou, a paciente estava novamente entorpecida. Felizmente, o dr. Lathrop estava chegando. Dessa vez, ela estava muito mais perto da morte do que na noite anterior. Ele lhe deu outra injeção de apomorfina. Segundo ele:

> "ela jogou fora o veneno. Sem tratamento imediato, ela teria morrido. Ao recuperar os sentidos, ela deu as mesmas respostas às perguntas do dia anterior. Sou da opinião que ela estava louca."

Enquanto Jane estava na prisão de Barnstable, antes de ser julgada, Brigham disse aos repórteres: "Em retrospecto, percebo que, quando Jennie estava morando comigo, havia muitas coisas estranhas. Acho que estava louca."

Ele estava agora convencido de que ela era viciada em morfina, além de qualquer outro problema em que tivesse se metido, e disse novamente a Jane que, quando ela tivesse se recuperado parcialmente, teria de sair da casa.

Em 1 de setembro, ela deu entrada no Hospital Geral de Lowell, onde ficou a maior parte do mês. Depois foi para New Hampshire, visitar uma velha amiga, Sarah Nichols.

"Foi provavelmente para cair nas minhas graças", disse Brigham aos jornais sobre as tentativas de suicídio. "E, quando ela descobriu que eu não estava do lado dela, fez a segunda tentativa, dessa vez desejando realmente a morte."

> "Embora não possa negar que ela queria se casar comigo, pode ter a certeza de que estou muito contente por não o ter feito. Se eu tivesse me casado com ela, não acredito que estaria vivo hoje. Jennie certamente contou histórias estranhas, e muitas delas foram sem dúvida inventadas para me ferir, embora eu sempre a tenha tratado como uma irmã."

O determinado detetive Patterson, que tinha vivido calmamente numa pensão do outro lado da rua da casa Brigham, relatou:

> "Desde então, até a noite da detenção, mantive-a sob vigilância e, de fato, familiarizei-me com a srta. Toppan e tive bastante intimidade com ela, acompanhando-a frequentemente em idas aos correios, etc. Suas correspondências foram examinadas, e todos os esforços feitos para encontrar as provas que eram procuradas."

Ele chegou ao ponto de fingir doença para conseguir um quarto na mesma parte do hospital e poder ficar de olho nela lá. "Ao sair do hospital em Lowell, a srta. Toppan seguiu para Amherst, New Hampshire, para visitar uma irmã de George L. Nichols naquela cidade. Segui-a até Amherst, e nós dois chegamos lá em 14 de outubro."

Em 29 de outubro, o general Whitney chegou à casa dos Nichols com um mandado, então foi levado até o quarto de Jane.

Jane disse mais tarde aos psiquiatras que, se Whitney não tivesse chegado, ela provavelmente teria envenenado George e Sarah Nichols também.

Jane parecia ter lidado bem com a prisão, de uma forma alegre. Foi formalmente acusada apenas do assassinato de Minnie Gibbs, mas, quando a história começou a se desenrolar com a investigação de Whitney, com as confissões de Jane a seus advogados e aos psiquiatras designados para o caso, o número rapidamente avançou para pelo menos 31 durante o julgamento, mas não há uma contagem oficial de corpos.

No início, Jane negou todas as acusações e boatos contra ela. Sua primeira declaração pública foi entregue à imprensa dois dias após sua prisão:

> "Eu não sei nada sobre o envenenamento da sra. Gibbs ou de qualquer membro da família Davis. Suponho que todos morreram de causas naturais. Estou disposta a contar tudo sobre esses casos. Não tenho nada a esconder. Lamento que o dr. Latter esteja morto. Se ele estivesse vivo, não teria a menor dificuldade em me ajudar. Os oficiais sabiam onde eu estava o tempo todo. Não estava escondida e podia ser encontrada com uma hora de antecedência. Dizer que eu estava 'me escondendo da prisão é um absurdo'."

O advogado dela, James Stuart Murphy, anexou a declaração com o próprio testemunho pessoal:

> "Conheço-a há vinte anos, e tenho certeza de que ela não tem nada a ver com o acontecido. Ela é uma mulher brilhante, inteligente, mental e moralmente pura. A história de ela querer se casar é absurda. Nunca a vi na companhia de um homem ou a ouvi falar de um homem. Sei que ela não teve nada a ver com isso. Qualquer amiga da srta. Toppan vai atestar seu excelente caráter. Estou convencido da inocência da srta. Toppan. Conheço-a desde a infância, e jamais levantaram um dedo de suspeita contra ela. Não vamos admitir nada. Deixaremos o Estado ir em frente e provar seu caso."

Na acusação, mais tarde naquele dia, um pequeno grupo de curiosos em frente à prisão viu Jane sair de braço dado com Murphy a caminho da sala do tribunal. Diante da prisioneira, um murmúrio de surpresa veio daqueles que tinham testemunhado sua primeira aparição, uma semana antes. Ela estava pálida. Caminhou com passos vacilantes e os olhos fixos no chão através da pista de espectadores do tribunal, a poucos metros de distância. Uma vez dentro do tribunal, ela se sentou no banco perto da porta para aguardar o pedido rotineiro de uma continuação de Murphy. Com a cabeça inclinada para a frente, a srta. Toppan ouviu os pedidos de seu advogado. Ela usava o habitual vestido preto, mas parecia desgrenhada, o cabelo preto, sombreado de grisalho, escapando por baixo do gorro preto. Uma grande fita branca descuidadamente atada formava um largo colarinho frontal. Seus olhos, sempre pesados sobre a sala, estavam afundados em círculos escuros e profundos. Ela parecia nervosa, pálida e com o olhar vazio. Tremendo de emoção e aparentemente à beira do colapso, ela se apresentou perante o tribunal e se declarou "inocente" da acusação de assassinato. Parecia um animal caçado a distância, disseram os jornais. Apertou as mãos para parar o tremor, pequenas gotas de suor brilhavam em sua testa. Então, seus lábios tremeram, e ela os mordeu nervosamente até que uma pequena gota de sangue os transformou num carmesim brilhante.

Ela estava no tribunal havia apenas quatro minutos, mas parecia ter passado por mil emoções antes de se virar para sair. Vacilou como se fosse cair, agarrando o braço de Murphy para se apoiar. Manteve os lábios bem fechados, como se contida por um grande esforço. Seus passos eram lentos, e ela caminhou com aparente dificuldade, os ombros curvados. A tensão do confinamento, a gravidade das acusações contra ela, e seu nome e sua imagem em todos os jornais pareciam minar suas forças. Ela era uma mulher sem esperança.

Buscas na casa de Brigham e no seu quarto, em Cambridge, revelaram um esconderijo de cartas que Jane tinha escrito a várias pessoas. Se houvesse dúvidas sobre suas habilidades como mentirosa e contadora de histórias, as cartas confirmavam isso.

Em alguns casos, ela havia escrito cartas em dias consecutivos à mesma pessoa, totalmente contraditórias. As histórias que ela contava beiravam a fantasia, com um absoluto desprezo pela verdade. Algumas falavam da fabulosa riqueza que lhe restava, outras de um casamento que em breve aconteceria com um homem proeminente, e outra ainda antecipou uma viagem ao redor do mundo num iate privado, com um jovem apaixonado por ela. Não parecia haver nenhum benefício em espalhar essas histórias fantasiosas, então os médicos opinaram que elas eram puramente o produto de uma mente perturbada.

Ser capturada e ter de enfrentar publicamente seus crimes acrescentou um elemento de paranoia a seus problemas mentais. Um médico disse que ela estava desenvolvendo uma característica que não tinha quando foi presa. Quando questionada sobre certas coisas, ela assumia um ar de extraordinária astúcia e dava respostas evasivas. Ele, portanto, previu que nunca haveria uma confissão real. Porém, ele estava errado sobre isso. Ela revelou a dois de seus advogados e aos três psiquiatras nomeados pelo tribunal para examinar os detalhes de seus assassinatos uma franqueza fria e uma "calma total", que igualou a forma deliberada e pensativa como ela os executou, comovendo todos os envolvidos — talvez até os próprios. De acordo com o depoimento de um dos psiquiatras:

> "Sem dúvida, um cidadão comum a declararia louca quando falasse com ela. Ela não mostra nenhuma evidência de sua doença, exceto para quem fez daquele ramo um estudo especial. Falou, e até riu conosco, e não pareceu muito preocupada com seu destino. Mas mesmo isso era anormal. Uma mulher comum, colocada nessa posição, teria feito seu melhor para alegar insanidade assim que soubesse da identidade de seus visitantes, mas Jane Toppan não fez nada do gênero. Ela parecia estar perfeitamente à vontade."

As confissões revelaram uma história de esperteza e ousadia, a alegria e o prazer sexual de testemunhar a morte, tanto de homens como de mulheres. Ela brincava com as vidas que lhe eram confiadas, como um gato com um rato, e era raro, disse ela, que aqueles que um dia estavam sob sua responsabilidade se levantassem de suas camas depois de ficarem doentes; quando os pacientes estavam deitados indefesos e sem sentidos, ela exultava por seu poder e os beijava e acariciava enquanto se aproximavam cada vez mais da morte.

> "Veja, não sou louca. Eu me lembro de tudo, ou pelo menos da maior parte, dos últimos anos. Aqueles que matei nos hospitais, claro, eu não conhecia. Não sei dizer os nomes nem quantos foram — talvez dez, talvez vinte, 55."

Ela não mostrou remorso e expressou a própria preocupação por isso. Ela disse a uma psiquiatra:

> "Quando tento imaginar, digo para mim mesma: 'Envenenei Minnie Gibbs, minha querida amiga'. 'Envenenei a sra. Gordon'. 'Envenenei o sr. Davis e a sra. Davis'. Isso não me transmite nada e, quando tento sentir o que sentiram as crianças e todas as consequências, não consigo perceber que é uma coisa horrível. Por que não me arrependo e lamento? Não consigo entender."

A corroboração de alguns dos detalhes sórdidos do ***modus operandi*** de Jane veio de uma antiga paciente do Hospital de Cambridge, que se apresentou para contar a própria experiência. A sra. Amelia Phinney tinha estado no hospital para uma operação no útero. Após a cirurgia, a enfermeira Jolly Jane lhe deu um remédio de sabor amargo para ajudar com a dor. Enquanto ela entrava e saía de uma névoa de morfina, a amiga enfermeira que cuidava dela se sentou na cama, beijou Amelia por todo o rosto, acariciou-lhe o cabelo, arrepiando-se, e de repente parou e saiu correndo do quarto. Lembrando-se do bizarro acontecimento na manhã seguinte, Amelia convenceu-se de que foi tudo um sonho. Porém, quando a notícia dos crimes de Jolly Jane se espalhou, ela percebeu que poderia ter sido outra das infelizes vítimas da enfermeira se o envenenamento não tivesse sido interrompido.

Estava quente e ensolarado em Barnstable, Massachusetts, no dia 23 de junho de 1902, um belo dia comparado com o calor opressivo do verão anterior. Os cidadãos perambulavam pelos terrenos da prisão já havia sete anos, esperando um vislumbre da prisioneira Jane Toppan a caminho para descobrir seu destino no tribunal. Os prisioneiros da cadeia acordavam às seis horas, mas nesse dia a matrona da cadeia abriu uma exceção. Um dia longo e duro estava diante da prisioneira, e a bondosa guarda lhe deu uma hora extra para dormir antes de acordá-la gentilmente. Jane acordou, com um sorriso grande e amigável, um pouco da velha Jolly voltando por um instante. Depois do café da manhã, Jane e a guarda passaram meia hora decidindo sobre o traje para o dia, embora as escolhas fossem limitadas a dois vestidos e três saias. Cada saia foi vestida e tirada pelo menos uma dúzia de vezes, e, mesmo assim, ela não ficou satisfeita. Quando seu advogado a chamou para acompanhá-la ao tribunal, ainda estava confusa e tomou uma decisão precipitada de um vestido preto de cintura branca e um chapéu preto de abas largas, profusamente enfeitado com bem-me-queres.

Enquanto Jane se torturava sobre a roupa, a multidão em frente ao tribunal cresceu até as pessoas se esbarrarem. Rapidamente, às nove horas, a pequena galeria na parte de trás da sala do tribunal foi aberta e, em dez minutos, ficou lotada até a cúpula. Às dez horas, Jane entrou devagar e tomou seu lugar no longo banco dos réus. Ela dardejava olhares rápidos aqui e ali para a multidão, a pequena galeria, os repórteres e para o xerife e seus assistentes, os "bem-me-queres" em seu chapéu balançando para cima e para baixo. No início, ela manteve seu pesado véu sobre o rosto, mas, quando o interesse no processo aumentou, ela o afastou impacientemente.

O destino de Jolly Jane Toppan foi resolvido apenas seis horas depois. O júri demorou apenas 31 minutos para decidir, e apenas 27 minutos para chegar a um veredito. A leitura da acusação consumiu doze minutos — doze minutos durante os quais Jane Toppan foi forçada a ouvir quatro vezes aquelas terríveis palavras ("veneno", "matar" e "assassinato"). Sua emoção aumentava a cada soar da voz trêmula do escriturário idoso, e a cada vez parecia que ela estava prestes a desmaiar. Com um suspiro, a cabeça caiu para a frente no corrimão, e até a leitura ter terminado, ela manteve o rosto ali.

Todas as testemunhas foram acompanhadas desde a sala de audiências, com exceção dos três psiquiatras, Stedman, Jelly e Quinby, cuja opinião determinaria o destino da srta. Toppan. Sentaram-se bem na frente dela.

O testemunho principal veio do dr. Henry R. Stedman, que disse que Jane Toppan lhe disse, na presença de outros especialistas médicos, que ela havia matado a sra. Gibbs dando-lhe uma dose letal de atropina e morfina, administrada na forma de comprimidos ou pastilhas, e em mais de uma vez. Os outros dois médicos concordaram que Jane Toppan estava fora de si em 13 de agosto, dia da morte da sra. Gibbs, e ainda sofria de "uma forma de insanidade degenerativa, não tendo controle sobre um impulso irresistível". Em suma, ela não foi responsável pelo crime de que foi acusada.

Não houve testemunhas para sua defesa. Seus advogados se basearam inteiramente na alegação de insanidade, e os psiquiatras que testemunharam concordaram plenamente que a mulher era louca. Nem o advogado do réu nem os procuradores desejaram dirigir-se ao júri.

Quando a defesa terminou, o juiz dirigiu-se à srta. Toppan e disse: "Você tem o direito, se achar conveniente, de se dirigir ao júri em seu nome. Você não é obrigada a fazê-lo, e pode, se preferir, concluir sua defesa. Nenhuma inferência será tirada contra si da sua omissão em dizer algo ao júri em seu nome. Quer dizer alguma coisa?"

A ré respondeu: "Não".

O júri a considerou inocente por insanidade. O promotor público sugeriu que ela fosse mandada para o Hospital Taunton, destinado aos insanos, e a defesa concordou.

De volta à prisão, um repórter perguntou-lhe se ela estava se sentindo bem. Ela disse: "Ah, como nunca. Sinto-me ótima".

"Tem medo da sua nova vida?", perguntou ele.

"Ah, não", respondeu ela. "Estarei bem de novo dentro de alguns anos. Eles vão me deixar sair do jeito que fizeram com Freeman". (O fanático que Alden Davis defendeu. Ele, também, foi enviado para Taunton e libertado após sete anos).

Mesmo na prisão e no manicômio, Jolly Jane nunca perdeu a propensão para o exagero. Quando chegou ao hospital psiquiátrico estadual em Taunton, sua confissão tinha crescido para um total de 84 vítimas.

Um jornal afirmava: "Pensava-se que, ao menos que sua imaginação fosse refreada, ela poderia alegar ou confessar o assassinato de metade dos habitantes do estado".

"Foram apenas 84", insistiu ela a uma repórter. "Ia completar uma centena e depois parar".

Em uma atualização dois anos depois, ela dizia terem sido 91 vítimas, e sua paranoia havia crescido a proporções extremas. Ela havia parado de comer por medo de ser envenenada, e sua figura carnuda começara a definhar. Seus cuidadores tomaram "medidas extremas", disse o relatório, para mantê-la nutrida, inclusive alimentando-a à força através de um tubo.

"Um olhar sobre esta mulher fraca e incapaz, sentada em sua cela no hospital, é suficiente para convencer o visitante de que alguma parte da vingança, que delírios induzidos por realidades horríveis podem infligir, tem sido forçada a ela", relatou o ***Boston Post***.

Na época da sua morte, em 1938, aos 81 anos, ela afirmou aos guardiões: "Matei pelo menos cem pessoas".

P.S.: Oramel Brigham casou-se com Martha Cook em maio de 1902, enquanto Jane Toppan aguardava julgamento na prisão de Barnstable. Ela morreu em Lowell em 1920, aos 89 anos.

O Barba Azul de Roma

Deirdre Pirro

Um homem bem-vestido, com um bigode robusto, xingava e suava profusamente enquanto transportava duas malas pesadas para a estação. Ele já estava cansado. Tinha passado uma hora naquela manhã terminando o trabalho. Durante o restante do dia, limpou a bagunça que tinha feito no apartamento alugado. Para aumentar seu mau humor, quase logo que entrou no trem, foi multado por excesso de bagagem. Quando o condutor o interrogou sobre o que estava lá dentro, ele respondeu: "Carne salgada."

No dia seguinte, frio, em 16 de novembro de 1932, as duas malas foram encontradas abandonadas na Estação Central de Nápoles, no sul da Itália. Chegaram no trem número 5, vindo da estação de Porta Nuova, em Turim. Quando as malas foram abertas, a cabeça cortada e outras partes do corpo de uma mulher embrulhadas em jornal caíram para fora. O chefe da estação desmaiou. No dia seguinte, o restante do corpo apareceu noutra mala, na estação principal de Roma.

Naquela época, a Itália ainda estava em lua de mel com Benito Mussolini, o ditador fascista. No fim de outubro de 1922, Mussolini havia tomado o poder depois da marcha sobre Roma, e se manteria no comando por mais de duas décadas. Para ajudar a promover a ideia do Estado ideal que o regime queria retratar, Mussolini impôs uma censura rígida. Não haveria crimes em filmes, rádio e na imprensa. O objetivo era dar à população uma falsa sensação de segurança e aumentar a confiança em seus novos líderes.

Porém, nada poderia manter aquela história escondida. Os jornais espalharam nas primeiras páginas os detalhes da descoberta do corpo da mulher não identificada. Para tentar conter o clamor, dois inspectores experientes da sede da polícia de Roma foram destacados para o caso. Ambos já estavam trabalhando em um caso semelhante, embora sem sucesso. Em novembro de 1930, os restos decapitados e mutilados de outra mulher sem nome tinham sido encontrados na praia de Santa Marinella, não muito longe de Roma.

Uma luz surgiu quando uma garçonete chamada Olga Melgradi apareceu na delegacia de polícia, depois de ler sobre o caso nos jornais. Ela disse aos agentes que talvez conhecesse a mulher das malas. A amiga dela, Paola Gorietti, tinha desaparecido. Originária da Úmbria, Paola, era uma solteirona manca de 29 anos, que trabalhava como empregada doméstica em Roma.

Antes de seu desaparecimento, Paola disse a Olga que havia conhecido um homem fascinante, depois de responder a um anúncio de corações solitários em uma revista. Leu: "Pensionista, 450 liras por mês [então uma soma considerável], gostaria de conhecer mulher solteira com recursos. De preferência para nos conhecermos com a ideia do casamento." Sua amiga o descreveu como um oficial aposentado do Exército, que havia sido ferido na Primeira Guerra Mundial. Pouco tempo depois de conhecê-la, ele a pediu em casamento, disse Paola, e ela o ajudou a administrar uma pequena pensão em La Spezia, na costa da Ligúria. Porém, depois que Paola aceitou e partiu para começar sua nova vida, Olga não teve mais notícias da mulher.

Com base nessas informações, os inspetores levaram Olga e Gino, irmão de sua amiga, para Nápoles, onde identificaram Paola Gorietti como a vítima. Olga também reconheceu uma das malas — ela a pegara emprestada para sua viagem. As investigações já estavam concentradas em La Spezia, depois que uma criança havia encontrado uma faca de açougueiro ensanguentada, em um beco perto da estação, mas foi Olga quem informou à polícia que, embora o possível noivo tivesse ordenado a Paola que não contasse a ninguém sobre o romance até que eles se casassem, ela não pôde resistir. Rebentando de alegria, tinha dito a Olga que o nome do pretendente era Cesare Serviatti.

Serviatti nasceu em Roma, de pais desconhecidos, em 24 de setembro de 1880. Cresceu aos cuidados de pais adotivos, em uma cidade próxima. Conhecido por ter um temperamento lépido e nocivo, foi despedido do trabalho como enfermeiro em um hospital local por maltratar pacientes. Depois, teve uma série de trabalhos mal remunerados. Em algum momento, quis ser açougueiro, mas era indolente e tinha pouca disposição para o trabalho. Quando faltava dinheiro, viajava para La Spezia a fim de ajudar na pensão de um amigo.

Vaidoso e ganancioso, Serviatti estava convencido da sua proeza em cativar e defraudar mulheres. A polícia rastreou o desempregado Serviatti até sua casa em Roma, e levou-o ao quartel-general para ser interrogado. Após quatro dias, Serviatti confessou o assassinato de Paola. Ele disse à polícia que eles tiveram uma discussão violenta na manhã seguinte à sua chegada ao apartamento em La Spezia. Ele disse que estava se barbeando quando Paola tentou tirar a lâmina de sua mão direita. Para se defender, ele lhe deu um chute no estômago, e ela caiu no chão, batendo com a cabeça. Ele saiu correndo do prédio e somente retornou à noite, encontrando o corpo onde o havia deixado. Em pânico, o desmembrou e o colocou nas malas. Sem se convencer, a polícia o prendeu, certa de que sua intenção era roubar as economias da mulher.

Dadas as semelhanças nos crimes, os detetives estavam convencidos de que Serviatti também tinha matado a mulher encontrada na praia de Santa Marinella. Depois de mais perguntas, ele admitiu ter atirado os restos de uma mulher, Bice Margarucci, no rio Tibre, em Roma. A maré fez o restante, levando o corpo mais para cima, ao longo da costa. Uma mulher de meia-idade que trabalhava como empregada doméstica, Bice tinha acabado de voltar de visita ao irmão, nos Estados Unidos. Ela havia levado de volta joias, roupas íntimas elegantes e uma grande quantia de dinheiro. Empregando seu estratagema habitual, Serviatti a mandou assinar seu talão de cheques para ele.

Se ele tivesse matado duas mulheres da mesma maneira, a polícia supunha que ele poderia ter matado outras também. Para se adaptarem ao ***modus operandi***, as vítimas de Serviatti seriam mulheres solitárias, solteiras e vulneráveis, que já não eram mais jovens, mas ainda estavam em busca de amor. Fariam qualquer coisa por ele, até mesmo abandonar família e amigos, deixando-os sem notícias de seu paradeiro apenas para estar com ele. Ao isolá-las, Serviatti sabia que poderia seduzi-las, roubá-las e matá-las, com poucas chances de alguma vez ser descoberto.

Uma vez espalhada a notícia de que Serviatti tinha cometido o segundo assassinato, a imprensa começou a chamá-lo de

"Landru do Tibre", já que o seu caso era como o do assassino em série francês Henri Landru, conhecido como o "Barba Azul de Gambais". Entre 1915 e 1919, Landru havia usado mensagens de corações solitários para atrair onze mulheres para sua casa isolada, onde as fez dar todo o seu dinheiro para ele. Depois as estrangulou, desmembrou seus corpos, incinerou os pedaços no fogão da cozinha e jogou as cinzas nos campos próximos. Esse foi provavelmente o modelo que Serviatti copiou, acreditando que teria mais sucesso que seu inventor, que foi julgado e decapitado na guilhotina, em 1922.

Outras investigações revelaram que não havia vestígios de mais nenhuma mulher com quem Serviatti tivesse estado em contato. Em 1928, a viúva loira, alta, magra e abastada Pasqua Bartolini Tiraboschi desapareceu misteriosamente da pensão de La Spezia, onde Serviatti trabalhava (e fingia ser dono). Ela também o tinha conhecido por meio de um anúncio de jornal, mas ele afirmou que a havia expulsado da pensão com o cão quando se tornou insistente demais quanto ao casamento de ambos. O cão foi encontrado vagando pelas ruas, mas não havia sinal da mulher.

Em dezembro de 1932, a polícia, duvidando da história, revistou a pensão e dragou a fossa. Eles encontraram os restos mortais da infeliz Pasqua, a primeira vítima de Serviatti. Confrontado com essa descoberta, ele pouco mais podia fazer do que confessar tal crime também. Ao todo, confessou ter matado cinco mulheres, mas nunca revelou os nomes das duas últimas ou a localização de seus corpos. Porém, os investigadores estavam convencidos de que ele tinha matado pelo menos dez mulheres e talvez mais, mas não conseguiram provas.

Entretanto, Angela Taborri, de 48 anos, esposa de Serviatti havia dois anos, foi presa. Logo ficou claro que ela sabia pouco dos crimes do marido, embora soubesse que o dinheiro que ele lhe dava provinha de fontes ilícitas. A amante de Serviatti,

Anna Morsiani, que vivia com ele e sua esposa, também foi presa como cúmplice. Este *ménage à trois* causou um enorme escândalo quando os jornais o relataram, confirmando a depravação do homem aos olhos do público.

No fim de dezembro de 1932, os três acusados foram enviados para a prisão, em Sarzana. Antes do julgamento, as duas mulheres foram libertadas e somente a mulher de Serviatti enfrentou o tribunal. Muitos curiosos esperavam fora da sala de audiências quando, em 16 de junho de 1933, o casal fez sua aparição. O acusado, vestido de preto, era arrogante e andava com um presunçoso sorriso no rosto, enquanto Angela Taborri parecia subjugada, temerosa e à beira das lágrimas.

Assim que os juízes se sentaram, os advogados de defesa solicitaram um exame para averiguar a condição psicológica de Serviatti, a qual eles argumentaram ter sido afetada por uma infecção de sífilis, tratada no passado. Eles sustentavam que, dado o padrão repetido de seus crimes, ele era um psicopata, mas, por causa de sua capacidade mental enfraquecida, não merecia a pena de morte. Após cinco horas de deliberação, o tribunal negou o pedido da defesa. Os advogados de Angela Taborri argumentaram que ela também tinha sido vítima do mau marido e não deveria ser julgada.

Vinte dias depois, o tribunal deu seu veredito:

> "Em nome de Sua Majestade, o rei da Itália [...] esta Corte, reconhecendo a plena responsabilidade de Cesare Serviatti, condena-o à prisão perpétua pelo homicídio de Pasqua Bartolini, viúva Tiraboschi; à prisão perpétua pelo homicídio de Bice Margarucci; e à pena de morte, por fuzilamento, pelo homicídio e vilipêndio do corpo de Paola Gorietti."

A esposa de Serviatti foi absolvida.

Em 3 de outubro de 1933, Serviatti apelou ao Supremo Tribunal para que a sentença de morte fosse revista, afirmando que sua alegação de enfermidade mental não havia sido devidamente levada em consideração pelo tribunal inferior.

A psicologia criminal na Itália, que remonta aos anos 1870, foi muito influenciada pelas teorias do médico e psiquiatra Cesare Lombroso, que fundou a escola italiana de criminologia ou, como a conhecemos hoje, antropologia criminal. Em suas obras de vanguarda, especialmente nas cinco edições do ***L'uomo delinquente***, publicadas pela primeira vez em 1876, Lombroso classificou os criminosos em categorias. Uma das categorias principais era "criminosos natos" — criminosos que, em sua opinião, não tinham outra escolha senão cometer crimes. Sua natureza fisiológica e fisionômica foi influenciada por fatores hereditários ou perturbações mentais, diminuindo assim sua responsabilidade. Estes, explicou Lombroso, foram demonstrados pela forma do crânio e outras partes do corpo de um criminoso, como um nariz de papagaio, proximidade dos olhos, orelhas pontudas, pelos faciais limitados, dentes caninos proeminentes, ombros recolhidos, braços longos e dedos pontiagudos — tudo semelhante às características do homem primitivo ou atávico.

Embora os métodos "científicos" que Lombroso empregou sejam considerados falhos de acordo com os padrões modernos, a antropologia criminal ainda desempenha um papel no estudo da psicologia social e forense. Com a tradução de seus livros, sua teoria do "criminoso nato" dominou o pensamento europeu e americano durante o final do século XIX e início do século XX. Com isso em mente, os advogados de Serviatti argumentaram, em seu recurso, que ele estava demente devido a uma fixação sexual. Suas manifestações sexuais sádicas, alegaram, resultaram de infecções graves causadas pela tuberculose e sífilis avançada, e foram agravadas por uma lesão na cabeça, que ele sofreu na juventude. Além disso, ele era canhoto, e uma de suas pupilas era maior que a outra, então, como um "criminoso nato", ele foi obrigado a fazer o que fez. Portanto, um especialista deveria ser chamado para realizar uma avaliação psiquiátrica adequada de sua verdadeira condição.

O Supremo Tribunal rejeitou essas conjeturas e considerou que as provas mostravam que, quando cometeu os crimes, Serviatti era perfeitamente são, inteligente e calculista. Sua intenção era roubar suas vítimas e se desfazer de seus corpos para evitar ser apanhado. Ele não merecia, portanto, qualquer misericórdia. Pelo mesmo motivo, o rei também se recusou a conceder um perdão a Serviatti.

Na madrugada de 13 de outubro de 1933, Serviatti foi despertado e avisado de que seu perdão tinha sido negado e de que ele seria executado. Ao amanhecer, ele foi levado da prisão para o fuzilamento em Sarzana, onde uma multidão de mais de seis mil pessoas esperava havia horas por ele. Vestido com uma camisa branca, usando sapatos amarelo-brilhante e com um padre ao seu lado, foi vendado e amarrado a uma cadeira, com as costas voltadas para um pelotão de fuzilamento formado por 24 policiais. Atingido por uma ensurdecedora explosão de tiros de espingarda, Serviatti foi dado como morto. O corpo foi levado para o cemitério Sarzana para ser enterrado. Nenhuma lápide marca sua sepultura.

As últimas palavras de Serviatti numa carta à esposa foram: "Quando receberes notícias de minha morte, beba a ela e se embebede".

Referências

Buxom Belle: a sua própria história
Female Killers. “Belle Gunness Documentary.” Vídeo do YouTube, 14:20. Postado por Female Killers, 7 de agosto de 2016. https://youtu.be/ vWwj-OrM-Jo.

Most Notorius. “Indiana Serial Killer Belle Gunness with Harold Schechter: A True Crime History Podcast.” Vídeo do YouTube, 1:06:05. Postado por Most Notorious, 8 de março de 2018. https://youtu.be/fDl2_efbW_E.

ROSEWOOD, Jack. *Belle Gunness: The True Story of the Slaying Mother*. True Crime por Evil Killers (Livro 14), 2016. Kindle.

SCHECHTER, Harold. ***Hell’s Princess: The Mystery of Belle Gunness, Butcher of Men***. Nova York: Little A, 1018, Kindle.

“Serial Killer – Belle Gunness Only Belle Full Documentary.” Vídeo do YouTube, 1:27:14. Postado por Ertwer Hertyas, 28 de maio de 2015. https://youtu.be/wtC-kcdSsog.

Pessoa não identificada. "Coroner's Inquisition" sobre corpos exumados da fazenda de Belle Gunness, La Porte, IN. Transcrição preparada por Andrea Simmons, 2006.

"Devias matar Nae": O Estrangulador da Bíblia, de Glasgow

BRADY, Ian. *The Gates of Janus: Serial Killing and its Analysis, do "Moors Murderer", Ian Brady*. Los Angeles: Feral House, 2001.

DURKHEIM, Emil. *The Division of Labor in Society*. Mansfield Centre: Martino, 2012.

______. "The Normal and the Pathological." *Criminological Perspectives: Essential Readings*. 2ª Edição. E. McLaughlin, J. Muncie & G. Hughes (Eds.) Londres: Sage, 2003.

______. *The Rules of Sociological Method*. Nova York: MacMillan, 1982.

______. *Suicide: A Study in Sociology*. Nova York: Simon & Schuster, 1979.

HARRISON, Paul. *Dancing with the Devil: The Bible John Murders*. Skipton: Edições Verticais, 2013.

WILSON, David; Harrison, Paul. *The Lost British Serial Killer: Closing the Case on Peter Tobin and Bible John*. Londres: Sphere, 2012.

O Monstro de Kičevo

ANDONOV, Zoran. "Murder, He Wrote" *Mail & Guardian*. 23 de junho de 2008.

BILEFSKY, Dan. "Macedonian Murder Suspect Found Dead in Cell." *The New York Times*, 24 de junho de 2008.

______. "Murder Mystery in Macedonia". *The New York Times*, 23 de junho de 2008.

JOVANOVIC, Dragana. "Murder He Wrote: Chilling Death Details." ABC News, 8 de janeiro de 2009.

Kenarov, Dimiter. "The Mask of Sanity: On the Trail of a

Serial Killer in Macedonia." *The Virginia Quarterly Review*, Vol. 85, no. 2, primavera de 2009.

"Murder He Wrote: Vlado Taneski", *Evil Up Close*. S.1. Ep. 9. FirstLook TV. Dirigido por Robert Murray. 2012. Stratford-UponAvon, UK A&E Television Networks.

Smith, Helena. "The Shocking Story of the Newspaper Crime Reporter Who Knew Too Much." *The Guardian*, 23 de junho de 2008.

TESTORIDES, Konstantin. "'Serial Murder' Journalist Commits Suicide." *Independent*, 24 de junho de 2008.

"The Strange Case of a Journalist with a Killer Deadline". *The Irish Times*, 28 de junho de 2008.

WATSON, Philip. "Murder, He Wrote". *Esquire* (Reino Unido). Janeiro de 2009.

O primeiro dos criminosos

SMITH, Janet. *The Shipman Inquiry*, Crown Copyright (Reino Unido). 2002-2005.

WHITTLE, Brian; Ritchie, Jean. *Prescription for Murder*. Londres: Warner, 2000.

O Homem de Preto e a tela prateada: a vida e os crimes de Peter Moore

BARKER, Rhodri. "The First Victim of 'The Most Dangerous Man Ever to Have Set Foot in Wales.'" *The Daily Post*, 28 de julho de 2010.

CRUMP, Eryl; Bona, Emilia. "The Man in Black: How Killer Cinema Owner Peter Moore Struck Fear in the Heart of Merseyside's Gay Community". *Liverpool Echo*, 26 de agosto de 2018.

EVANS, Owen. "Police Still Need Your Help to Solve Forest Mystery Three Years After Grisly Find." *The Daily Post*, 16 de novembro de 2018.

"Ex-Flatmate of Flintshire Serial Killer Peter Moore Says He

Should Never Be Released." *The Daily Post*, 31 de março de 2011.
"Gay Serial Killer Should Never Be Let Out of Jail, says Judge." *The Times*. 30 de novembro de 1996.
LEVIN, Bernard. "Growing Up as Killers." *The Times*, 20 de dezembro de 1996.
"Mother's Death Gave Free Rein to Sadistic Fantasies of 'Miracle Son'." *The Times*, 30 de novembro de 1996.
"Peter Moore: The Man in Black." *Born to kill*. S.7, Ep.4. Dirigido por John-Pierre Newman. 2015. Londres, Inglaterra. Two Four Productions. Chanel 5.
"Serial Killer Moore Sues His Accountant." *The Daily Post*, 20 de abril de 2013.
Shrouded Hand. "My Encounter with a Serial Killer". 18 de setembro de 2016. YouTube. https://youtu.be/9sjJ4kFHTek.
"The Man in Black: Peter Moore." *Evil Up Close*. S.1, Ep.10. Dirigido por Robert Murray, 2011. FirstLook TV. Stratford-Upond-Avon, UK A&E Television Networks.
"Victim's Family 'Disgusted' at Peter Moore's Bid for Release." *The Daily Post*. 7 de março de 2011.
WAR, David. " Gay Killer Should Never Be Free—Judge." *The Guardian*. 30 de novembro de 1996.

Jolly Jane e o diácono

Todas as citações diretas foram retiradas textualmente de:

"Agree That She's Insane." *Boston Globe*, 6 de abril de 1902.
"Government's Case Against Jane Toppan." *Boston Post*, 9 de novembro de 1902.
"Jane Toppan an Imbecile." *Boston Globe*, 10 de julho de 1904.
"Jane Toppan Declared Insane." *Boston Post*, 28 de março de 1902.
"Jane Toppan Sent to Taunton Asylum for Life." *Boston Post*, 24 de junho de 1902.
"Jane Toppan Thinks She Murdered 84." *Boston Post*, 3 de

julho de 1902.
“Jolly Jane, Poisoner, Dies.” ***The Mason City Globe-Gazette***, 18 de agosto de 1938.
“Marriage and Money.” ***Boston Globe***, 1 de novembro de 1901.
“Miss Toppan Will Force the Fight.” ***Boston Herald***, 1 de novembro de 1901.
“Poisonin Stomach.” ***Boston Globe***, 30 de outubro de 1901.
“Woman Suspected of Many Murders.” ***Boston Post***, 31 de outubro de 1901.